U0113295

出品单位：幸福家庭公益中心

专业支持：中国科学院心理研究所

特别支持：好空气宝贝学院

白亚琴　主编

中国妈妈蓝皮书

——妈妈不是超人

山西出版传媒集团

山西人民出版社

图书在版编目（CIP）数据

中国妈妈蓝皮书／白亚琴主编. -- 太原：山西人民出版社，2019.1
ISBN 978-7-203-10690-6

Ⅰ.①中… Ⅱ.①白… Ⅲ.①母亲—研究报告—中国
Ⅳ.①D669.68

中国版本图书馆CIP数据核字（2018）第290712号

中国妈妈蓝皮书

主　　编：白亚琴
责任编辑：郝文霞
复　　审：傅晓红
终　　审：姚　军
装帧设计：@设计装帧粉粉猫
出 版 者：山西出版传媒集团·山西人民出版社
地　　址：太原市建设南路21号
邮　　编：030012
发行营销：0351-4922220　4955996　4956039　4922127（传真）
天猫官网：http://sxrmcbs.tmall.com　电话：0351-4922159
E-mail：sxskcb@163.com　发行部
　　　　　sxskcb@126.com　总编室
网　　址：www.sxskcb.com
经 销 者：山西出版传媒集团·山西人民出版社
承 印 厂：山西人民印刷有限责任公司
开　　本：880mm×1230mm　1/32
印　　张：10.25
字　　数：200千字
印　　数：1-10000册
版　　次：2019年1月　第1版
印　　次：2019年1月　第1次印刷
书　　号：ISBN 978-7-203-10690-6
定　　价：68.00元

《中国妈妈蓝皮书》编委会

主　编：白亚琴

副主编：王　莉　白泽远

编　委：方红刚　詹　峰　项奇仁　李雯乔　项居平

　　　　尚　烨　唐晓婷　詹　慧　王丽萍　姜　莹

　　　　杜慧娟　张　圆　张　倩　史笑航　刘小俐

　　　　陈　露　修亚明　刘芙蓉　马　娜　徐　君

课题指导：张　莉

2018 中国妈妈现状调研课题组：

　　　　白亚琴　项奇仁　李雯乔　唐晓婷　詹　慧

　　　　尚　烨　邢东伟　汲露歌　刘芙蓉　张玉芝

　　　　翟桂芳　修亚明　陈　萍　李冠荣

目 录

妈妈心语

爸爸未缺席

主编的话

在我主编的《中国爸爸蓝皮书》出版半年的时候，我和我的团队开始酝酿出版《中国妈妈蓝皮书》。之所以萌生这样的想法，是因为看到了一位年轻妈妈在微信朋友圈中发表的一篇"超人妈妈"感言：

婚前

男：上班。

女：上班。

婚后

男：上班。

女：上班＋管孩子吃饭＋管孩子睡觉＋管孩子穿衣＋陪孩子玩＋带孩子去医院看病＋帮孩子挑选换季的外套、裤子、鞋子＋设计旅游路线及预订机票、酒店＋督促孩子学习＋陪娃做手工、画小报＋给娃填写各种评选材料＋陪娃参加各种社会实践＋到学校开家长会＋孩子闯祸被老师叫去学校以及做一切善后工作（安抚同学和同学家长）＋对孩子进行思想教育＋陪孩子上各种课外班（负责接送）＋辅导孩子语文、数学、英语、地理、历史、人文、艺术、电脑编程等课程＋每学期帮孩子挑选教辅书籍和各种学习资料＋挑选各种课外书＋考察各种课外班（机构、课程、老师）＋带娃准备和参加各种考试＋每天通过微信、QQ等渠道筛选各种考试信息＋每天接收各种课外班老师催上课、催交作业、催改错短信＋每天校内校外各种学习打卡＋每天面对一个需要催起床、催吃饭、催写作业、催读书、催洗澡、催上厕所、催刷牙、催洗脸、催睡觉，除了玩不用催啥都得催的娃。

别问我为啥脾气变得这么火爆，其实我也想温柔如水……

这个年轻妈妈的吐槽，道出了年轻妈妈的诸多无奈，尤其是在孩子教育方面的巨大付出，但在现实生活中，每一个妈妈面临的不仅仅是家庭教育问题，还有家庭关系、职场压力和自我提升等一大堆问题。

基于以上诸多问题，我们实施了中国首个针对妈妈在幸福家庭建设中核心作用的专项课题研究。来自中国教育领域、心理领域、营养领域、运动领域、医疗领域、妇幼领域的专家学者，在北京、上海、广州等12个城市的100多家幼儿园、妇幼保健院等机构开展了八个维度的调查研究，用大数据全方位地反映了中国妈妈的真实现状：中国妈妈们的心理状态是怎样的？她们需要什么样的帮助？中国妈妈们是超人吗？她们愿意做超人吗？当各种各样的压力扑面而来时，年轻的妈妈们做好心理准备了吗？

2018年我们开展的"中国妈妈现状课题研究"，告诉了我们答案：

大多数妈妈认为自己不是超人，也不想做超人。

她们成为超人般的妈妈，是因为爱的力量、家庭的责任和自我实现的需要。

本书针对妈妈们关注的共性问题，从家庭关系、夫妻关系、亲子关系、工作与家庭关系等方面给出解决方案，提供成功经验，意在让妈妈们从烦琐的家务关系中解脱出来，成为培养孩子成长、指导年轻爸爸参与家庭建设的高手。通过提高爸爸对家庭教育的参与度，让爸爸成为孩子心目中无所不能的超人；通过丰富多彩的亲子活动，培养孩子良好的习惯和坚强的意志；通过和谐家庭关系的建立，让家成为幸福之所在。

《中国妈妈蓝皮书》既站在新时代高度分析中国社会家庭关系，同时也着眼于探究在新旧时代转换过程中，新思想、新思潮、新观念对家庭关系的影响；《中国妈妈蓝皮书》还是一本指导年轻妈妈们正确处理夫妻关系、婆媳关系、亲子关系和工作关系的家庭读物，特别是帮助年轻的妈妈们科学减压，处理好家庭关系和社会关系。

希望广大读者，尤其是年轻的妈妈们通过阅读此书，得到启发，走出"妈妈是超人"的困惑，成为事业有成、家庭幸福的魅力女人，成为丈夫心目中的女神、孩子心目中的榜样，成就最好的自己！我们愿做您的知心朋友，和您一道拥抱幸福，走向成功！

白亚琴

2018 年 11 月 16 日

序：做自己喜欢的爸爸妈妈

张　莉

　　每一个为人父母的人，当被问到"爱自己的孩子吗"这样的问题时，有的人会觉得很不舒服，觉得这是个问题吗？问这个问题的人是不是自己有问题？有的人可能会很坦然地回答："我当然爱我的孩子。"其实，把这个问题提出来，并没有任何想冒犯爸爸妈妈们的意思，只是在与很多爸爸妈妈们接触后，发现尽管我们内心都很想好好地爱自己的孩子，但有时依然不知道以怎样的方式对待孩子对孩子的身心健康成长是合适恰当的？就算我们每一个人都经历了成长的过程，但依然会在孩子成长过程中感受到困惑，面对有些问题不知该如何应对。

　　之所以出现这样的局面，一个很重要的原因，可能是为人父母并非如我们所想象的那样，是一件顺其自然的事情。随着社会的发展和进步，人在成长的过程中适应社会的要求呈现出多样性、复杂性和不确定性。每一位爸爸妈妈在孩子成长的不同阶段，如果不具备了解孩子和与孩子进行良好沟通的意识和能力，缺乏培养孩子良好素质和重要品质的意识，那么亲子之间的沟通交流就会出现问题，孩子通过与他人沟通交流，建立起对其有帮助有意义的社会关系的意识和能力就会弱一些。

　　在孩子刚出生的阶段，爸爸妈妈们关注的都是孩子的吃喝拉撒睡，而且很多爸爸妈妈根本无法想象有了孩子之后生活发生的巨大变化，很多人都会有一个适应期。这些变化会改变爸爸妈妈之间的关系状态，双方在手忙脚乱的过程中甚至会情绪失控。我们可能没有意识到的是，尽管这个时期的孩子大部分时间都在睡觉，但父母的生活状态、情感状态、双方的交流方式等都对孩子的情绪养成提供了早期的基础。因此，在这个阶段，父母关系融洽，有良好的沟通方式，妈妈给宝宝母乳喂养，爸爸经常给宝宝洗澡等，这样的有序、合理的家庭分工对孩子未来成为一个能很好地控制自己情绪的人大有帮助。

孩子大约在两岁时，开始具有了自我认知的意识，通过点红实验，我们发现这个时候的孩子能够区分出镜子中的那个人是自己，而且知道自己的鼻子上被点了红点。在这个阶段，我们可以跟孩子玩一个自我介绍的游戏，伸出手跟孩子握手，孩子握住你的手时，请跟孩子说："你好，××（宝宝的名字），我是××（爸爸妈妈自己的名字）。"孩子起初会回应道："你好，妈妈（爸爸），我是××（宝宝的名字）。"随着练习的增多，有一天孩子会学会正确的表达方式："你好，××（爸爸妈妈的名字），我是××（宝宝的名字）。"这个过程是希望孩子知道，尽管我们之间有着独特的关系，但我们彼此都是独立的人。

孩子在成长的过程中，一定会遇到挫折和负面情绪，爸爸妈妈们是否能把握合适的时机引领孩子与负面情绪共处，让挫折成为孩子成长中的助力点，而不是一味地保护孩子，不让孩子接触负面的东西，或者通过转移注意力，甚至通过曲解的方式来逃避挫折。爸爸妈妈们可以通过疏导的方式，让孩子理解负面情绪和积极情绪是每个人都会经历的，也可以通过讲故事的方式帮助孩子改变一些不良的行为习惯。每个孩子在外面玩耍之后，回家都不愿意主动洗手，都是在大人的不断叮咛下才去做。我曾经跟女儿说，空气中有很多小细菌，每天小细菌也会出来玩，当小细菌跟她在一起玩的时候，就会留在她的小手上，这时候，回到家如果不及时洗手，小细菌宝宝就不能回家找爸爸妈妈了，因为小细菌的家就在下水道的最深处。讲过这个故事之后，每次一说到洗手就改为送小细菌宝宝回家了，孩子就愿意配合完成。

孩子的无理取闹，有时是因为困了，意识上已经开始失控，这时候要及时安排孩子尽早进入睡觉状态；有时真的是无理取闹，提出不合理的要求，这时候爸爸妈妈们一定要坚持住，不能随便妥协，应该陪同在孩子身边，看着他充分表达情绪，不以不恰当的语言（包括肢体语言）回应孩子，如对孩子大吼大叫、用讨厌的眼神瞪他等，等到孩子能以较稳定的情绪状态和恰当的语言表达自己的需求时，再与孩子进行沟通，寻找到合适的解决问题的途径，有些要求不应满足就是不能满足。

在漫长的人类进化过程中，由于社会分工的差异，妈妈们的大脑中最核心、占据最大范围的区域特质是"防范心理"，对于危险很警觉，因此在养育孩子的过程中妈妈总是最细心，最周到，对孩子的保护最全面；爸爸作为男性，与妈妈有很大的不同。因此，在孩子成长的过程中，爸爸妈妈缺一不可，每个人都扮演着不可替代的重要角色。爸爸在引导孩子打破常规、开拓思维方面比妈妈有更多的优势。妈妈应该放心地把孩子交给爸爸，请爸爸以他自己的方式来给孩子传递生命的经验和感受，让孩子体会到，男人和女人是以不同的方式与这个世界相处的，没有孰优孰劣，就是多样性的展现。

在新的时代，追求成功似乎成了每个人的选择，但成功的内涵是什么？我想每个人的界定是不同的。在我看来，能做一个自己喜欢的人，是成功的标志之一。希望每一位爸爸妈妈能将这份感受传递给孩子，让每个孩子都成为能创造幸福并能感知幸福的人，能承担属于自己的悲欢，也能感受他人的喜怒哀乐，在遇到困难时有可以依靠的肩膀，在分享喜悦时能从家人和朋友的眼中看到喜悦之光。

妈妈心语

因为有了彼此，可以看到更广阔的世界

魏思思

我和你的爸爸因为相爱，才有了你，一个小小的生命。不是因为别人有孩子，我们才有；不是因为到了不得不要孩子的年龄，我们才要；更不是因为父母催促，或者其他与爱情无关的东西。你是爱的结晶，我也因为心中有爱，才成为一个母亲。

我希望你想起我，是幸福的，温暖的，内心充满甜蜜，而不总是心疼，内疚，感恩，像朋友圈盛传的这段话："妈妈是一个闹钟，妈妈是一个厨师，妈妈是一个保姆，妈妈是一个杂工，妈妈没有周休假，妈妈没有病假，妈妈没有年假，妈妈必须随时待命。"含辛茹苦，自我奉献，这些悲苦兮兮的状态我不喜欢。怀孕辛苦，脊椎打麻药辛苦，分娩的疼痛相当于断了几根肋骨，喂奶会导致胸部变形，这些我统统都没感觉到，或者早已忘记。不过是千千万万的母亲都经历过的事，我并没有兴趣一再强调给你或者给谁听，用自己的付出博得别人的同情或认可。我只在乎结果，我想要你，就有了你，并因此而感到幸福和满足。

我希望可以和你一起读书，一起旅行，一起做手工，一起选漂亮的衣服；我不会一个人承揽所有家务，而是会和你一起做家务；我期待你与我分享一切喜怒哀乐，你需要，我就在，你不需要，我绝不打扰；我不会为了你牺牲自我，我有我的生活，你有你的。我希望我们因为有了彼此，可以看到更美好更广阔的世界，因为彼此的爱而变得内心强大，时刻为彼此而骄傲。

总有一天你会更远地离开我的世界，恋爱，结婚，生子。不恋爱也好，不结婚也行，不生孩子也无所谓，只要你是快乐的。就像只要我是快乐的，你也无权干涉我的生活一样，你是你，我是我。

我希望很多年后，你回忆过往，对别人提起我，会说，我的妈妈喜欢读书，热爱旅行，会被美食和音乐吸引，是神秘的占星师，有自己的公司，生意越来越好。和我的爸爸感情不错，很少生气吵架，这一生，除了爸爸，还有其他人欣赏她，喜欢她，爱慕她，无论同性异性。对我的要求更多的是希望我快乐，而不是考试多少分钢琴几级。我们像朋友一样，她并没有因为有了我，而变成一个自己不喜欢或者自己期待却永远无法去成为的人。

好的爱，好的关系，不是你为对方付出了什么，而是你的不可替代性。对亲子关系、夫妻关系来说，都一样。你会做饭，保姆可以替代；你会洗衣服，保姆也可以；你会开车，司机可以；你会生孩子，假如你老公爱上其他女人，她也可以。但你提供给丈夫、孩子的情绪价值和精神力量，是不可替代的。

三八妇女节和母亲节被太多人赋予"谁言寸草心，报得三春晖"的意味，但我希望每个女人，是母亲，但不只是传统意义上的一个母亲。做自己，也让孩子做自己，这才是我理想中的好妈妈的定义。

孩子，愿你慢慢长大

刘 瑜

亲爱的小布谷：

今年六一儿童节，正好是你满百天的日子。

当我写下"百天"这个字眼的时候，着实被它吓了一跳——一个人竟然可以这样小，小到以天计。在过去的100天里，你像个小魔术师一样，每天变出一堆糖果给爸爸妈妈吃。

如果没有你，这100天，就会像它之前的100天，以及它之后的100天一样，陷入混沌的时间之流，绵绵不绝而不知所终。

就在几天前，妈妈和一个阿姨聊天，她问我："为什么你决定要孩子？"我用了一个很常见也很偷懒的回答："为了让人生更完整。"她反问："这岂不是很自私？用别人的生命来使你的生命更'完整'？"

是啊，我想她是对的。但我想不出一个不自私的生孩子的理由。

古人说，不孝有三，无后为大，不自私吗？

现代人说，我喜欢小孩，不自私吗？

生物学家说，为了人类的繁衍，哎呀，听上去多么神圣，但也不过是将一个人的自私替换成了一个物种甚至一群基因的自私而已。

对了，有个叫道金斯的英国老头写过一本书叫《自私的基因》，你长大了一定要找来这本书读读，你还可以找来他的其他书读读。妈妈希望你以后是个爱科学的孩子，当然妈妈也希望你在爱科学的同时，能够找到自己的方式挣脱虚无。

因为生孩子是件很"自私"的事情，所以母亲节那天，看到铺天盖地"感谢母亲""伟大的母爱"之类的口号时，我只觉得不安甚至难堪。我一直有个不太正确的看法：母亲对孩子的爱，不过是她为生孩子这个选择承担后果而已，谈不上什么"伟大"。

以前我不是母亲的时候不敢说这话，现在终于可以坦然地说出来了。

甚至，我想，应该被感谢的是孩子，是他们让父母的生命"更完整"，让他们的虚空有所寄托，让他们体验到生命层层开放的神秘与欣喜，最重要的是，让他们体验到尽情的爱——那是一种自由，不是吗？能够放下所有的戒备去信马由缰地爱，那简直是最大的自由。

作为母亲，我感谢你给我这种自由。

也因为生孩子是件自私的事情，我不敢对你的未来有什么"寄望"。没有几个汉语词汇比"望子成龙"更令我不安，事实上这四个字简直令我感到愤怒：有本事你自己"成龙"好了，为什么要望子成龙？如果汉语里有个成语叫"望爸成龙"或者"望妈成龙"，当父母的会不会觉得很无礼？

所以，小布谷，等你长大，如果你想当一个华尔街的银行家，那就去努力吧，但如果你仅仅想当一个面包师，那也不错。

如果你想从商，只要出于恰当的理由，妈妈一定支持，但如果你只想在动物园里做个饲养员，那也挺好。

我所希望的只是，在成长的过程中，你能幸运地找到自己的梦想——不是每个人都能找到人生的方向感，又恰好拥有与这个梦想相匹配的能力——也不是每个人都有与其梦想成比例的能力。

是的，我祈祷你能"成功"，但我所理解的成功，是一个人对自己所做的事情有敬畏与热情——在妈妈看来，一个每天早上起床都觉得上班是个负担的律师，并不比一个骄傲地对顾客说"看，这个发型剪得漂亮吧"的理发师更加成功。

但是，对你的"成就"无所寄望并不等于对你的品格无所寄望。

妈妈希望你来到这个世界不是白来一趟，能有愿望和能力领略它波光潋滟的好，并以自己的好来成全它的更好。

妈妈相信人的本质是无穷绽放，人的尊严体现在向着真善美无尽奔跑，所以，我希望你是个有求知欲的人，大到"宇宙之外是什么"，小到"我每天拉的屎冲下马桶后去了哪里"，都可以引起你的好奇心；

我希望你是个有同情心的人，对他人的痛苦——哪怕是动物的痛苦——抱有最大程度的想象力，因而对任何形式的伤害抱有最大程度的戒备心；

我希望你是个有责任感的人，意识到我们所拥有的自由、和平、公正就像我们拥有的房子车子一样，它们既非从天而降，也非一劳永逸，需要我们每个人去努力追求与奋力呵护；

我希望你有勇气，能够在强权、暴力、诱惑、舆论甚至小圈子的温暖面前坚持说出"那个皇帝其实并没有穿什么新衣"；

我希望你敏感，能够捕捉到美与不美之间势不两立的差异，能够在博物馆和音乐厅之外、生活层峦叠嶂的细节里发现艺术；

作为一个女孩，我还希望你有梦想，你的青春与人生不仅仅为爱情和婚姻所定义。

这个清单已经太长了是吗？对品格的寄望也是一种苛刻是吗？好吧，与其说妈妈希望你成为那样的人，不如说妈妈希望你能和妈妈相互勉励，帮助对方成为那样的人。

有一次妈妈和朋友们聊天，我说希望以后"能和自己的孩子成为好朋友"，结果受到了朋友们的集体嘲笑。

他们说，这事可没什么盼头，因为你不能预测你的孩子将长成什么样，一个喜欢读托尔斯泰的妈妈可能生出一个喜欢读《兵器知识》的小孩，一个热爱古典音乐的妈妈可能生出一个热爱摇滚的小孩，甚至，一个什么都喜欢的妈妈可能生出一个什么都不喜欢的小孩。

就算他的价值观念兴趣爱好都和你相近，他也宁愿和他的同龄人交流而不是你。所以，朋友们告诫我，还是别做梦有一天和你的孩子成为朋友啦。

好吧，妈妈不做这个梦了，我不指望你15岁那年和爸爸妈妈成立一个读书小组，或者25岁那年去非洲旅行时叫上妈妈。

如果有一天你发展成一个与妈妈截然不同的自我，我希望能为你的独立而高兴。

如果你宁愿跟你那个满脸青春痘的胖姑娘同桌而不是妈妈交流人生，那么我会为你的好人缘而高兴。

如果——那简直是一定的——我们为"世界往何处去"以及"今晚该吃什么"吵得不可开交，如果——那也是极有可能的——你也像妈妈一样脾气火爆，我也希望你愤然离家出走的时候记得带上手机、钥匙和钱包。

小布谷，你看，我已经把太多注意力放在"以后"上面了，事实上对"以后"的执着常常伤害人对当下的珍视。

怀孕的时候，妈妈天天盼着你能健康出生，你健康出生以后，妈妈又盼着你能尽快满月，满月之后盼百天，百天之后盼周岁……也许妈妈应该把目光从未来拉回到现在，对，现在。

现在的你，有一百个烦人的理由，你有时候因为吃不够哭，有时候又因为厌奶哭，你半夜总醒，醒了又不肯睡，你常常肠绞痛，肠绞痛刚有好转就又开始发低烧，发烧刚好又开始得湿疹……

但就在筋疲力尽的妈妈开始考虑是把你卖给马戏团还是把你扔进垃圾桶时，你却靠在妈妈怀里突然憨憨地一笑。小眼睛眯眯着，小肉堆堆着，就这一笑，又足以让妈妈萌生"累死算了"的豪情。

岂止你的笑，你睡着时嘴巴像小鱼一样嘬嘬嘬的样子，你咿咿呀呀时耸耸着的鼻子，你消失在层层下巴之后的脖子，你边吃奶边哭时的"哎呀哎呀"声，你可以数得出根数却被妈妈称为浓密的睫毛……都给妈妈带来那么多惊喜。

妈妈以前不知道人会抬头这事也会让人喜悦，手有五个手指头这事也会让人振奋，一个人嘴里吐出一个"哦"字也值得奔走相告——是你牵着妈妈的手，引领妈妈穿过存在的虚空，重新发现生命的奇迹。

现在，妈妈在这个奇迹的万丈光芒中呆若木鸡，妈妈唯愿你能对她始终保持耐心，无论阴晴圆缺，无论世事变迁，都不松开那只牵引她的手。

小布谷，愿你慢慢长大。

愿你有好运气，如果没有，愿你在不幸中学会慈悲。

愿你被很多人爱，如果没有，愿你在寂寞中学会宽容。

愿你一生一世每天都可以睡到自然醒。

最美的繁星

苏沧桑

夜深人静，将睡未睡时，这一天里最重要的画面会一直晃在眼前，声音会晃在耳边，挥之不去。只好起身把它们记录下来。

但我只记快乐的事：

✕ 年 ✕ 月 ✕ 日

办公室里的水仙开花了。

心心来玩，问："妈妈，你为什么把它摆在窗台上？你要歪过头去看，多累啊。"

我说："放在桌子上，只有我一个人看。放在窗台上，街上的人走累了，突然看到这么漂亮的花，一定会很高兴。花知道这么多人看她，一定也很高兴。"

她点点头。长大后她还会明白，有些东西，歪过头去看，才不会熟视无睹。

✕ 年 ✕ 月 ✕ 日

今天是西方的情人节。经心心婉言提醒，先生送了我一束玫瑰。

今天是难忘的情人节。我被外婆家的母狗咬了。它刚于三天前生了四只小狗崽。我蹲在狗窝外含情脉脉，它蹲在狗窝里狗视眈眈。可能以为我想伤害小狗，我一动，它跳起来就是一口。血立刻从我的左手食指上流了出来。

心心闻讯，大喊："妈妈被狗咬了，就要得狂犬病了，得狂犬病就要死了，那我就没有妈妈了！我最爱妈妈了！"涕泪横流，奔走相告，其悲痛欲绝之状史无前例。

心内窃喜。哈哈，她居然忘了一小时前学钢琴时我们如仇人相见，谁也不理谁半天了。

× 年 × 月 × 日

元宵节。收到景宁胜利希望小学小丽玲的成绩报告单。全优。很欣慰。三年前，我们结对子的时候，我没有为她悲惨的境遇白流那么多眼泪，也没有白资助她。正好中午去取稿费，顺便给她寄了去。

吃晚饭时，心心告诉我她前排的小男孩打了她一下。但她怕他们郁金香小组要被扣分，就没有告诉老师。后来那个小男孩悄悄告诉她，他会改正的。

夜里，我和心心一手一支冷烟花，在大街上笑着，叫着，旋转成两朵灿烂的蝴蝶。

心心说："妈妈，不知道为什么我今天特别开心。"

× 年 × 月 × 日

在公园门口，心心看上了一只雪白的小白兔，不肯走。只好花9元钱买了一只。心心给它取名"苏雪儿"。

× 年 × 月 × 日

下班回家，见心心可怜巴巴地提着兔笼，说："雪儿拉肚子了，我想带它到楼下的动物医院看看，行吗？"

心里一热，当即同意。

打了一针，花5元钱。

❧ ×年×月×日 ❧

又给雪儿打了一针，又花5元钱。

小胡阿姨说："都够再买一只的了。"

我暗想，要是雪儿还能活到明天，心心还要带它去打针，我会同意吧？

是的。

❧ ×年×月×日 ❧

临睡前，她忽然抬头看着窗外，问："妈妈，星星没有声音，可有时候我躺在床上时，心里好像听见它们在唱歌。那是不是音乐？"

❧ ×年×月×日 ❧

心心和一个男同学在家玩得正欢，她突然笑着骂他："混蛋！"

如果我没有记错，这是她第一次出口成"脏"。因为我时时告诫她，我们尽量用美丽的语言。所以，我批评她，但从不骂她。

怒从心头起，一大堆严厉的话已经到了嘴边。

但我立刻冷静了下来。我突然体会到她此时的快感。她其实根本不懂这两个字的意思，只不过成了她宣泄快乐情绪的一个小小的缺口。

总有第一次，应该有一次，否则也是残缺。

❧ ×年×月×日 ❧

心心洗完澡，过来对我说："别老在电脑前待着，眼睛要坏的。"

我说："好的。好香啊，来，抱抱。"

当我像从前那样抱着她，拍拍她的背时，她也轻轻地拍了拍我的背。

她什么时候长大的?

情绪低落。拗不过心心的纠缠，只好和她一起翻看旧相册。看到我的一张老照片——鹅黄的毛衣，青绿的灯芯绒裤，站在雪地里，开心地笑着。心心惊叫："妈妈，你真像从雪里冒出来的嫩芽!"

刹那间，我冰冻的心好像真的抽出了一丝童真的嫩芽，忘记了刚才为什么难过。

……

一位科学家说：一颗玻璃弹子，从十万米高空落下来，能把一块一米厚的钢板穿一个洞。所以，千万不要幻想把高空中掉落的东西稳稳接住，哪怕是一粒微不足道的石子。

反之，我们可以忽视那些小小的爱意、小小的善意、小小的善举、小小的快乐吗？那从冰雪深处冒出的嫩黄的芽，也许正是十万米高空掉下来的那颗玻璃弹子。

就像，我随意记下的这些零零碎碎、点点滴滴，恰是漫漫生命旅途中最美的繁星。

不断学习，陪伴孩子共同成长

唐晓婷

自从有了孩子以来，朋友圈中时常看到"能干"的妈妈们晒出各种暖心之作，或是精美如画的便当，或是严谨如出版物的辅导资料，每每此时我的敬佩之情都油然而生。每个母亲都在用自己的方式去爱孩子，那么于我而言，更多的是给孩子营造自信、宽容的家庭氛围。

怀孕时国学老师那一句"知识女性，务必记得，莫要母强子弱"时时提醒着我，固然要付出母爱，但也应当时刻记得"到位不越位"，把试图对孩子的"改变、打造"转换为"影响、引导"。如果过度"管教"孩子，孩子在心智上将难以成熟，并可能导致孩子产生逆反心理。

投资界有个说法颇为有趣：对待项目，我们是当"孩子"养还是当"猪"养？当"猪"养是把公司做快、做大、做强，但若是当"孩子"养，那就是长长久久一辈子的事业。显然，我们面对的是真正的孩子，他们的成长、成熟、成功，是每一位妈妈一辈子的功课。作为妈妈，我们要耐心地见证孩子的成长，帮助孩子树立目标和信心，鼓励他们自信地前行。在发展心理学中，人的一生分为婴儿期、幼儿期、青春期、成年期以及老年期。在每个阶段人的生理和心理都是不一样的，作为妈妈，我们要时刻关注处于不同阶段孩子的心理特点，这样我们才能有策略地去教养他们。

作为职业女性，养育孩子也是头一次，什么都是在摸索中前行。我想从以下几点谈谈我的感受，供大家参考。

持续学习，坚持成长

倪萍老师在她的书中提到，她年幼时刚好也是母亲事业的成长期，母亲也没有时刻陪伴她童年的成长。但逐渐长大后，身为女儿的倪萍，仍然感激母亲的自我要求与不断努力以及对女儿身体力行的垂范作用。虽然陪伴减少，但母亲传递给女儿的爱并没有少，母亲的榜样作用依然成为激励她积极进取的力量。

生下儿子后，我辞去了别人眼中羡慕不已的大学老师的工作。原因很简单，随着学校的郊区化，我去工作就意味着陪伴孩子的时间变少。而且，我希望以更多维度的视角给孩子的人生以无声的示范。30岁再起航，进入对我来说全然陌生的金融领域。每每出差前，我都会抱抱儿子，默默强化他"出差与工作给人以成长"的意识，并主动告诉儿子，因为其他人和工作需要妈妈，而且通过妈妈的努力，可以获得不错的收入，这个收入又可以使我们的生活蒸蒸日上。日久天长，润物细无声，当孩子3岁以后，我再出差，他就非常平静地跟我说："妈妈，你放心。我们的心，是连在一起的呀。"正是因为我采取了正强化的方法，每次出差前都会告诉儿子出差给我们这个家庭带来的积极效益，促使儿子理解了妈妈，并没有因为妈妈缺少对他的陪伴而愤怒、抱怨。

我32岁到异地去攻读博士学位，也得到了家人和孩子的支持，这让我深受感动。时至今日，儿子在幼儿园会自豪地说，妈妈是金融、礼仪和心理老师，我妈妈能帮助很多很多的人，我长大了也要学习很多东西，帮助更多的人。尽管我给予他的陪伴并不是那么多，但我儿子在心理上感受到了妈妈对他的爱，所以他并不觉得孤独。

陪伴的本质是什么？我想大概是给予孩子充分的爱、信任与示范。现代女人确实不易，既要胜任传统的相夫教子的角色，又要不负时代拼搏未来。事事周全既然难以实现，那又何必再给自己压力。我期望每个母亲都能多爱惜、珍重自己的选择。

调动伴侣，给光让光

对心理学有所了解的朋友都知道，父亲在孩子的成长过程中有着非常重要的意义，而这种意义和象征是母亲无法给予和代替的。通过观察，我们不难发现，一个与父亲关系良好、感受到父爱的孩子，大都是自信、勇敢、尊重规则且善于沟通的。而且父亲积极参与孩子的成长，将会促使孩子身心健康，孩子在心理上会有安全感，遇到困难时敢于去解决问题，因为父亲这个强大的支柱给予了他力量。

在家里，我给先生明确了一个定位：儿子崇拜的对象。与儿子成长相关的游戏、书籍、课外活动等，全部听爸爸的安排。我的先生是律师，也是典型的读书人。他在户外活动方面不太擅长，但是对绘画、名著、游戏等的理解颇为深刻，我们就努力发掘他在这方面的特长。孩子 3 岁以后，爸爸变绘本诵读为一起绘画，在互动中让孩子多说，故意出些差错，训练孩子的观察能力；儿子 5 岁左右，我们开始玩各类桌游，建立孩子的规则意识，并精心选择不同类型的游戏，让孩子增长知识，思考游戏的平衡性，训练他的思维能力与表达能力。

晚餐后的 1 小时，是他们父子雷打不动的欢乐时光。我的孩子非常喜欢跟爸爸一起玩，相信童年美好的亲子时光会成为他一生的宝贵财富。

快乐思考，幸福一生

好看的皮囊千篇一律，有趣的灵魂万里挑一。同样的，我想，优秀的孩子成就非凡，会玩的孩子幸福无虞。我不确定我的孩子能否获得世俗意义上的成功，但我希望，通过游戏让他成为一个善良而幸福的人。

我们通常选择几类游戏：

1. 逻辑思考类。例如犯罪猫，通过一只只猫咪位置摆放的线索，让孩子排列出各种可能性，从而锻炼他的推理能力。

2. 运动锻炼类。例如旋转瑜伽，通过指针旋转，对照相应难度的瑜伽动作。这既是一个很好的亲子锻炼项目，也能让孩子懂得：要想实现目标，就需要付出艰苦的努力。

3. 理解组合类。例如火柴会说话游戏，根据目标要求，将各类透明纸图自行组合，体现出目标的形态或者寓意。

4. 语言表达类。例如只言片语游戏，通过提炼自己手中那张牌的特点（但不能太明显），结合其他参与者的牌，综合推测出出牌人的目标牌，过于明显全部猜对、过于离谱都猜不对均不得分。这类游戏可以很好地培养孩子的归纳总结能力和深度表达能力。

5. 理解自然类。例如进化游戏，通过大自然食肉类、食草类动物之间存在着互助、竞争、掠夺等诸多形态，让孩子了解自然规律，培养孩子观察大自然的健康视角。

6. 生命教育类。例如多彩人生游戏，通过游戏中交友、学习、恋爱、结婚等各个阶段的推进，结合游戏的金币损耗及获得，让孩子对生命的历程及机能发展有更多元的体会。

7. 历史实践类。例如时间轴游戏，通过对事件线索的梳理，慢慢理清国内外重大事件的发生顺序及主要历史人物的功过，从侧面培养孩子的细致程度、记忆能力和分析能力。

随着现代社会的不断发展，很多时候孩子只能接触到电子产品，只能在手机、iPad、电脑等设备上看节目、打游戏等。电子产品固然较为便捷，但是传统游戏的真实感受是电子产品远远不能比拟的。而如何从电子产品中把孩子拉回来，让他融入大自然，就成为考验我们的重要课题。

通过一段时间以来对游戏活动的观察和亲身体验，我觉得它有以下几方面的益处：

1．共同理解和尊重规则。一开始孩子小，告诉他，我们可以让让他，慢慢地把他当成真正的对手，绝不放水。

2．执行规则和引发思考。为什么要这样制定规则？游戏的平衡性在哪里？制衡背后的原因是什么？对于孩子的疑问，家长要考虑清楚，及时帮孩子答疑解惑。

3．完善目标和建立支持。游戏有竞争，有合作，孩子在游戏中能够体会到合作与竞争之间的平衡，体会到自己努力与团队努力之间的协同。

4．知识嵌入和归纳整理。游戏中，阅读说明书需要认字，执行规则需要记忆，完成目标需要知识，提高升级需要归纳整理。

5．理解人生与树立信念。有很多次，在游戏前 90% 的进程中，眼看一方要输，一个巨大的扭转之后，却反败为胜。不到最后一刻，谁都不能轻言放弃。胜了不骄傲，一句"承让"是感谢对手；输了不气馁，一句"恭喜"是尊重对手。

6．培养环保理念与敬畏之心。先生与儿子沟通过，若存了那么多游戏却将其束之高阁，那就是资源浪费。于是他们约定，每彻底熟悉一个游戏后，即以二手价格将其低价卖出，让更多的小朋友可以玩，而自己也可以用一份金钱获得多次体验的机会。在玩游戏的过程中，父子二人也会更加爱惜卡、牌等游戏材料。后来儿子牢牢记住了这一点，他会买一些卡、牌保护膜装上，让我们既欣慰又感动。财富或许是个人的，但资源是大家的，这是我们一直秉持的理念。我们是这样做的，也是这样教育儿子的。

我在学生时代曾参加过几次学生干部的竞选活动，当时强手如林，学霸云集，但我说："各位都是珍珠，那我就做一根线，不如你们光彩夺目，但可以将大家穿起来，合力聚力，为班级发光发热，让人生不留遗憾。"

同样的，为母不易，让父亲与孩子通过亲子活动相连接吧。那些柔软的父子时光，也是妈妈们要收敛并送出的大爱之光。

送给儿子的三件礼物

—— 人工智能来了，怎么养育孩子？

成 露

陪儿子在香港读书的一个朋友，时常在微信里与我探讨：孩子们将来学什么呢？到底最突出的是哪项技能呢？这不是一个妈妈的教育迷思。当下最热的词莫过于"人工智能"。以人工智能、生物技术为核心的新一轮科技革命，正在以前所未有的速度重塑人类生活的环境。未来发展变化太快，可以确定，我们的孩子面临的变化和转向比我们多得多。而我们为人父母，在孩子的生命轨迹里给他插上什么样的隐形翅膀，才算是送给孩子的最好礼物？

你是不是那个每天坚持跑5~10公里的妈妈

第一件礼物就是言传身教。

感知到儿子进入青春期，是从"我指东他打西"开始的。有一次大冬天在户外打球，打得满头大汗，我喊"脱掉外套吗"，他装着没听见；过了一会儿，他拉开了衣服拉链，我再喊"脱掉外套"，他嗖的一下故意拉上了拉链。事后回想，我犯了妈妈们的通病，看到孩子满头大汗，以条件反射式的反应，代替了耐心的观察和感受，给孩子造成了干扰，结果就是被青春期的小宇宙里觉醒的自主意识，生生地怼回去。

我是那种"遇到育儿问题就先翻书"的妈妈，平时会搜集书单，寻找自己需要的书籍。我很感谢这些年来的边翻书边实践边思考边调整，从教育学到心理学的经典读物，几乎都过了一遍，终于从一个"小白妈"一路摸爬滚打成了一个"成长型妈"。为人父母，就是孩子一生的老师，却不是生来就真懂教育、会真教育的。养育孩子，首先要"养育自己"，尤其作为妈妈，不要把唠叨当成母爱。朋友圈刷屏的那句话"你希望孩子成为什么样的人，你就要首先成为那样的人"，孩子是父母的镜子，孩子什么样，往往照出了父母的影子。如果你希望孩子学会合理使用电子产品，专注于学习，那你能不能适时放下手机，定点回复微信，减少冗余信息的干扰？如果你希望孩子每天练琴，那你能不能每天坚持跑步打卡 5～10 公里？如果你希望孩子积极主动、善始善终，那你有没有引导孩子承担家务或参加志愿服务？

　　叶圣陶先生说过："教是为了达到不需要教。"教育不是说教，更不是一味地灌输，而是教会孩子如何正确地学习、如何更好地利用时间出效率，然后陪伴他，鼓励他，共同学习，终身贯之。这不就是父母能给的最好的教育吗？

你有没有担心因自己视野狭窄而束缚了孩子的发展

　　第二件礼物是用心陪伴与适度放手。

　　从儿子几个月起就开始的亲子阅读，到他上初中了，仍在继续。我和儿子的亲子阅读，不需要"坚持"，因为已养成了一种习惯，融入我们的日常生活中。儿子他们这一代，必须具备世界人的必备素质，所以我一直在引导儿子双语阅读。英文原版阅读进行得并不容易，蜗牛的脚步虽慢，但也是在朝前走。

　　初二开学前夜，儿子从老师列的原版书单里选了《wrinkle in the time》作为本学期英语 SSR 的阅读书目。恰好我也在读。但第二天放学后，儿子就要求换书，理由是读了 3 页就走神了，读不进去，"boring"。我告诉儿子我已经读了 60 页了，我先肯定了儿子的感受，跟他说一开始我也觉得书的开头比较沉闷，细节描写冗余，节奏缓慢，不够抓人。等读到第一章后半部分，越来越有趣，想一口气读完。说完这些，儿子还是想换书，说这本书也许现在不适合他看，过段时间再看。我建议儿子先读完 15 页，再决定是否换书。儿子接受了。一周过去，儿子没再提换书的事，反而和我讨论起书中的情节。有些好书未必有个吸引人的开头，这样的书一开始可能是个挑战，跟你的阅读趣味和习惯可能不同，可一旦尝试多读几页，主动打破自己的舒适区和习惯，反而能拓宽阅读范围，回味无穷。这就是亲子阅读的好处，能让我及时了解孩子在想什么，阅读中遇到了什么困难，在需要家长帮助的时候果断地推他一把。

你有没有担心过因自己视野狭窄而束缚了孩子的发展？这就是我坚持亲子阅读的最大动力。孩子们的心属于明天，属于父母做梦也无法抵达的明天。但父母可以提供书籍，帮助孩子们爱上阅读，在阅读中寻光而行，通向未来。伴随 10 多年的亲子阅读，是我们的亲子出游，和孩子一起做攻略，打背包，行走于祖国和世界各地，在大地上开启另一种阅读，见人、经事、观世界，理解不同，欣赏美好，拓宽视野，探索未知。上初中后，开始参加合适的夏校，适度放手，让孩子单飞。

父母是弓，儿女是从弓里射出的箭。时代就是弓箭手，望着未来之路上的箭靶，他用尽力气将弓拉开，使他的箭射得又快又远。弓的幸福与使命，不正是帮助箭直奔靶心吗？

你有没有换着花样鼓励孩子突破自己

第三个礼物是鼓励孩子突破自己。

既要引导和支持孩子在他真正感兴趣的领域里深入发展，也要帮助他在不那么擅长和表现出强烈喜好的方面有所提高。前者是鼓励孩子不断挑战，后者是鼓励孩子走出舒适区，突破自己。

从 5 岁开始，我在培养儿子运动兴趣方面，转了一大圈。从游泳到乒乓球，从篮球到滑雪，再到网球，每个项目都跟专业教练训练过。我的想法很简单，首先希望儿子成为一个体魄强壮、精力充沛的男人。一辈子总要坚持一两项运动，风雨无阻，磨砺心志，能应对未来不可知的各种境遇。

在与儿子的亲子阅读中，我读了一些探险家的书。比如瑞典探险家斯文·赫定，1933 年，他受中国政府委托绘制西北公路路线，开着卡车走了一趟古丝绸之路。大漠戈壁，轮胎一天被扎三四次是常事，有时一天也开不了几公里，但作者却在漫天黄沙中聆听远处传来的驼铃声；在昏天黑地的大漠风暴阻断了行程时，作者却坐在探险卡车里从容地读着报纸，甚至接待骑着骆驼前来营地拜访他们的客人；夜里气温降到零下 28 度，作者却把向当地人借来的一顶毡包改成书房，就着沙漠怪柳临时充当起的餐桌，读书、写信、记日记，听留声机里放出的音乐。探险路上遭遇的各种意外，都没有磨灭作者品味生活的美好与乐趣！字里行间流露出的从容和坚毅，令人钦佩！

培根在《论幸运》里写道："一个人的幸运的造成主要还是在他自己手里。人人都可以成为幸运的建筑师。"说到怎样带来幸运，他认为"幸运之道有如空中的天河，天河是一群小星的聚会，它们并不是一个一个地看得见的，而是一起放光的。类此，有许多小小的，人所难见的美德，或者不如说是能力和习惯，它们是使得一个人幸运的。"

我希望，我的陪伴能在儿子成长的关键期点亮这些"放光的小星"，面对不同的生活角色，他能够勇于承担自己的责任；面对人类社会的变革和挑战，他具备灵活的适应时代的能力；面对未来不确定的各种境遇，他拥有独立、乐观、勇敢、永不言败的生活态度，倘能如此，我将是多么幸运！

在微凉的田野里放飞童年

安宁

我在女儿愈堆愈高的玩具和衣服之中，常常会探出头来，想想自己的童年。

那时家里小孩子多，大人们很少会关注到小孩子的需求，只要能够吃饱饭，就算完成了为人父母的任务。再加上生活的艰难，花钱买昂贵的玩具，大约算是一种奢侈的行为。所以自制玩具，就成了孩子和大人乐此不疲的一件事。父母会将一个线箍做成一个小车，让我们玩上很久；我们自己也会将砖头磨出红色或者灰色的粉末，而后用纸片包起来，当成颜料使用。甚至是一坨用水浇湿的泥巴，也是上好的玩具。我们会将其做成小碗状，而后用力摔在地上，并在那清脆的响声里，乐到花枝乱颤。还有小鸡小鸭小鹅们，更是每一个孩子不可或缺的玩伴。它们的成长，与我们自己的童年，如此完美地契合在一起，就好像，每一个小动物，都会参与到我们的生命中一样。

这些鲜活的且一直留存在我记忆中的"玩具"，都是不花费分文的，可它们却滋养了我30多年的人生，且会一直以自由美好的姿态，继续滋养下去。我从它们身上，习得关于自然及生命的一切。生长在草原上的爱人，与在乡村生活的我，有着同样相似的美好童年。这样简单到让城市里的人觉得清贫的生活，以原生态的方式，塑造着我们的个性，也洗涤着我们的心灵。以至于而今，我们在物质生活丰富的城市里，依然可以过这种简单安静的人生。

想起一个有了两个孩子的美国朋友，又乐此不疲地生下了第三个宝宝。我写信问她，生这么多的孩子，累还是不累？又说，在当下中国，养育一个孩子的成本很高，因为什么都要给孩子最好的，所以断然不会像她那样不计成本地生下一个又一个孩子。而这位朋友，则淡然地回应我说，不必为孩子的将来担忧，他们自有他们自己的人生和道路，最简单的物质生活，或许就是最好的。而今想想，过度给予孩子物质方面的享受，不过是为了满足成人的虚荣，而这样的满足，经年累月，便让一个原本不慕繁华的孩子，慢慢地像成人一样世俗，喜欢攀比虚浮的生活。这样的错误，成人并不自知。于是恶性循环，不断地给予，不断地索取，最终让一个美好的心灵，在物欲中无限庸常下去。

　　可是能够理性给予的父母，又有多少呢？成人总是将自己对于人生所有的希求与渴望，全部加之于孩子身上，觉得自己成长中所缺少的，就一定是孩子所需要的。就像，而今尚不知华衣美服为何物的女儿，定然也不会在人群中，有因为衣服老旧而生出的尴尬与难堪。女儿只关心吃喝拉撒，只会在这些需求得不到回应时，小哑巴一样啊啊地叫着，以此呼唤我们来帮她解决人生难题。至于她穿的是什么品牌的衣服鞋袜，有没有因为质量不好而起了毛球，抱她出去散步时，别人夸她好看是出于真心还是假意，她的爸爸妈妈所从事的职业是否体面有钱，一概不在女儿关注的范围之内；至于别人送的玩具我又转送给了谁，哪些玩具是有钱的叔叔送的，哪些是节俭的阿姨给的，女儿也不放在心上。世界在女儿眼里，是温暖的橘黄色，或者明亮的天蓝色，偶尔灰暗伤心，那也是因为没人陪她玩耍。

　　常常会在附近的幼儿园门口，看见年轻的爸爸妈妈接孩子放学，但是并不回家，而是带着想要开心玩耍的孩子，奔赴不同的地方，去学习钢琴、绘画或者音乐、舞蹈，好像每一个孩子都是天生的能歌善舞的艺术家。至于这些孩子在辅导班里，是昏昏欲睡，还是孤独地看着窗外发呆，做父母的，并不关心。只要他们站在门口迎接孩子的时候，能够看到他与其他孩子一起像牛羊一样地被放出来，就算圆满完成了任务。每次走在路上，看到这样被父母的理想捆绑的小孩，我就庆幸自己生长在乡下，父母没有钱送我去五花八门的辅导班，也没有时间搭理我的艺术才华，我像一个被放逐的野马或者兔子，尽情地在散发着泥土芳香的大地上飞奔，我捡拾稻穗，捕捉知了，采摘棉花，种植红薯……秋天的田野微微有些凉，大人们将我遗忘，但我与小伙伴们却自有一片自由驰骋的天地。这片天地与被迫关在室内学习如何画一只小鸟的孩子相比，充满了诗意、斑斓又灵动的色彩。

是的，只有大自然，才是一个孩子最美好的世界。每一个孩子，是天生的艺术家，只不过，他不是在黑板或者纸张上绘画，或者站在讲台上唱歌，而是需要在丰富的自然之中，放声歌唱，恣意描摹，尽情创造。

而那些被关在笼子里的鸟儿啊，再如何起舞，也不过是对真实自然矫情的复制。

我没打算让你生活在我围起的伊甸园里

张泉灵

亲爱的晨华：

昨天，我"不小心"看到你的网页浏览记录。

你7岁，刚开始学会自己用电脑搜索未知的一切，你还不知道消除浏览记录的技术方法和必要性，你还和我共用一台电脑。

于是，我就不小心地了解了你关注的内容。我有点恶作剧的小窃喜，因为我知道，我和你世界的交集会变得越来越小，这是规律，我无法改变。

小时候，我总以为父母们会盼着孩子快快长大。现在，我才知道，其实，我多希望时光停留，你长得慢点再慢点……

你的浏览记录：

1. 哥伦比亚号航天飞机失事情况。

2. 玉兔还会醒来吗？

3. 航天员是怎样在太空拉屎的？

4. 猎户座的红巨星。

我当然笑了。你的好奇心离你的现实世界那么远。哥伦比亚号在空中解体的时候，你还没有出生。玉兔是否还会在下一个月昼醒来，甚至连它的工程负责人都不能确定。

你可能一辈子都不需要在失重条件下完成有技术难度的排泄工作。即便你当上航天员，以人类目前的技术进步速度，恐怕还无法接近冬季星空东方的猎户座。

可你知道吗？这是多么宝贵的事情——你的好奇心。关注离我们非常非常遥远的事情，并不去问"这有什么用"。这，多么好！

世界这么大，我们能抵达的这么少。时间这么长，我们的生命如此有限。

如果我们没有双眼，我们只能用双手的触摸去感知世界，那我们就无法体验什么是远山什么是天空。如果我们失去想象力和好奇心，我们的世界就永远不会包括猎户座的红巨星。

小时候，我在蛋糕盒子里养过蚕宝宝，终其一生，它们的世界只有蛋糕盒子那么大。它们结了茧，我外婆把那些蚕茧在开水里烫，拉出蚕丝来。只留出两个茧，说给明年留种。

一天夜里，我听见扑棱扑棱的声音，发现茧破了，蛾子飞来飞去，产了一些黑黑的卵，然后就死去了。

那时候，我在想，它们在生命快结束的时候，才发现世界比蛋糕盒子大得多，会悲哀吧。后来又想，至少它们是比蛋糕盒里的蚕幸福的吧，因为它们至少看到过更大的世界。

现在，你已经知道，太阳系也不过是宇宙中的一个蛋糕盒子，如果我们失去好奇心和想象力，我们就像那些从来没有离开过蛋糕盒的蚕，也会悲哀吧。

你二年级，在背九九乘法表。滚瓜烂熟之后，你就掌握了一个技巧和方法，多了一个拓展世界的工具。

但是，如果你了解了乘法和加法之间的关联，你的世界就会有意思得多，因为你在你所知道的加法世界和乘法世界之间架了一座桥，你可以来去自由。

你的数学世界就有两个打通的蛋糕盒子。如果整个世界铺满了蛋糕盒子，但你不能打通它们，你的世界其实还是一个蛋糕盒子那么大，只不过从一个换到另一个。

这架桥的方法就在你的数学课本里，你的老师会教会你这一切。但是，你知道吗？在人类乘法的源头上，有更有意思的故事。

你知道古埃及人还没掌握乘法，那他们是怎么解决"7个人每个人需要5个苹果，一共需要几个苹果"这样的问题呢？

他们采用连加的方法，不是7+7+7+7+7=35那么笨啦，那样需要4步才能完成。古埃及人只需要3步，7+7=14，14+14=28，28+7=35。

这些故事藏在我上周给你的漫画书里，可以把时间倒退5000年，看看古埃及人是怎么做算术的，是不是很有意思？如果，你可以穿越回那个时候，人们该多么震惊于你的计算速度啊！

只可惜，那些漫画是韩国人画的，它没告诉你，中国人早在两千多年前的春秋时期就发明了九九乘法表。那样你会多一点作为一个中国人的自豪感吧！

顺便打个预防针，你以后会听见有人问："民族自豪感有什么用？可以当饭吃吗？"这世界上总有一些人的价值观全部建立在能不能当饭吃上了。

每次听见他们这样问，我耳边就传来蚕在蛋糕盒子里吃桑叶的声音，沙沙沙，沙沙沙。当你关注历史、关注人类如何走到今天的时候，你就打通了向下的蛋糕盒的通道，你的世界就是立体的了。

几周前的一天，你告诉我，《西游记》其实是一本讲九九乘法表的书。因为，孙悟空会八九七十二变，猪八戒会六六三十六变，唐僧必须经过九九八十一难。

我都快笑死了，宝贝！你知道，在蛋糕盒子之间打开意想不到的通道是多么有趣！

想想那些蚕宝宝多可怜，它们从小小的卵孵化出来，从来都不会见到自己的父母，从来不会听到来自长辈的经验传授。

那些蛾子虽然看到过蛋糕盒之外的世界，却没有办法告诉它的儿女们。于是，下一代的蚕还是以为蛋糕盒就是全部的世界。

有一个办法可以突破这种生死的隔离，那是 DNA，在蛾子产下卵的时候，它尽可能地把它对生活的经验复制在基因里。

而人类，除了基因，还有更好的工具——书。

在你这个年纪，长大的最好的方法是阅读。书里藏着别人的世界，你读懂了，你的世界就拓展了。

除了阅读，还有一个可以打通更多蛋糕盒子的好方法，那就是经历。现在想起来，我选择记者这个职业也许潜意识里和那些蚕有关。

我总是那么渴望去别人没有去过的地方，经历别人没有经历的事情，见别人没有见过的人，和他们谈那些别人不知道的人生经验。

记者的一辈子像别人的几辈子，于是，我的世界就大了。

从小到大，我看过很多关于战争的书和电影。可是真正关于战争的概念，我是在 2002 年的阿富汗的一根电线杆子前建立起来的。

那是一根铁铸的电线杆子，被从不同方向来的炮弹穿过，留下三个孔。

炮弹打中一根电线杆子而它没倒掉是什么几率？在上面形成一个完整的圆洞是什么几率？而那根电线杆子上有三个这样的洞，又是什么几率？

我愣愣地看着它。后来，在一个废墟上的乡村课堂里，我看见几个三十多岁的男子坐在六七岁的孩子后面。

我问他们是孩子的父亲吗，他们羞涩地回答我，他们也是学生，在扫盲。战争持续了 26 年，他们从没有机会走进学校。

在不倒的电线杆子后面，在活着的人后面，26 年的战争，有多少轻而易举的毁灭。我只是看到最浅的表面。

那一年，我还去过罗布泊——一片巨大的无人区。穿过龙城雅丹，有一个叫土垠的地方，那里曾经是汉代的战场。

有时候，我能在地上捡到一千多年前的箭头，不知道上面是否曾经沾染血肉。

一天傍晚，残阳如血，映着古战场的沙砾。我躺在那儿，身边一个人都没有，四周能看见地平线。醉卧沙场君莫笑，那时真想醉一场啊，可惜，我们的装备里没有酒。

简单的快乐就好，珍惜当下，才会活得简单。那是 2002 年里，我在书之外的体验。我说的这些，你现在也许不会懂。

有一天，你会在自己的体验里读懂它。我能做的，就是现在多带你走一走不同的地方，接触不同的生活、不同的人。

将来，我得狠得下心来目送你远离的背影。世界的大小，很多时候没有捷径，你得用自己的脚步去丈量。

你已经开始知道，世界不都是美的。有偷小孩的坏人，有治不好的疾病，还有雾霾里灰蒙蒙的天空。从一开始，我就没打算让你生活在我围起的伊甸园里。

你喜欢航天、喜欢星星，你就知道，看起来很美的东西，走进去有多残酷。月亮的晚上那么冷，那么冷。玉兔月球车看着太阳沉下去，该有多么孤单。

世界本来就是这样，我们能改变的是那么少。但是，有一点我们可以改变——我们心里的世界。

我们始终要有一颗明亮的心来装这个世界。不然，我们就迷路啦！可是心怎么亮起来呢？让我们一起来点亮心里的灯。

第一盏灯叫善良。善良就是把姥姥邻居家枯萎的植物从垃圾桶里搬回家，救治它，养护它，等它开了花，再把它送回邻居家。

当你看见邻居阿姨脸上的惊喜，你是不是觉得很明亮？

善良就是同学伤心哭泣时，你给他的那个大大的拥抱。那时候，你有没有觉得很温暖？

第二盏灯叫原谅。那天，你告诉我，一个大个儿同学今天又打你的头了。

隔了还不到十秒，你又说："不过，他今天中午还帮我把东西搬回宿舍来着，所以，我还是要和他做朋友。他可能只是个头太大了，不好控制自己动作的幅度！"

然后，你又高兴地干别的去了。晨华，这就叫作原谅！

我们在这个不完美的世界里常常会受伤，但是医好自己的第一步就是原谅。恨意和生气常常比那些伤害我们的事情更长久地折磨我们。

原谅不等于不去改变，但是改变需要理智和力量。如果我们的智力和气力都交给了生气和恨，我们就改变不了什么了。

第三盏灯叫相信。你一直喜欢咱家的狗狗麦克。狗狗的忠实来源于相信，它总是相信你会对他好。

有一次，你听见一条狗走了上千公里找到自己的主人的新闻，你的眼泪流下来了。

那时候，你只有4岁。你一定想到了那只狗在一年多的旅途中经历了多少辛苦。它之所以会找回去，在于它相信主人是爱它的，在于相信自己能找到正确的方向。

相信自己才能忍受痛苦并矢志不渝地坚持，相信别人才能找到更多的爱。所以，千万不要轻易去伤害别人的信赖。

有一天，你打算自己去闯荡，你也许会扭过头，犹豫着寻求我的鼓励。我会担心，但是我一定会笑笑让你自己走。因为我知道，你心里的灯会让你温暖，为你照亮更大的世界。

> 永远爱你的妈妈

世界上没有白吃的苦

张丽钧

托儿所最小的孩子

我参加工作的第二年就做了母亲。我的母亲从千里之外赶来伺候我月子，看着我笨手笨脚的样子，老人家抹着眼泪说："一个大孩子带着一个小孩子，两抱屈啊！干脆，我把孩子带回老家去给你养着算了。"我却执意不肯，说："妈，我不想逃掉这一课。"

我儿子徐然是 6 月 10 日出生的。9 月 1 日，学校开学了。校长登门做我的思想工作："学校师资紧张啊，我代表两个班的学生以及他们的家长恳求你提前上班，否则，那 100 多个学生就得在语文课上上自习了。"

我一咬牙，把未满 3 个月的孩子送到了托儿所。

就这样，我儿子徐然成了全托儿所里最小的孩子。

每天，我都要骑着一辆带蓝色挎斗的自行车接送孩子上托儿所，风雨无阻。马路边所有摆摊的人都认识了我和我的车子。

母亲打来电话，问我带孩子是不是很苦。我说："是很苦，但是每一份苦我都不愿意漏掉，我必须亲自去品尝，才觉得生活的完整。"

想到有个孩子应了命运的邀约来到这个世界跟我共同吃苦，我就没有了任何偷懒的理由。我努力工作，认真读书，勤奋写作。

一心巴望着这个孩子刚一具备评判的本领就能够说:"我有一个特别了不起的妈妈!"

我的孩子是"总统"

徐然当年就读的小学,是一所位于城市边缘的条件非常差的学校。在它服务半径之内的许多学生家长都想办法找关系把孩子转走了。徐然的父亲也曾想走个后门把孩子转出去,但因为门子不够硬,理想学校的大门始终没有对徐然敞开。徐然便只好留在那所不理想的学校学习。

那是一所冬天要靠生炉子取暖的学校。每个教室的中央都矗着一个土炉子,生锈的烟囱从窗户里长长地伸出去,冒着黄白的烟。炉子烧的是煤球,徐然和他的同学们常因给班里搬运煤球把自己弄成让人哭笑不得的"煤球"。

徐然的班主任是个年轻的男老师,有睡懒觉的习惯。身为班长的徐然每天都要早早赶到学校去生炉子。他父亲因为怜子心切,也曾帮他去生炉子,回家后满心不快,满脸怨愤,对我抱怨道:"咱们的儿子可真倒霉!碰上这么个懒蛋班主任!"

很快,"总统"成了徐然的雅号。"为什么同学们管你叫总统啊?"我问儿子。儿子欢快地回答说:"因为我总捅炉子,所以他们就管我叫'总统(捅)'了。"

因为经常侍弄炉子,又要到外面去打水拖地,徐然的两只小手皲裂得厉害。我买了一盒"万紫千红"牌的润肤霜给他,嘱咐他弄湿了手后要及时擦上些润肤霜,他点头答应,但不知为什么手上的小裂口却越来越多。看着他小小年纪,脖子上挂着家门和教室门的两把钥匙,每天被教室炉子火苗的强弱操纵着喜忧,我和我老公都曾心疼得偷偷掉过眼泪。我老公写了一篇题为《冻裂的小手》的文章,投给了晚报。文章发表后,徐然举着那张报纸,兴奋地高声朗读了好几遍，骄傲得不得了。

徐然在那所小学读了6年书，做了6个冬天的"总统"。

我一直相信这样一句话：世界上没有白吃的苦。正因为我的孩子有做"总统"的那点底子，所以，"娇气"这个词永远与他不沾边。

周围的人是否爱你

我的童年是酸涩悲苦的。这酸涩悲苦的童年赋予了我一颗善爱的心。

我喜欢带给周围的人快乐，喜欢写"暖色调"的文章，见不得别人有难处，随时愿意伸给别人一双援手。

我不知道我的这些特点是以怎样一种奇妙的方式传递到徐然身上的。总之，我发现他成了我不走样的仿效者。

徐然上中学后，依然热衷于为班级干一些"粗活"——捆扎拖把，修理桌椅，班里小桶的提梁坏了，他居然也要拎回家去精修一番。他依然做班长，却总抢了生活委员的活儿。

上了大学，徐然如愿以偿地当起了生活委员。除了继续干"粗活"外，还学会了一些"女红"——帮宿舍的同学们缝缝补补，他居然也干得有模有样。那年他约同宿舍的同学到家里过五一，他们齐声称赞他心灵手巧，说他的针线活好得气死班里所有女同学！"他不去做外科医生，简直是医学界的重大损失！"他的同学们这样夸张地说。

"周围的人是否爱你？"我曾引导徐然回答这个问题。周围的人爱你，这无疑是一件令人开怀的事情；但是，若想让周围的人都爱你，你必须率先拿出自己的爱。"爱出者爱返，福往者福来"——"出"与"往"，永远在"返"与"来"之前。

书包里有本喜欢的书

有一天，我与老公闲聊，聊到了我家书架上的一本书，不想徐然竟插嘴评价起那本书来，让我很是吃惊——他在我们不知道的时候，浏览了我们以为他不会浏览的书。

最初，是我以我自己的阅读带动徐然的阅读。我看美文，他便也看美文。虽说他大学读的是通信专业，但是，受我和他爸的影响，他选修了《大学语文》。

后来，他就开始批判我读的书了。他曾正色告诫我说："妈，总看那些浅薄的东西会降低你思维的品质。"

他开始读哲学。先是通俗读本，后来就艰深了。当我发现他挑灯苦读叔本华的作品时，我吓了一跳，同时，怅怅地跟自己说："孩子走到你前面去了。"

徐然的书包里总有一本喜欢读的书。应该说，我从来没有为他的读物把过关。但是，父母的精神趣味在很大程度上影响了孩子，他因袭了父母身上的书卷气，并且，他幸运地被优质的思想慷慨引领着，走到了很远很远的地方。

放心看你走天涯

大学毕业后，徐然只身去英国求学。一日三餐，他几乎都是自己动手烹饪。和他住同一个单元的美国女孩丽莎每次看到他精心烹制的色香味俱佳的小菜，都要夸张地做垂涎欲滴状，说："然，你做的美食真是太诱人了！"徐然便大方地分一些给她吃，她边吃边感动地说："然，你这样做会把我的胃口惯坏的！"

徐然所学的通信专业课业负担十分繁重，但是，他说他有意利用课余时间去打打工。他父亲听后，急坏了！说："儿子，你又不缺钱花，打工干什么！千万别像《北京人在纽约》里的王启明一样，刷盘子把手都刷肿了！"

徐然的父亲是出了名的慈父。听儿子说要去打工，他心疼得快要哭起来了。

徐然便悄悄地和我做了个约定：瞒着他父亲，偷偷去打工。

徐然先到了一家中餐馆，他分到的工作是炸一些鸡肉制品。我嘱咐他千万要小心，不要让油溅着。他说："妈，我得笨成什么样才会让油溅着自己啊！放心吧！我会注意的。"

后来，他又转移到一家超市去打工。他的具体工作是把即将过期的冷冻食品分拣出来，集中放到一个专门出售打折食品的半开放冷藏货架上。炎炎夏日，他的工作服除了和大家一样的工装之外，还要外加一件无袖的棉服和一副棉手套。在超市工作期间，徐然因为手脚麻利，工作效率高，得到他所在部门负责人毫不吝啬的夸奖。后来分组的时候，大家都抢着和他一组。他们都看中了徐然干活会用巧劲儿，却又从不偷懒。

每次通电话的时候，徐然都要跟我讲在超市工作的苦和乐。因为最底层的货架实在太低了，翻检食品的时候需要采取半跪的姿势，"刚开始的时候，觉得膝盖挺疼的，慢慢地就好了。妈，现在我的左右膝盖上各长了个茧子，像个小垫子，膝盖着地的时候，疼痛自然就减轻了许多。"

看他做得这么辛苦，好几次，我都问他是否考虑辞掉超市的工作。他说："辛苦一些有什么不好？放心吧妈妈，有做'总统'的那点底子，什么样的苦我都能吃得下；再说了，我要是不在超市打工，每天还得去健身房健身。这样多好啊，练了口语，结交了朋友，锻炼了身体，还赚了钱。哈哈！"

把苦吃出甜的滋味，是一种值得夸耀的本领。

博士不是我的最终目标

2008 年，徐然成了英国东芝实验室年龄最小的全额奖学金博士生。

在攻读文献的日子里，他曾发短信给我说："妈，用非母语学习新知识真是难上加难啊……"我鼓励他将"难"踩在脚下，一步一个脚印地前行，我还引用了我写给他的文章《第五种自由》中结尾的一句话鞭策他："吾儿前进！前进！前进！进！"

东芝实验室资助徐然的奖学金金额高达 9 万英镑。他的同学都羡慕他"衣食无忧"，但他却说："其实我好怕，怕出资方会说这 9 万英镑投错了地方。"

很快，徐然就有研究成果问世，他先后应邀到东京、华盛顿宣读论文。

"Very Good！Ran！"导师们喜欢这样夸他。他却对我说："博士不是我的最终目标。我还要更加努力！"

今天，当有人问我"你家徐博士在做什么"时，我回答："他在剑桥'赚履历'。"是的，我希望当他赚足履历的时候，他能够回来为祖国效力。

每次回首来路，我都会忍不住说："感谢苦难！"

这个从小被我"苦养"的孩子，在苦里成长，在苦里锤炼，在苦里寻暖，在苦里觅甜。别人养儿只怕苦，我家养儿怕不苦。我相信，命运女神最是眷顾那些勇于蔑视苦难的孩子。

在实验室，徐然的一双巧手得到导师的欣赏和称赞。我曾发过这样一条短信激励他："妈妈祝愿那双曾经冻裂的小手永远与勤巧结伴，把粗活干得高贵，把细活干得漂亮，指纹里藏着梦想，永不放弃与奇迹牵手的机缘！"

——孩子，你是我递给世界的一张名片。我希望每一个接过这名片的人都能看到你的勇敢、你的担当、你的善良、你的温煦、你的卓异、你的丰富……我希望你无论置身何处都能赢得他人的尊重，也希望那尊重你的人会通过你而尊重你的母亲、你的祖国……

儿子，妈妈相信，你是来报恩的

凡小西

01

我曾经反思过很久。

孩子的爸爸是 985 的工科博士，我是 985 硕士，我在最佳生育年龄 27 岁生下了儿子，怀孕是我们计划之中的，那天没有喝酒还放着轻音乐，而且我提前吃了叶酸等各种营养素，怀孕 3 个月，我就向单位请了长假，公婆过来给我做一日三餐，我只负责晒太阳散步看电视，整个孕期连一次感冒都没得过。

为了宝宝健康，我怀胎十月，都没在外面吃过一顿饭，生怕地沟油苏丹红一滴辣对孩子有半分不好……

优生优育做到我这个分上，我想大概已经到了极致吧。

果然，功夫不负有心人，儿子漂亮又健康，忽闪忽闪的大眼睛，我和老公想，这一定是个聪明 boy。

但自从他上了小学，我们所有的骄傲感很快余额不足，现实啪啪打脸。尽管我们百般不愿承认，但事实是——儿子的学习成绩就是不好。

02

学校里一般容易被老师记住的就是两类人——学霸和学渣。

学霸的家长们，每次去学校都是自带仙气，脸上洋溢着满满的自信和光华。

可是，作为一名学渣的老妈，每次去学校，我都会悄悄坐在角落，故意选择一些深色的衣服，很怕引起家长和老师的注意。

为了让儿子的学习成绩赶上去，我也给他报了许多辅导班，甚至请了一对一的家教，竭尽所能地花钱出力。

不仅如此，白天儿子去上学，我还按照上课进度，在家对着各种辅导书和视频，努力学习，争取和儿子的教学同步，晚上再来辅导儿子。

我认真分析每一篇语文课文，刷奥数题，曾经在我小时候死活搞不懂的鸡兔同笼、抽屉原理、数论，我现在竟然摸得门清……

自从儿子读小学开始，我频繁梦到自己又参加了高考。醒来，看着床头柜里摆的《奥数100题》，重重地叹一口气：这是妥妥地再走一次长征路——高考的架势啊。

可是，即便这样，儿子的成绩依然不行，而且因为我天天给他学习加码，他熬夜太多、户外活动时间不足，免疫力下降，经常感冒发烧，四年级就戴上了近视眼镜。

终于，我不得不接受这样一个现实，我的孩子，确实资质一般。

03

其实，他很听话，我给他安排的学习任务，他全部认真完成。

那年暑假，我给他报了数学和英语辅导班，儿子竟然主动说："妈妈，给我报一个语文班吧，不然我怕暑假过完，我会落后……"

我一阵心疼，儿子努力又听话，但就是学习不好。这难道怪他吗？

陪儿子读书四年，我必须承认，有的人真的天生适合读书，有的人并不适合。

这个就像有人天生就会唱歌，有人不用老师教就会画画，有人5岁开始，就会写诗……天赋这个东西，确实存在。

曾经看过一个调查：实际上，学渣花在学习上的时间更多。

对于这个数据，我是认可的，尤其到了初中高中，其实个个都想学好，但无奈真的有天赋这回事。

我和老公终于明白，我们两个曾经的学霸真的生出了一个不善于学习的"学渣"，至少现在是的。

04

放下焦虑，放下和其他家长之间的攀比与对比，我开始重新看待自己的儿子，我也开始冷静思考学习的意义。

其实，我们让孩子努力学习的意义是什么？

无非是为了让他以后有能力养活自己，去实现自己的人生价值和社会价值。

可是我的儿子，他勤劳、懂事、善良，将来踏踏实实做一份平凡的工作，又何愁没饭吃？

我的孩子，虽然数学不好，奥数几乎完全听不懂，可是他喜欢研究厨艺，翻看过我买的所有做饭的书，现在才10岁，已经能做好几种像样的饭菜。

我的孩子，虽然英语不行，语法总是忘记单词也总是拼错，可是他心地善良，他进楼宇门的时候，看到身后有人，总会用小手撑着门，等着后面的人一起进来。

我的孩子，虽然语文很糟，作文写得枯燥乏味，可是他孝顺父母，懂得父母的辛苦。那天晚上，我颈椎病犯了，头疼得厉害，儿子说："妈妈，你去休息吧，不要陪我读书了，我自己能把作业写好。"

我昏昏沉沉地睡了，许久，大概是儿子写完了作业，他悄悄走到我身边，给我盖了盖被子。

05

我加过许多家长群，里面的家长没日没夜地聊天，都很焦虑。

只要牛娃学霸的家长一登场，下面就点赞一片，都说："哇，这样的孩子，就是来报恩的啊。"

曾经很长一段时间，我也这样认为，看到不争气的儿子，就想起这句话：学霸都是来报恩的，学渣都是来报仇的。

可是现在，我不这样认为了。

这学期刚开学，班上投票选举班干部，班主任对我说："回家好好夸夸你儿子，今天，他勇敢地上台竞选宣传委员，而且全班38个孩子都选了他。当时有4个同学竞选宣传委员，其他几个落选的都是前十名的学霸。"

班主任还说："这个选举结果，我是没想到的。我当时问了全班同学，为什么要选他。同学们七嘴八舌，有的说他乐于助人，有的说他开朗活泼，有的说他很讲义气，谁遇到困难，他是第一个站出来帮忙的……"

听着班主任的话，我突然很感动也很骄傲，为我的学渣儿子。

是的，他一点都不优秀，几乎每次考试都甩尾巴。

可是，他却能安于做好自己，自爱且爱他人，自尊且尊重他人，以一颗包容开朗的心，去对待他周围的人们，这难道不是比学习成绩更宝贵的财富吗？

每个人都渴望成功，都渴望大富大贵功成名就，可是很遗憾，几乎90%的人，还是落入了平凡。

自从孩子读书后，我们总是习惯用唯一的标准——学习，来衡量一个孩子的好与坏。

这是不对的。

孩子是一朵慢慢开放的花，怎能如此单一地去评价？

我们不应该鄙视平凡，相反应该欣然接纳平凡。

若能安于平凡，健康快乐地做一份自己喜欢的工作，不违背自己的良心，不违背做人的原则，按时开花结果，踏实走好人生的每一步，平安到老，这何尝不也是一种成功的人生模式？

那天放学，站在校门口，我看着儿子笑眯眯地背着书包朝我奔来，手里拿了一块饼干，说是学校中午发的，觉得特别好吃，就给妈妈留了一块。

我突然很感动，我想，我的儿子长大后一定会自食其力，不管是做厨师也好、做保安也好、当一名快递员也好。做完了一天的工作，他回到自己温暖的家，做一个体贴的丈夫、一位负责的父亲，当我们生病的时候，他愿意耐心地照顾我们、陪伴我们……就这样长大、变老。

我想，这其实是为人父母者，最期望孩子拥有的未来吧。

文艺青年家的孩子

萧 耳

　　每年我的生日，照例是火热的夏天，我好像也没有认真地过过生日，因为这日子总在儿子的期末大考之前，自从孩子升入小学四年级后，家里对他的学期大考就越来越重视，作为一个妈妈，是绝对不敢在他读大学前任性地呼朋唤友聚会的。

　　握瑜兄进入民办初中杭州公益中学时，是个不起眼的男孩。在杭州，民办初中炙手可热，一等牛娃考民办中学，一次通过，在新年过后春节不到的时候，就能拿到热门民办中学的 OFFER；二等牛娃手握一堆竞赛大奖证书，两次就能通过；而我们家握瑜兄连三等牛娃都不是，面试了四次，才连滚带爬地跻身于这个梦寐以求的明星中学。难怪他的记忆中，每次去考公益中学，都是阴雨连绵愁煞人的天气，其实是他内心的天气映照着自然的天气，怎一个雨潇潇的"愁"字了得。

　　我们的孩子只是个健康的、普通的孩子。论成绩，他在小学阶段也就是班级前五名。等到他进了初中，那个牛校中的牛班，才发现周围一大堆各个学校的大队长、三道杠们，他这个名气不够大的小学的班级学习委员实在是太"平民"身份了。

　　升初中是一个转折点，孩子的内心遭到冲击，我们家长的内心也遭到冲击。我们一贯以为小学阶段的放养是正确的，但是到了学霸云集的环境，才反思自己这样做家长，真是太不作为了，太自由散漫，带着文艺青年气了。除了在学校的时间，我们的孩子过了 6 年漫无目的的随性的小学时光，每个双休日我们带他各种玩耍，有时候连去哪里玩都想不出了，也没想到要他去学奥数或去学而思。而他周围的学霸孩子们，早在小学低年级阶段就已经在各种项目上拼搏驰骋了。

三年初中时光，对握瑜兄来说就是一个慢慢找到自信的、逆袭的过程。在这样牛娃如云的环境中，他也想要证明自己，不过有些事情也没办法速成。有一次月考，和一贯是学霸的好朋友并列年级第七，他真的是兴奋坏了，也尝到了一种"高峰体验"，后来，他开始稳下来。我们总是鼓励他：你的资质不错，迎头赶上应该不难。

后来他就成了我口中的少年段誉，一个拥有时灵时不灵的六脉神剑的少年。少年尚且懵懂，不懂"天将降大任于斯人也"的伟岸抱负为何物，所以时常还像个小学生那样，不想长大，老在怀念小学时代，看见小学生都会羡慕几下。

母子俩的对话常常是这种画风——

我：我看你呀，小学玩六年，也玩够本了吧。

握瑜兄：这哪里玩得够。玩是天下最快乐的事情。为什么人到了初中，玩都不能玩了呢？

我：玩多玩少，要横向比较啊。比起你的同学们，你是不是赚大啦？人生中有些事情，其实比纯粹的玩还有趣呢。

握瑜兄：怎么可能有这种事情。

我：真的，妈妈不骗你。比如你立一个目标，然后去实现它，会超有成就感的，不信你试试。

将信将疑的孩子，慢慢地习惯了初中的学习节奏，其实他在学校很快乐，渐渐地也有了一批好伙伴。先是他的同桌，然后滚雪球似的，男孩们在夜自修的课间会一起玩捉迷藏的游戏。记得有一天晚上我去学校办事，顺便想悄悄地去他的教室外瞄一眼，恰逢夜自修课间时间，只见一二三四五六七个小男生，像箭一样嗖地冲下楼梯，欢声笑语，其中有我的孩子。那一刻，少年的跃动和欢喜，真是太感染人了。

榜样的力量是无穷的，在一群快跑的孩子中，握瑜兄也越跑越快。我们从来没有要求过一个"百分百小孩"。因为早早地将他的武功定位成"时灵时不灵的六脉神剑"，所以当不灵的时候，也就有了"台阶"下。我会暗示他：这次不灵，下次就灵了。随着心智的成长，你会像段誉一样，越来越灵的。

他性格温和，虽然有些腼腆，但朋友很多，据说他的同学们很喜欢他的幽默淡定。因为孩子们投缘，我们建立了个"男孩联盟"家长群，搞过两次活动，都是我牵头的。第一次活动在杭州西溪创意园内的芸台书舍，最后的环节，竟然是家长们与孩子们关于游戏时间的谈判"交锋"，最后达成了一个意见。第二次活动，在纯真年代书吧，十个男孩和他们的家长一起迎新年。一开始有些个性很强的孩子还有些抗拒，不想和大人们搅和在一起，结果却十分的愉快，我们感受到了少年们按捺不住地想离开父母的怀抱，独自飞翔的那股冲劲儿。

初三的毕业晚会上，一个平时我们并不太了解的男同学的爸爸告诉我，他儿子说："可惜和握瑜不能上同一所学校。"原来这个我们并不太了解的同学，也是把他当好朋友呢。

初三的最后一个学期，我们确定了要考国际高中，于是就变成了既要参加中考又要参加上海、杭州两地国际高中选拔考试的双线作战。我跟他说，就好比解放战争，你要打赢三场战役，就是最棒的！

他在这个磨砺的过程中，变得越来越自觉。在一次次辗转于上海、杭州的国际高中考试和一次次相关的新东方模考中，他变得越来越自信。一开始，见到那些神情倨傲的少年，他这个内敛的孩子还觉得他们一定比自己优秀，慢慢地，他的自信心越来越强："原来，看起来很转（zhuǎi）的少年，也并不比自己厉害呀！"

这个火热的 6 月，当他真的"三大战役"全部打赢，上海和杭州心仪的国际高中都考上了，中考以 564 分的高分达到了杭州最好的高中——杭二中的分数线之后，我真是百感交集，接连在朋友圈发了好几条微信嘚瑟。我对他说："辛苦三年，嘚瑟三天，没必要低调。有时候，你所有的努力就是为了在某一天赢得一种高峰体验，你和我们，都可以尽情地骄傲欢呼，不必藏着掖着，人生这样才带劲。"

我的闺蜜、资深文艺女青年苏七七说，关键是，有很多人以为文艺女青年的妈妈培养孩子是很不靠谱的，我们证明了文艺青年的孩子照样可以是学霸。

很开心，我这个文艺女青年妈妈被朋友们嘲笑终于"母以子贵"了一回。而且证明了一个放养了多年，早就输在了起跑线上的小孩，只要开始努力，也是可以逆袭的。

我特别开心的是，平时我是一个孩子有一点点进步就不吝赞美的妈妈。在朋友们眼中，我很宠溺孩子。在这样持续的、由衷的赞美声中，握瑜兄真的就越来越担得起赞美，时灵时不灵的"六脉神剑"，灵的时候越来越多了，越来越接近我们心目中的那个"别人家的孩子"。

也许赞美，对孩子来说是一种真正的精神支持吧。

9 月，他将独自去上海求学，开始高中生活，祝福他越来越棒。

育儿小札

喻天鸿

周日，儿子结束了他的初中语文辅导课。他向教了他两年的老师深深地鞠了个躬，说："谢谢老师。"后来老师告诉我，当时心里特别感动……而我听到后感到无比欣慰。

周二，儿子从学校回来气鼓鼓地说："老师说我没有道德，老和周围的同学说话，自己成绩好了却把别人都带坏了。我真想怼回她：是，他们学习不好，都是我的错，我作为家长失职了……"我听了哭也不是，笑也不是。

这就是我的儿子，一个忽而绅士忽而愤青的 15 岁中二少年。

养育孩子有多难？每个做父母的都深有体会。我那 15 岁的儿子，虽然不算是人见人爱花见花开的帅哥学霸，但也是很让我们骄傲的大小伙子。养育他的经历，值得写一车。

信马由缰，想到什么写什么吧。

关于早教

这个话题无论在教育专业还是坊间都争论了很久。"不要让孩子输在起跑线上"的那根"线"，已然从小学入学，到学前教育，到胎教，进化到选结婚对象了。其实我个人一直觉得无论是为了自己的生活过得精彩，还是为了下一代的成长，找一个志同道合的伴侣确实非常重要。回顾养育孩子的这 15 年，我很庆幸我和先生决定在两个人都相对成熟的年龄生儿育女，更庆幸我们对于孩子的教育意见基本一致。

首先，我们都同意教育要因材施教和寓教于乐；其次，我们都相信言传身教。

儿子的启蒙教育算很早的，但是无论他自己还是我们都觉得很轻松。比如识字，因为他说话比较早，所以我给他念诗的时候就让他跟着念，他一岁多点儿会背的第一首诗是这样的：

鹅鹅鹅～

天歌～

毛水～

清波～

然后就开始教他识字，也特别简单，在他游戏垫旁边的柜子上他触摸得到的地方贴好多字，每天做游戏一样让他指认，然后再让他指出每个字代表的实物，比如床，比如书，比如宝宝……

汉字认到百十来个，就开始带他读书……《婴儿画报》一类的小故事书，我每次指着字读给他，到他认识的字就停下，他补充……再顺势教一些新字……两岁左右他就能独立看一本书了，还能照着书上的画自己往下编故事。

我们做了很多识字卡（就是把各种废包装纸盒剪成巴掌大小的方纸板，用签字笔在上面写上字），其实市面上也有一些印刷品，但是一来字比较少，二来和孩子一起动手制作识字卡，是一种亲子活动，更是一段妙不可言的快乐时光。我们每天像打扑克牌一样互相比谁认的字多，我们叫它"字卡扑克"……到他5岁上学的时候，已经认了500多字了，《三字经》《百家姓》《千字文》全部背得烂熟。背书这个功夫也是见仁见智，我觉得要根据孩子的天性而定，不能强求。我家这个记得快忘得快，所以上学前这几本书是每周轮流要复习一遍的，倒也不是难事。可惜的是上学以后孩子学习的东西越来越多，也就顾不上复习这些，很快就忘了不少，到现在只能记得只言片语了。不过也没关系，背书不是完全为了记住这些文字，更多的是对孩子大脑的开发和训练。

早识字到底好不好？各种早教观点都是各有各的理。就我家的实践来看，在快乐学习的前提下，早识字是有百利而无一害的，一则能培养孩子的阅读兴趣，二则可以增强他的表达能力，三则识字多见识广能增加他的自信心，如果孩子享受识字的乐趣，家长何乐而不为？

当然早教并不只是读书识字，更多的是打开孩子的心灵。

从孩子很小的时候，我们就希望他的一生可以读万卷书，行万里路。原因呢，就是我们自己从读书和行走中受益匪浅。每年带着书，带着娃出去旅行至少两次，是从孩子出生的那年我们就定下的目标。

从孩子学会走路开始，除非他困倦需要睡觉，我们出门基本上不抱他，能走就自己走，走不动就坐下休息片刻接着走。也很少替他拎包，要么自己背个小书包，要么自己拉个拉杆箱，一路走着，从来不知道累……孩子锻炼得小腿粗壮，身体结实，吃嘛嘛香。而且生物钟特别准，晚上到点就睡，一觉天明。

就这样甩着两条小粗腿，带着一颗探索世界的心，儿子跟着我们到处行走。

很多身边人觉得我们带着那么小的孩子出行是浪费时间浪费钱，因为"他们根本记不住去过哪儿"。确实，现在问起孩子当年去过哪里，很多他都不记得了，但是有很多教育是在旅行之中潜移默化地完成的。看着那个小人儿，对着新奇的事物睁大眼睛，仔细观察每一点细微变化，然后用自己尚不清晰的发音问各种问题，并且依此编出自己的故事，一路上还和形形色色的人沟通交流……这样的教育，绝对不是浪费金钱和好时光。

关于快乐教育

我们是一直信奉快乐教育的。我理解的快乐教育绝不是只要孩子不快乐就放弃教育，而是采取生动有趣的方式，让孩子对学习充满兴趣。同时，更要培养孩子创造快乐、享受快乐的能力。

快乐教育需要家长长时间的陪伴和耐心的投入。孩子在成长的过程中一定有不爱学习的时候，教育也不可能一帆风顺。如何培养孩子的学习兴趣和自主学习能力，是我们经常思考的问题，也是我们在孩子的成长过程中不断面对的问题。

就拿孩子学认字和背书这件事来说，中间也不是没有斗争和反复……学龄前玩字卡扑克越来越难，因为都是他认识的字，玩一会儿就腻了。我就和他换个玩法：让他找同偏旁的字，比如提手旁，等他在 100 多张字卡里找到十几个提手旁，已然念了几十个字，然后妈妈会告诉他："这个叫提手旁，基本上所有带这个偏旁的字，都是用手做的动作。你能用手做什么呢？"这个新玩法让他兴趣盎然，开始积极地思考手能做什么事……不断地变换花样，为的是让教育保持新鲜感，让学习继续，让快乐继续。我想，做父母的就是要及时发现孩子在学习过程中出现的重要节点，然后及时调整教育内容和教育方式。

家庭教育不同于学校教育，父母的责任除了授娃以鱼和渔，更要培养孩子的生活能力。让自己快乐的能力，就是其中一项最强的技能。因为看到太多高智商的孩子最后败在自身性格缺陷上的例子，从孩子特别小的时候，我们就不停地给他强化让自己快乐的能力的重要性，遇到困境不要悲观，要从内心找到支撑的力量。

同时，我们也相信幽默感的威力。我曾在一篇文章里说过，父母是孩子的第一任老师，而父母对孩子的教育，就在于一点一滴的言传身教。受益于我父母积极乐观的生活态度和温馨的家庭氛围，我的原生家庭的兄弟姐妹都具有一定的幽默感。我一直认为懂得幽默的人才能屈能伸，才能对生活驾轻就熟。很庆幸的是我的儿子继承了这种幽默感。自身的幽默感可以感染他，打动他，影响他，让他明白：人生难免有高低曲折，坚强的意志和幽默的性格能帮助自己走出低谷，突破困境。

儿子上小学一二年级的时候，有一次在他的家校联系本上我看到他写了二十个"科学道理"，儿子说是因为他上课插话被老师罚的。上课时，老师说"因为所以"，他接嘴说"科学道理"……我问他："你感觉如何？"他特别开心地说："我还不是最惨的，最惨的一个人接着我说'蟑螂蚂蚁'。'蟑螂蚂蚁'几画？'科学道理'才几画？"本来是被老师教育修理的过程，却让他找到了乐子，轻松化解。

记得有一次，儿子10岁左右吧，因为饭后洗碗的事他和我闹别扭，于是他在厨房一边洗碗，一边和在餐厅收拾餐桌的我高声理论……而我听到他在大声和我对话的间隙还在自己小声嘀咕什么，我就跑到厨房，质问他在嘀咕什么。我本以为他是在暗暗抱怨不讲理的妈妈，谁知他说："我在跟自己说，反正很快就洗完了……"我一边觉得好笑，一边很佩服这孩子，感觉他还真是掌握了让自己快乐的真谛，那就是即使在最不快乐的时候，也要千方百计找到快乐的理由。人生不如意事十之八九，可能要做身不由己的事情，可能要被环境压得喘不过气来，唯有找到让自己快乐的理由，才会不那么脆弱，不那么玻璃心，才会有顽强的生命力。让自己快乐的能力，对孩子的一生来说，都是重要的法宝。

Quality Time（优质时间）

和大多数中国家庭一样，我和他爸的工作都很忙，不能时时陪伴在孩子身边。但从我自身的经验来看，陪伴孩子度过最关键的成长时刻非常重要。只要在一起，就珍惜在一起的时光，让每一分钟都过得有价值，这比时时刻刻看着孩子却不与孩子交流效率更高。

回想儿子的成长过程，我有几个阶段是刻意放下事业半年左右，专心陪伴孩子度过：孩子入园，进小学，小升初和中考。选择学校时要多带着孩子看不同的地方做正确的选择。孩子入学之后，更要关注他的变化，多和相关的老师沟通，帮助孩子解决问题。也许在很多家长看来这样做没有必要，对家庭收入也有一定的伤害，但我个人觉得非常值得。因为对小孩子来说，每换一个新环境，都是一次大的人生挑战，有妈妈在身边支持、鼓励和陪伴，他会更加顺利并且自信地度过。

儿子要上小学二年级的时候，因为班里有一半孩子都住校，他也闹着要住校。当时爸爸不在国内，我也开始了新工作，每天接送他确实比较难，也想借机锻炼他的自主性，就同意了。我们达成的协议是，我们在一起就要享受 quality time（优质时间）。我争取每周中间去看他一次，周末在一起的两天，一天我陪他，一天他陪我。我陪他的日子，无非就是带着他一起看电影看演出，一起去博物馆、图书馆，一起午睡，一起和他的朋友玩，更重要的是一起聊天，把分开几天发生的新鲜事分享给彼此；而他陪我的那天，就是我们一起去和我的朋友玩，一起去看望两边的老人，或者一起逛街买东西，当然也有他陪我加班的时候……无论是他陪我还是我陪他，我们都尽量让彼此过得开心充实。尤其是当"我和我的朋友"与"他和他的朋友"的约会重合时，那会是非常开心的一天。

我的几个闺蜜的孩子和儿子差不多大，我们经常结伴一起去玩。有一次我们相约带孩子去室内冰场滑冰，另外两个闺蜜选择请教练带孩子训练一小时，这样她们俩就可以在旁边好好聊天了；而我和儿子选择了我来教他滑，我们一起有说有笑地玩了一小时。本来我并没有觉得有什么不一样，反倒是儿子记住了这次滑冰经历，他说："妈妈，我觉得你教我滑比请教练更好玩更有意思，这就是你说的 quality time 吗？"

爸爸的加入

现在，越来越多的中国妈妈意识到，爸爸的重度参与对孩子的教育的重要性。爸爸和妈妈的性格特点及知识背景不同，可以给孩子不一样的教育；同时和妈妈的温柔呵护不同，爸爸更舍得放手，有利于培养孩子坚强勇敢的性格。当然，前提是父母双方在根本教育理念上达成一致，而不是所谓的"一个唱红脸，一个唱白脸"，让孩子无所适从。

我一直希望培养儿子勇敢顽强的性格，但身为妈妈，又总是容易过度担心而不能真正放手。儿子七八岁的时候，有一次他想爬上一棵大树又有点害怕，我就一直鼓励他往高处、远处去；而当他真的到了我够不到的地方，我又极度紧张，一边大声地告诫他要当心，一边让爸爸上去保护他。而爸爸呢，却非常镇定地站在树下，一边教给儿子爬树的技巧，指挥儿子如何手脚并用继续向前，一边若无其事地安慰我这个慌作一团的妈妈。当然，到了他觉得有危险的地方，他又很严肃地告诉儿子该下来了，而且一直紧盯着儿子，身体也一直在儿子的下方，随时准备接应他……等儿子满头大汗地从树上安全地跳下来的时候，我如释重负地冲上去抱住他，而他却很快挣脱了我的怀抱，兴奋地去跟爸爸分享刚才爬树的见闻和感受了……我一面心里酸酸的，一面又充满了幸福感。好吧，我必须承认，男人之间的对话，不需要我这个敏感脆弱的女人的加入。

我是文科生，对孩子的人文学科的教育比较在行，而孩子的爸爸是典型的理工男，动手能力很强，所以孩子的科学素养以及动手能力的培养就由他来负责。日常生活中，他们两人经常一起探讨科学问题，爸爸也会带儿子去各种类型的科学博物馆，尤其是与汽车机械有关的场所参观，同时教会儿子很多基本技能；2014年，在上海市教育台举办的"中学生十万个为什么科学家庭电视赛"中，爸爸充分发挥理工男的特长，带领儿子一路过关斩将，杀入半决赛。

儿子在上海开始读初中。上海的初中从六年级预初开始，儿子所在的上海外国语大学附中是个学霸集中的地方，老师水平都很高，但进度很快，身在国际部的儿子的数学和那些学霸相比差得很多。之前一直只在课外上体育、艺术类兴趣班的儿子这时也开始了数学的补习，但是几次考试下来，发现还是不起作用。这时，爸爸撸起袖子登场了，他先花时间把孩子的课本、试卷都看了一遍，认真分析了一遍，又花了几个晚上，给孩子讲了一遍重要概念和错题分析……经过一番努力，儿子的数学成绩有了很大改观。课外班的老师虽然水平高，但毕竟不如爸爸对孩子了解，并且肯花更大的心思啊。

男孩子越大，就越需要爸爸的陪伴和支持。我们家的下一个旅行计划，是他们父子俩的川藏自驾游……没有妈妈的介入，看看这爷俩能不能在这个把月的独处中，一起成长。

⌀ 健康快乐地成长 ⌀

我一直在说希望我的孩子健康快乐地成长。很多人听了都不以为然，觉得这是再简单不过的事，但是在我看来却没那么简单。

健康，是希望孩子有健全的身心，既包括身体发育正常，更是指心理健康阳光；快乐，是希望孩子有从容、乐观、积极的生活态度，具备让自己快乐的能力；而成长，是希望孩子每一天都过得有所收获，一步一步朝着自己的目标前进。从小到大，我的儿子一直在健康快乐的路上奔跑着，而过去的一两年，青春期扑面而来，成长的速度让孩子自己和做父母的都猝不及防。

不光是生理上的变化，个子长高了很多，脸上稚气渐脱，鼻子越来越高挺，嘴唇上浮起淡淡的绒毛……也不是他开始学会自我管理，成绩稳步提高，并以优异的成绩考入理想的高中，更不是他在传统的教育体制内的挣扎和小小的叛逆……有一个非常明显的不同，那就是他，开始了第一次的恋爱。

零零后的孩子，对恋爱的态度与之前的世世代代，至少与我们那代人完全不同。我们当年的青春期，有暗恋的，有表白的，有牵手的……甚至有真的结婚生子白头到老的，但是基本上，会避开大人，会避开老师，会偷偷摸摸、遮遮掩掩……而到了他们这一代，谈恋爱变得光明正大，好像变成了中学生的标配。

儿子同学中有几对小朋友，其中一对同班同学从初一到初三一直是公开的"情侣"，每天一起上学，一起放学……儿子提起他们的时候，总是自嘲是"单身狗"。我听得出他是有羡慕和惆怅的意味的。之前我们都是泛泛地聊这个话题，突然有一天，他告诉我有个女生向他表白了，于是我们认真地讨论了半晌。作为家长，我们并没有把孩子的恋爱当成洪水猛兽。说实话，我甚至有点期待那一天的到来，因为我希望孩子能够体验生命中所有的美好。青春期的初恋，是无可避免的、自然而然的，也是美好的一部分啊。

后来又有一天，他告诉我他有了个女朋友。除了替他开心、替他担心，我甚至有了小小的嫉妒（曾经属于我的小男人，现在心里也有了其他喜欢的女孩子……这大概是每个妈妈都要经历的一课吧，且让我慢慢消化）。

通过和孩子的沟通，我们把孩子的恋爱教育概括成以下三点：

青春期的恋爱是最纯洁最美好的，人的一生只有这段时间才可以如此纯洁，所以，要尽量保持它的"纯洁"才更美好。

作为学生，主要的精力还是要放在学习上，两个人不能因为恋情而影响成绩，而是应该携手并进，变成更好的自己才不辜负对方的喜欢。

作为男生，必须学会保护女生、爱护女生，不能让女生受到伤害。金钱上要多承担一些，情绪上要多照顾女生，等等。总之，要学会爱与被爱，这是人生的必修课。

后来，他们的恋情被班主任老师发现，当老师说要告家长的时候，儿子很直接地跟老师说："我妈知道啊，她没反对……"我猜老师听了这话内心一定是崩溃的，一次很好的家校联合教育的机会就这么泡汤了……虽然这段"恋情"已经无疾而终，我相信这是孩子人生旅途上的一次美好的经历，他从中学习到的东西可以陪伴他的成长之路。

失误一箩筐

说了这么多关于育儿的经验，好像一切都指向成功，一切都顺顺利利。其实，回头去看，作为母亲，我还是有不少教训需要汲取。

我记得我们还没有孩子的时候，有一次晚饭后在小区散步，听到楼上传来孩子的哭声、求饶声，还有一个女人疯狂的嘶吼……听上去就是一个孩子做了错事被暴打，然后这个孩子一遍遍地哭喊："别打了妈妈，我再也不敢了——"但是那个母亲似乎完全疯狂，仍旧狂吼，仍旧在打……如果不是我先生拦着，我恨不得冲上楼去干预……后来，我们俩为此谈了很久，我们得出的结论是，那个妈妈刚开始打孩子也许是因为孩子犯错而惩罚，目的是为了孩子不再犯错，但到后来，已经完全是在用打孩子发泄自己的愤怒，这太可怕了，我们绝对不要做这样的、把自己的负面情绪发泄到孩子身上的父母。

可是，有时候，我们自己被负面情绪主导时，真的也有忍不住的时候……最典型的一次，就是儿子 7 岁生日的时候，为了弥补爸爸当时没在身边的遗憾，我为他准备了一场生日大 party，请了他的同学、好朋友和他们的父母（大部分也是我的朋友）一起庆生。本来是一件非常开心的事，但是早上我们有点手忙脚乱，我还因为他慢慢悠悠不着急而和他起了小争执。等我们到现场的时候，大家都到了，为了让庆生仪式正式开始，我就想让儿子发表一下他的生日感言。毫无准备的小朋友刚见到他的小伙伴正玩得高兴，很不愿意做这件事。可是我当时觉得这么多人来为你庆生，你必须有礼貌地来说几句话啊，况且平时你的小嘴不是像机关枪似的叭叭叭挺能说的嘛……于是我就硬生生地把他拉到屋子的正中，还让他站在椅子上来向大家讲话……他站在椅子上，看着大家，说不出话来，而我觉得这有什么难的，你不肯做就是因为早上我一直催促你，你不开心就故意和我作对吗？一直在催促他。于是，这个 7 岁的小人儿，站在椅子上，当着大家的面，委屈地哭了……大家都觉得我过分了，而我，则尴尬到不知如何应对。

无可奈何的我只能先让他下来，然后让大家开始自娱自乐。过了一会儿，儿子已经把刚才的不愉快抛到了九霄云外，和其他孩子一起开心地玩乐。而我的尴尬感还是一直没有消除，因为我觉得好丢脸……

后来到了切蛋糕的环节，大家都聚集到了一起，尤其是小朋友都围着蛋糕，给儿子唱了生日歌，吹了蜡烛，这时执着的妈妈又问他："你有什么要对大家说的吗？"儿子很自然地说："谢谢大家来参加我的生日 party……"于是大家鼓掌，皆大欢喜。

这件事让我如此印象深刻，是因为我后来很多次地回忆当时的情景，努力复盘，想想我本来是一心为了他开心，尽全力为他的生日留下美好回忆，可是究竟是什么导致我们有了这难堪的一幕？从我的方面看，独自一人操办孩子的生日会我还是很有压力的，所以才会对儿子的态度有些严厉，而内心又对儿子当众"演讲"的能力过于自信，所以才给了他一个超出他的能力的任务……而当儿子不愿完成任务时，我觉得我的面子受到了伤害，就一再不耐烦地催促他。虽然我没有动手打他，但是我同样把我的负面情绪加到他的身上，给他造成很大的压力，才让他在朋友们面前大哭起来。其实，我的行为带给他心灵的伤害，也许不亚于那个疯狂打孩子的妈妈。究其原因，还是不够尊重孩子作为个体的独立意识，总把自己的意愿强加给孩子。

后来等孩子大了些，我们聊起这件事，儿子说他记得被我弄哭了，但还是过了一个很开心的生日会。于是我更加内疚，孩子对父母的爱，才是无条件的啊。于是我很认真地为这件事向儿子道歉，希望他原谅在学习做好父母的过程中，我们幼稚的错误。

儿子从小就常常被夸聪明，我们听了也没觉得有什么问题，因为我们俩一直自认为智商高，所以感觉孩子的种种表现得到这样的评价也算正常。直到有一天，大概在孩子 8 岁的时候，我看了一篇卡罗尔·德韦克（Carol S.Dweck，斯坦福大学著名心理学家）针对表扬和鼓励如何影响孩子的思维和行为的问题所做的实验结果的文章，我才意识到夸孩子聪明的危害："我们夸孩子聪明时，等于是在告诉他们，为了保持聪明，不要冒可能犯错的险。""要多鼓励孩子，即夸奖孩子努力用功，会给孩子一个可以自己掌控的感觉。孩子会认为，成功与否掌握在他们自己手中。反之，表扬（夸奖）孩子聪明，就等于告诉他们成功不在自己的掌握之中。这样，当他们面对失败时，往往束手无策。"

回想我自己的学习之路，因为一直被夸聪明，所以总以不用功就能取得好成绩而沾沾自喜。时间长了，我就成了"五行缺毅力"，想用功也找不到方法的人了，吃了不少苦头。再回头看儿子的成长之路，他总是趋于做那些对他来说非常容易就能出好结果的事，也经常发生他总是躲避那些他必须付出努力才能成功的事。从那时起，我就告诉自己和身边的人，不要夸儿子聪明，而要告诉他，经过努力得来的结果才是他努力的方向。对孩子付出的努力进行夸奖，不仅可以让孩子感受到他的努力得到了尊重和承认，也让孩子相信，他拥有让自己变得更好的力量。

不知道是我们发现这个问题太晚了，还是儿子听到夸他聪明的话太多已经根深蒂固，儿子到现在还是有畏难倾向，尤其是对于别人早已开始学习，而他没有接触过的东西，他都采取表面上不屑一顾，其实内心空虚的逃避态度。我们俩一直都走在克服这个缺点的路上，希望我们都能改正。

我举以上两个例子，仅是在育儿路上碰到的各种问题的一个缩影。我想表达的是，对于子女的教育，父母要经常复盘，回看，不断学习，找出自己的问题，找到合适的方法；即使遇到难题，也不要慌乱，慢慢来，孩子不是一天长大的，教育的过程也不会一蹴而就。

读万卷书，行万里路，深入思考，付诸行动
——做对社会有贡献的人

"做深入思考，即付诸行动"。从孩子出生开始，我们就一直希望他的人生与书为伴，以行走丈量天下，也就是我们常说的"读万卷书，行万里路"。从他的青春期开始，我们又在后面加了条"做深入思考"，就是希望他能够在读书、行走的时候，开始独立思考，而不是人云亦云。过去的这段时间，我慢慢感受到，他越来越有自己的独立思维，虽然有些观点我并不认同，但至少，

这表明他开始了自己对世界的探索，从中可感受到他对未来的期许和把握。我在小遗憾和小恐惧的同时，更多的是欣慰和为他骄傲。

我和我先生也经常和儿子分享我们自己的成长之路，希望其中的经验教训可以成为他成长的借鉴。今年，我的儿子15岁了，我告诉他，我们希望在"读万卷书，行万里路，做深入思考"之外，再加一条"即付诸行动"。因为我身上有一个缺点，就是我妈妈常说我的"夜晚千条计，早上卖豆腐"，很多好点子灵光一闪来到脑海中，我没有抓住机会把它们一一落实，造成很多很多的遗憾。所以我告诉他，要汲取这样的教训。一旦自己有了想法，就立即动手实施，这样即使最终没有成功，但是付出了，努力过，没有遗憾。而且，我也鼓励他，他应该继承了爸爸超强的动手能力，实施起来，一定会事半功倍的。

"读万卷书，行万里路，做深入思考，即付诸行动"……希望这些让他受益终生的好习惯，让他成为一个对社会有贡献的人。

这篇文字，我是一边写，一边给儿子看，在获得他的首肯后，发给了编辑。希望我们家的育儿经验能够给其他的孩子及家长一些启迪。

最后，以我给他写过的一首小诗结束。祝所有的孩子，都能实现自己的梦想；所有的父母，都能作为孩子成长的支点，永远给予孩子无条件的爱。

少年
你放飞一盏孔明灯
心里许下个小小愿望
你专注的神情
让我莫名感动

少年
你放飞你的小小梦想
和那盏孔明灯一起
飞上九天　冲向云端
穿越到未来的时光

少年
你做一切事情的时候
我的目光都追随你
就算你不知道
就算你怕了我的碎碎念
我也会一直为你合掌祈福

少年
等你起飞的那天
即使我已不在身边
你也要记得
我的目光一如既往
坚定地追随和陪伴
在你身边　在你心里
在最温暖的地方
等你　爱你　守护你
毫不迟疑

少年
记得你今日的梦想
记得今日的孔明灯
这是我的许愿
在你放飞那盏灯的地方

与孩子同行，引领他成长

田彩云

我是一名大学教师，教书育人是我的工作和基本使命。儿子今年高二，在北京市一所重点中学的实验班学习。我深知，孩子的教育是件大事情，良好的教育对孩子、家庭和国家都有重大意义。因此，从儿子出生时起，我就力争成为孩子成长路上的同行者和陪伴者，做好对孩子的引领和培养。在教育孩子的过程中，我坚持让孩子做快乐、优秀和独特的自己。

情绪管理，做快乐的自己

情绪对孩子的学习和生活影响很大。生活中，孩子承受着来自学业、交往等多方面的压力，这些压力承载着孩子复杂的想法和情感，会给孩子带来不适和情绪波动。每每关注到儿子沉默、严肃、无精打采或说很烦时，我会选择在他安静时顺着他的感觉跟他聊天，慢慢了解他的内心世界，帮他打开心结，并引导他接受和理解发生的任何事情，学会做情绪的主人，使自己快乐。

满足是快乐的基础。让孩子做自己喜欢的事，让他的天真和童趣永远存在，是快乐的源泉。业余时间，儿子喜欢踢球，也会选择玩电子游戏放松自己。我知道玩游戏是大多数妈妈极力反对的，但是考虑到孩子在玩游戏中能找到快乐，我没有选择强制不让他玩，而是进行有效的引导和控制。为了与儿子有共同语言，我还专门去了解游戏规则，了解他喜欢的战队，关注他喜欢的比赛。繁重的课业之余，跟他一起聊他喜欢的游戏，让他身心放松，释放自我。充分的自由变成了自律，最终儿子不仅找到了属于自己的快乐，还养成了自我控制、自我管理的好习惯。另外，要努力营造一个和谐的家庭氛围，给孩子创造一个愉悦的成长环境，让他没有压迫感与孤独感。宽松的环境会使孩子获得精神上的满足与丰盈，生活得更快乐。

积极向上，做优秀的自己

孩子经过孩提时代，进入幼儿园，就开始了真正的社会群体生活。这个时候，孩子在懵懂中，开始有了自我身份的识别和定位。因此，较早地让孩子积极参加各种活动，展现自己，树立向上的信念非常重要。记得那年幼儿园举办新年联欢会，需要一个孩子担任乐队指挥。没有音乐天赋的儿子成为备选人之一。每天儿子回到家中，我都鼓励并陪伴他练习，最终他成了舞台上的指挥者。他的表现得到了老师和家长的认可，自此他变得更自信，更阳光，宛若他在集体中找到了那个耀眼的自己。从小学、初中到高中，我一直鼓励他在班级中要勇于承担一份为大家服务的工作，学习要尽力取得好成绩，并积极参加各种活动。通过这些参与和努力，培养了他积极向上、不甘落后的精神。

我一直跟儿子讲，要"让优秀成为习惯"。这里所说的优秀，不是指一定要比别人优秀，而是做优秀的自己。实际上是培养孩子努力向上、永争上游的人生态度。前几天和一位妈妈聊天，她说，最近一次考试，孩子的成绩是班里倒数几名。她跟孩子沟通，孩子却说："无所谓。你不是总跟我说，不是最后一名就行吗？"孩子对什么都表现出"无所谓"的状态，让她颇为苦恼和无助。经过深聊才知道，由于他们夫妻都是企业高管，为了不给孩子增加压力，不论孩子干什么，他们都会跟孩子说"没什么"。结果造成孩子把不努力当成理所当然。这种甘于现状、不求上进的人生态度，会让孩子丧失向上的信念，最终陷入松懈、懒散的状态中。

释放天性，做独一无二的自己

在生活中，经常会听到父母对孩子的各种期待和人生规划，"我希望孩子能上清华、北大""我希望孩子学习人工智能""我希望孩子将来做公务员"等等。许多家长把自己构想的理想职业、完美人生，寄托在孩子身上。希望孩子可以超越自己，完成自己未尽的人生目标。我有一个博士同学，想让孩子完成自己未上清华的心愿，因此很早就让孩子上各种课外辅导班，结果孩子成绩平平，疲于应付，造成厌学。

其实，每个孩子在这个世界上都是最纯洁无瑕的独立存在，他们是一个新的生命，不是父母的复制品。他们因你而来，但不是为你而来。因此，我一直谨记："我的孩子，不是我。"李雪曾在《当我遇见一个人》中说过一句话："爱孩子，便如他所是，而非如你所愿。"我的做法是：呵护孩子的兴趣和天性，尊重孩子的意愿和选择，给予孩子有力的支持和正确的引导。儿子进入初中，就对机器人表现出极大的兴趣，学校的机器人训练和参赛要花费很多时间和精力。但是即使在中考前，我也支持儿子在学习之余，钻研机器人的结构、搭建和操控。目前儿子已经与团队成员一起，获得了国际和国内的多个奖项。我坚信，孩子有自己的未来，家庭可以给他关怀和爱，但不是把自己的所想甚至人生观和价值观强加到孩子身上。每个孩子都有一种天生的生长的力量，向着未来的理想，成长为独特的自己。

教育本无真理，让教育自然而然；教育没有回头路，与孩子同行，引领他成长。教育即成长，这种成长便是孩子快乐地做优秀而独特的自己。我期待每个孩子都是沃土中的一粒生命的种子，在阳光和雨水的滋润下自然天成。

献给十八岁的女儿

尚　烨

爸爸妈妈最心爱的乔乔：

　　每每想起要在成人礼的今天，由你来读这封信，我的心里就有说不出的激动。从准备动笔到现在，脑海里闪过的都是你从小到大一个个难忘的片段：出生第二天，当妈妈走到一排和你同一天出生的婴儿旁边，其他婴儿都在睡梦中，你突然睁开眼睛，笑了，温柔地看着妈妈，那是你和妈妈第一次的心灵相惜；蹒跚学步时，爸爸妈妈坐在卧室的地板上，一人一边，两个人的手握在一起环抱着你，慢慢分开，鼓励你勇敢地迈开第一步、第二步……扑到我们的怀里；幼儿园中班运动会上，你们班的成绩暂时落后，刘老师把你调到最后一个出场，"乔乔稳当，她压轴肯定没问题"，你骑着小自行车奋力冲刺，为班级荣誉争光；小学二年级，你临时接到任务，担任妈妈单位组织的大型活动的主持人，看着你气定神闲地和北京电视台资深主持人一起对稿、主持，妈妈生怕自己的担心和紧张影响你的出色发挥，直到活动结束还远远地躲在会场后面；中考前，我们纠结而痛苦地沟通，相互理解，达成共识，你暂时放下最心爱的cosplay（真人模仿秀），争分夺秒补上落下的功课，终于考上心仪的高中；高一一个周六晚上，课外培训班你逃课去送要去美国的朋友，爸爸到学校接你回家没有接到你，给你打电话不接，发短信不回，之后4小时的疯狂找寻，血雨腥风，最终我们三个人坦诚相见、彼此谅解；高中时，我们似朋友般讨论你最爱的 cosplay，共同分享学校、单位、同学、同事间的趣事，共同面对月考、季考、一模、二模——每一次考试成绩的跌宕起伏；还有现在，爸爸妈妈陪你一起度过人生中最重要的时期——迎战高考。

乔乔，今天你真正长大了！成为一个成年人了！看着我们心爱的女儿展翅高飞，追求自己的理想，我们心里有太多的不舍，但更多的是快乐和欣慰。

乔乔，你是上天赐予爸爸妈妈最最美好的珍宝，感谢你让我们成为幸福的父母。18 年中，你给予我们的太多太多：在养育你的日子里，爸爸妈妈慢慢学会了为人父母的真谛，我们不仅竭尽所能地让你衣食无忧，享受尽可能好的物质生活，还学会给予你无私的爱、宽容和等待，陪着你慢慢长大，等着你慢慢懂得世间的喜怒哀乐、人情冷暖，并心甘情愿地悦纳一个有思想、有个性、有追求，超越爸爸妈妈的你。乔乔，我们唯一的宝贝女儿，感谢你让我们成为幸福的父母，和你一道走过我们三人独享独乐的岁月；感谢你包容我们在养育你的过程中所犯的种种错误，让我们有时间和机会慢慢学习、改正；感谢你对妈妈不遗余力的鼓励，让不善厨艺的妈妈也能做出美味佳肴；感谢你用女儿的小任性和娇憨融化爸爸刚毅理性的内心，理解并接受你的观点；感谢你对有时无端发火的我们保持沉默，让我们慢慢冷静，回归理性；感谢你，让我们勤奋工作、认真生活、努力进取，做出好的榜样，创造更好的未来。乔乔，谢谢你！我们的宝贝女儿！

最后是我们给予你的希望和祝福。希望你为了理想勤奋学习，不畏艰险，不怕挫折，敢于超越；希望你在取得一点成绩的时候不要自满，不要停下前行的脚步；希望你能凭借非凡的智慧、渊博的学识、坚韧的意志，成就如你名字一样的人生：大章永茂、符彩并济，用心去谱写属于你自己的未来。

愿你永远快乐！自信！健康！

乔乔加油！

永远爱你的爸爸妈妈

2015 年 4 月 16 日于乔乔 18 岁成人礼上

愿你做个幸福的人

雯　霞

妞儿：

　　我和你爸刚吃过晚饭，我俩像空巢老人一样相对枯坐了片刻，他去洗澡了，我坐在灯下给你写信。想到终有一天，这样的情景会成为生活的常态，我几乎落下泪来。

　　平常，邋遢的你一回到家，总喜欢把东西摊得到处都是，搞得家里像来过窃贼一样。现在倒是整洁了，安静了，可是冷冷清清的，了无意趣。深秋的夜晚凉意袭人，我们把冬天的棉睡衣找出来穿上了，这样能暖和点儿。京郊的早晚更冷，你一定要多穿衣服，别冻感冒了。

　　不知道你有没有想家。应该还好吧？这两天老师在群里发了很多照片，你的出镜率很高，可是我们仍嫌不够多。你爸一向高冷，不轻易表露感情，连他都说："妞儿在干什么呢？"问了好几遍。太反常了，根本不像他的风格。

　　昨天你临出门前，先急急火火地跟布娃娃苣子小姐合了影，又依依不舍地抱着小狗说："墨墨，我会想你的。"我满怀期待地看着你，你却潇洒地扔给我一句："想不想你们就不一定了！"

　　你总是气我。我是你妈，即便你把我气个半死，我依然爱你。你笃信这一点，你抓住了我的软肋。你在很多方面并不像我。你不像我那般心软，也不像我一样婆婆妈妈。咱俩同看一部电影，总是我哭得稀里哗啦，而你却一脸鄙视地看着我。其实仔细想想，你做事比较理智。这样挺好。我不希望你复制我的生活。任劳任怨不见得是什么美德，做好自己该做的就行了。当然，如果分内的事情也做不好，那样的人生注定是失败的。

对于你的未来，妈妈没有太认真地想过，笼统地说，就是希望你有一技之长，能够安身立命，能够不依靠别人而过上自己想要的生活。说得简单点儿，就是做一个幸福的人。我对幸福的定义是：有一个好的身体，有一个好的性格，有一门好的手艺。记住，自食其力乃幸福之本源。

不要太在意自己的容貌，容貌这种东西并不能长久，"最是人间留不住，朱颜辞镜花辞树。"因容貌吸引来的东西，终会因容颜衰老而失去。

智慧比美貌更重要。它能让你不被假象所惑。你爸爸说希望你在任何时候都相信这个世界的美好。他的意思是，即使在最绝望的时候，也不要放弃希望。并不是说无条件地相信一切。有些人不值得信赖，要学会分辨，要懂得保护自己。在分辨不清时，满腹狐疑更安全。多个心眼总比缺心眼子少受伤害。

人生如逆旅，难免会遇到一些挫折。即使跌落谷底也要振作。当你有了丰富的人生阅历，你会发现：当时觉得天大的事情，过后一看都是小事。没必要哭天抢地，更不能做傻事。

还有就是切记不要占小便宜。占小便宜吃大亏。小便宜往往是诱饵，诱饵后面是陷阱，是钓钩。

好了，不唠叨了，你一定不耐烦了，我仿佛听见你在说："知道了，谢谢！"

今晚老师没有发照片，估计是想让家长好好给孩子写封信。我和你爸分别给你写了一封，祝贺你长大成人。你的个头已经超过了我，过完成人礼，你会健步如飞，远远地将我们甩在身后。爸爸妈妈终会老去，我们尽量不成为你的负担。这是我们的分内之事，也是我们能给予你的最具现实意义的爱。

　　你的到来照亮了我们的生活。感谢你选择我们做你的父母，感谢你从不拿我们跟别的父母比较。我们不是最好的父母，但我们是这个世界上最爱你的人。

　　来，抱抱！你的苴子小姐挺好的，墨墨也挺好的。勿念。

爱唠叨的妈妈

做孩子背后的眼睛

周　燃

　　前段时间网络上热传一个视频，讲的是一个在美国求学的儿子要请同学吃饭，给妈妈打电话询问怎么做西红柿炒鸡蛋，说不明白，这位母亲干脆视频直播，给儿子做了一份，等儿子学会了才想起来国内正值深夜。网友们热烈赞颂母爱的伟大，可我想说，儿子就不能利用百度搜索一下吗？中国有句老话："慈母多败儿。"慈母式的教育培养了多少巨婴！

　　在很多人眼里，我是一个"很不负责任的妈妈"。我从来没有送孩子进过课外辅导班，从来不管孩子的学习，任由她踢足球、打篮球、养宠物，每天玩到最后一个回家……

　　然而我女儿今年中考，考入北京四中的人文实验班，不少故人都很惊讶，一个从来不学习的孩子怎么突然这么出色了呢？甚至发出感叹，这不是养得好而是生得好啊……

　　所谓"别人家的孩子"，大家往往只看到他们的成绩，很少有人知道他们曾经付出了什么。其实每一个孩子都是家长的镜子，尤其是母亲，在孩子的成长过程中起着至关重要的作用。

　　几乎每个母亲都有这样的经历：当一个小生命在我们体内孕育的时候，我们只希望孩子健康，无论长什么样，无论是否聪明过人，是否调皮捣蛋。孩子出生了，我们觉得他们那么可爱，简直就是天使，他们快乐地成长，尽情玩耍……

　　女儿要上学了，世界全变了。我发现别人家的孩子不仅长得比她好看，而且什么都会。我开始感到焦虑，迷茫。小学第一次家长会后，连一向淡定的老公都着急了，他说孩子在班里的成绩只能算是中下等，老师提议去上辅导班，说只有这样才能考到前几名，才能上一个好中学。我问他，也问自己，我们培养孩子的目标难道就是要上一个好中学吗？我们到底要培养一个什么样的孩子？难道她的人生轨迹就是学英语、学奥数、考高分、上名校吗？

午夜梦回，辗转难眠，恍然明白，其实在生命的最初就已有了答案，我只希望孩子一生平安幸福，从未期盼她能成名成家，也未渴望她能活成什么样子，但为什么面对眼前的一点挫折就慌乱了呢？

是因为没有目标，也就是我并不明了，我到底希望培养一个怎样的人。我的答案是：希望她能独立生存，积极乐观，正直勇敢，还能有自己的兴趣爱好……于是我决定培养她的三个能力：独立生存能力，自主学习能力，沟通表达能力。

有了长远的目标，也就有了短期规划。在别人忙着上各种课外班的时候，我们是各种玩。玩耍对一个孩子太重要了，既培养了她的创造力，同时也让她学会了如何与人沟通。我还把知识要点编成各种游戏，以保护她的学习兴趣。周末我们经常去书店，自己选喜欢看的书，我从来不要求她读名著，只要她自己喜欢的什么都可以读。我们家的电视几乎没有开过，平时都是在看书，行胜于言。

假期我都会带她去旅游，走进大自然，体会各种生灵的乐趣；游览名胜，探寻古圣先贤的足迹。即使我不会英语，出国也选自由行，所有的交流都只能靠她，她很快学会了利用翻译软件，这种超越自我的成就让她乐此不疲地想跟人交流，也因此交到了很多朋友。

除此之外，我希望她能有一个高雅的兴趣，7岁的时候我跟她的一个同学要了一幅书法作品，她觉得能将自己的作品送给别人是件很有意义、很值得自豪的事情，于是我就鼓励她也去学。因为生性活泼，没多久就不太愿意去了，刚好学校有个书法表演赛，我借此对她大加表扬，说大家都觉得她写得特好，果然兴致提升了很多。平时我不强制她练习，也不参加考级，而是鼓励她写作品送人、参加书法交流活动和各种比赛，时间长了就慢慢有了兴趣，一直坚持到现在。

当然也有非常不如意的，就是学习成绩没那么好，但我坚信，只要有这三个法宝，她必定会在人生道路上披荆斩棘，勇往直前。在小学阶段我忍受着她的落后，果然初中我们上了一所非常不理想的学校。开学初，孩子每天回家都哭，我也非常难受，只能安慰和鼓励，相信她可以通过努力改变自己的命运。

可喜的是，巨大的落差换来她的觉醒，她有了明确的目标。即使学生差距太大，教学内容太简单，我们还是没有报辅导班，坚持自学。每学期她会自己制定学习和健身计划，表现出超强的时间管理能力和做事严谨有条理的好习惯。凭着自律和刻苦，她的成绩有条不紊地一步一步赶超上来。

她乐于助人，关心集体，一直都是班干部，虽然有诸多烦恼，但沟通协调能力和解决问题的能力，恰恰是在解决矛盾中修炼而成的。我从来不干涉她做杂事，如果她问，我会帮她分析。我常常跟她说，困难不可怕，重要的是我们面对困难的态度。

在家里，她非常体贴，经常跟我讲学校的事，也会跟我讲她感情的波动。我都很乐意倾听，还会跟她讲我小时候的经历和心得。所以她的青春期没有叛逆，只有努力、拼搏和飞速地成长，她在日记里写道："无奋斗不可，非四中不如！"

很多人说现在的孩子压力太大了，可是生而为人，谁不努力？我们逃避压力难道就没有压力了吗？自己不改造自己就会被别人改造。作为妈妈最重要的就是点燃孩子的梦想，梦想是发动机，只有梦想才能引领孩子一路前行。而妈妈永远要做孩子背后的眼睛，我们退一步，孩子才能进一步！

幸福串串烧

张冬烨

从中考紧张焦虑的氛围中走出，儿子即将成为一名高中生。要开第一次家长会啦，抑制不住内心的激动，我出门前认真对镜整理容妆，儿子催促："妈妈不用打扮了，您看上去好年轻啊！"闻听此言，不由得感慨儿子真是懂事，路上便忍不住把这窃喜分享给同行的邻居听，儿子却又撂出一句："看上去是年轻，但您也得面对年近半百的现实啊！"一时间大家笑出腹肌，而我则面部表情僵硬。

就在刚刚出门前，我要求他洗个脸，结果他进了卫生间不到半分钟就出来了。我看见他脸上干干的，毛巾也干干的，便诧异地问他怎么洗的。儿子眼都不眨地说："干洗的！"

这就是我儿子天鹤，沉稳、开朗且不失幽默，常常让我开怀，又常常让我烦恼。

天鹤出生时，体重9斤半，又生在农历九月，于是得小名九娃。因为长着大长腿和大个子，同学们又都亲切地叫他大鹤鹤。记者，记着。出于职业习惯，我常常记录下儿子的无忌童言。抽时间回味，发现我俩的对话甚是有趣，但常以我的无奈、尴尬告终，用文字表述我说的那句，不是省略号便只能以"呵呵"回复。

都说不谈学习时，母慈子孝又搂又抱，一谈学习，鸡飞狗跳又吼又叫。让老人血压升高，让邻居不能睡觉。前一秒如漆似胶，后一秒叮咣就削！自从儿子上学开始，用这个状态来形容我跟儿子一路的相处真是再合适不过了，且看：

母：数学如此简单，怎么才考了 95 分？

子：有道题目要求先数清动物的数量，然后做加减法。

母：思路没问题，可答案是错的啊！

子：那老虎的额头上连个"王"字都没有，我不就都给算成猫了吗？

母：……

数学不提也罢，说多了追溯到遗传基因，那会让我很没面子，还是聊聊语文吧。从小到大，他的语文真没让我操过什么心，可明明到手的满分，他总是要差点火候。

母：看图作文是满分，老师怎么还提醒你今后审题要仔细？

子：大象背上骑了个猴子，我看成是小朋友了。

母：身上那么多毛分明就是猴子啊！

子：孩子就不会穿一件翻毛大衣吗？

母：……

母：儿子，下午参加作文比赛感觉如何？

子：创作了一篇童话，还行吧。

母：什么是还行吧？

子：主要是用了一些替代词，效果不一定好。

母：啥叫替代词？

子：郁闷的"郁"字不会写，用"不开心"替代；硕果累累的"硕"字不会写，用"鲜果累累"替代；啰唆的"唆"不会写，只好用"废话"替代。

母：……

督促儿子写作文，他写一句，问我一句，急了，就批评他："你要自己动脑筋想想，不能总依赖别人。"他委屈道："您的辅导也很重要啊！"为了让他懂得内因是关键的道理，我耐心地给儿子举例："为什么鸡蛋能孵出小鸡，而石头孵不出来呢？"儿子眼皮都不抬："这个问题你问我干吗？那个傻母鸡它要孵石头，我有什么办法……"

终于看他能流利地下笔了，便以为他有了成作家的可能，于是我有点操之过急。这天学校又布置了作文，题目是"我是个爱……的孩子"。儿子说："我爱写书法！练字练得手都磨出了茧子。"我便让他趁热打铁把作文完成了。第二天儿子说："我也喜欢唱歌，一天不唱嗓子就痒痒。"于是我鼓励他又写了一篇。第三天儿子又说："我还喜欢看书……"听闻此言，我高兴地劝儿子再写一篇，不料这次他翻脸了："你当我是作文机啊！一篇一篇又一篇。"

儿子喜欢阅读，喜欢国学，喜欢写些短文，不管怎么说都没白学。但是他对英语就没那么感兴趣了，成了让人头疼的一科。

母：昨天英语课老师教的单词怎么念来着？

子：……

母：再好好想想。

子：想不起来了。

母：这样可不好，这英语课不是白上了吗？

子：那你昨天怎么不问我？昨天我还记得呢！

母：……

下雨，送儿子去上英语课。望着车窗外的雨景，当时才十岁的儿子闷了半天，冒出句雷人的话："将来我要生个混血儿！"我笑问："你知道啥叫混血儿吗？"儿子肯定地回答："当然！就是跟老外生的孩子啊。这样他天生就会两种语言，将来就不用我送他上英语课了！"

尽管成绩没提高，他的心态却一直出奇地好。记得有一次英语测验成绩特别差，我焦躁地训他："打小就送你学英语，怎么还能栽在这上面！"儿子却委婉地批评我："都是你们当家长的急于求成，上了办班的那些人的当，看！钱白花了吧？"

终于有一次，儿子故作深沉地告诉我，英语考了 100 分。我高兴地祝贺他，同时问道："还有多少人得此高分？"答案是 18。我告诉他那也很好，只要努力了，大家都是 100 分也很 OK 啊！儿子沉吟片刻说："其他人都是侥幸得的。"

与学业上的懒相比，生活中的懒才是真的懒。一次去青岛玩，我们逛了公园，爬了电视塔，显然是有点累了。这时同行的战友说："要不你们坐缆车下山吧，可以直接到动物园。"疲惫的天鹤顿时兴奋起来："哇！这儿还有专门给懒人坐的车呢！"不知道他这算是想象力丰富，还是天性使然。

记得儿子两三岁时，一家人去商场买东西，天鹤他爹大包小包占满了双手，我负责牵着孩儿。走了一阵儿，儿子突然停下来说："爸爸你太辛苦了！把东西让妈妈拿会儿吧。"边说边帮爱人把东西都转移到我的手里。爸爸感动得那叫一个热泪盈眶啊！可惜泪花还没淌出来，儿子就伸出了双手，做出让他抱的姿势。你瞧！懒也懒得有规划性啊。画外音一定是这么说的：咋的我也比那些东西沉多了，俺娘抱得动吗？

不过，懒也分情况。给他报了一个轮滑学习班，为了巩固学习成果，大家就想着法子来鼓励他多滑多练。这天外公外婆又带他去公园练习，开始说滑八圈，经他一番讨价还价，终于同意滑六圈。当他滑满五圈时，外婆便跟外公说："看宝宝滑得多好，你去给他买两张玩碰碰车的票吧。"只见天鹤飞速地滑过来说："太好了！那我也再赠送你们两圈。"你看，假如他满意了，也是能少懒一点的。

有时，懒也懒得很矫情。这不，刚从外面回家的他，看见大家都在吃板栗，便也吵嚷着要吃。我拦住他说："你没洗手不卫生！"他翻翻眼珠，极不情愿地反驳："我的手是脏，可你就不能喂我吃吗？"那意思是，你的手不能用吗？你不知道没有最懒，只有更懒吗？

天鹤懒得有理，想象力也令人称奇。小时候，他最喜欢看的动画片是《喜羊羊与灰太狼》。有一次看完电视之后，一挥而就画了幅画，还美其名曰"喜羊羊、美羊羊与灰太狼三剑客"。我好奇地问他："灰太狼可是喜羊羊、美羊羊的敌人啊，怎么一起成了三剑客呢？"他小手一挥，不紧不慢地说："你没听说狼爱上羊了吗？！"

天鹤打小就成熟，且从容淡定，稍不留神就会被他套路。天鹤6岁那年，我妹妹生了个女儿。小姨对他说："以后你不能欺负小妹妹，要让着她，行吗？"儿子爽快地回答："好的。我把玩具给她玩，把好吃的分给她吃。"小姨感动得把天鹤搂在怀里，谁知他接着又说："然后，你全都给我买新的。"

据说2012年12月21日是世界末日，从听说这事开始，儿子就表现得忧心忡忡。

子：妈妈，世界末日真的要到了吗？

母：不会的，宝贝。

子：可我很担心啊！

母：担心啥？世界上又不是只有你一个人。

子：可我还是害怕啊。我想我应该练练胆子。

母：胆子怎么练啊？

子：从现在开始，每天让我玩一小时"穿越火线"的网络游戏，胆子就会逐渐大起来。

母：……

每次不到最后一秒，你都不知道他动的什么心思。

然而，每当有人要引导他的思路时，儿子却不上当。那次我俩看一部剧情跌宕起伏的电视连续剧，眼看比赛时间就要到了，参赛的主人公却开始说起了无关紧要的对白。我借机教育天鹤："比赛的时候咱可不能这样，机不可失，失不再来，要抓紧时间才能争取胜利。"儿子不屑地说："您没看出来那是导演在拖延时间吗？一集必须45分钟啊，您得理解他们！"

接下来看到节目中插播了一个除疤灵的广告，我再次诱导他："你看妈妈身上也有疤痕，你不是还有好多压岁钱吗？给妈妈买一瓶好不好？"儿子认真地看了看我的伤疤，提了个问题："您知道奶奶为什么从来不看广告吗？"什么意思？不知我的问题为何会引发他的问题，于是摇了摇头。儿子沉稳而果断地说："因为奶奶说广告大多是假的，买了也没用！"

带他出门旅游，去了一座寺庙。进门时导游介绍说："人生有108种烦恼，除了生、老、病、死这四种人类无法解脱之外，其余的都可以消除。现在我们面前有104级台阶，我们每上一级，就会踩掉一个烦恼。"闻听此言我高兴地拉着儿子去踩烦恼，他却呵呵乐了："傻呀，回来的时候你踩一个不就带回来一个吗？你还能待在上面不下来呀。"此时，我只好悻悻然，独自在风中凌乱。

生活就是这样，胡搅蛮缠的儿子有时气得我七窍生烟，有时让我引以为傲地感觉冒着仙气。放假了，琢磨给儿子报两个班，免得他总宅在家里看电视玩游戏。儿子却老练地说："没意思，一听交那么多钱我就头疼，咱别烧钱！"为了让他放下思想包袱，我又劝："没事儿，儿子。妈这是智力投资，等你将来赚回来呢。值！"不料小家伙的拒绝让人啼笑皆非："投资有风险！老妈您谨慎。"而当我再次表现出望子成龙的渴望，儿子又辩解道："那您得给龙施展的舞台，而不是用管虫的方法对待我啊！"一席话，说得我不仅放弃了报班的念头，也点燃了我心中助他成才的梦想。

忽然也想把这激情传递给他，当时电视剧《三生三世十里桃花》正在热播，于是又谆谆教导："儿子你看，不管飞升上仙还是飞升上神，都要经历艰苦的磨难。不经历风雨怎么见彩虹……"话没说完，又被儿子打断："我就是一个凡人，只想过平凡的日子。"有没有感觉一盆冷水兜头浇下？能否想象，瞬间有多少表情包从我脸上划过？

最近听说成语"远交近攻"有了新解：孩子写作业的时候离他远点，这样还能交流；如果离得近，会忍不住想要攻击他……这个说法一出现，得到了广大熊孩子家长的一致点赞！

多亏开学后儿子开始住校，我也松了松手中的风筝线，不然我也会是这个歪解最彻底的拥护者。

都说距离产生美，如今儿子在我心中又恢复了他孩提时代的天真可爱和呆萌。孩子的世界我们确实无法全懂，好在我竭尽所能地让他绽放和保持了童真无邪。尽管他一直没有成为我眼中优秀的"别人家的孩子"，也依然是天天让我欢喜让我忧，但是作为我家的开心果，儿子带来的欢乐无可替代，常让我想着想着就笑出声来。

人们说最好的幸福是有事做，有人爱，有所期待，那我今天的生活真是最幸福的：每天跟儿子斗智斗勇是无穷乐事，同时上演爱的奏鸣曲，静待花开，日日在脑海中描绘天鹤翱翔的蓝图！忽然想起一首歌是这么唱的："串串烧，串串爱，一串一串的期待，一串一串串起来……"

这桩桩件件的趣事，就是生活的味道，幸福的味道！

我亲爱的小孩：书本是甜的

陈彦玲

还记得吗，当我们最热爱的那个小生命出生的那一刻，我们曾经发誓：给他最好的书，还要用最动听的声音读给他听。那个时候，我们多么希望，在他幼小的生命中种植一棵热爱阅读的大树，等他长大后，收获一片知识的树林。

那时的我们，是积极的、主动的、满怀憧憬的。

于是，我们开始用书，装扮家庭的每一个角落；我们开始用心，挑选每一本优质精美的图书；我们开始用时间，陪伴他探索未知的世界。

那时的我们很幸福，那时的孩子很幸福！

可是，不知从什么时候开始，我们将一摞一摞的书，像完成任务似的堆砌在孩子的书桌上，我们的唠叨似乎也开始了："给你买回这么多的书，你看了多少啊？""你怎么在书上乱写乱画？""你今天除了看书什么都不许做！"

当我们身陷焦虑中时，我们忘记了，应该——

用淡定来告诉孩子，阅读是一件能让人平静的事；

用快乐来感染孩子，阅读是一件能让人高兴的事；

用想象来激发孩子，阅读是一件充满刺激的事；

用问题来启发孩子，阅读是一件特别有趣的事；

用赞美来鼓励孩子，阅读让他（她）棒棒的！

著名评论家刘绪源老师说过：读书，首先给予孩子的是乐趣，其次才是道理。

这种乐趣，是身为父母的我们，用言行、表情和感染力传递给他们的，而不是将自己的意志强加给他们。

据说犹太人在孩子刚出生的时候，会在书本上抹上蜂蜜，作为礼物送给孩子，让孩子相信："书本是甜的。"

聪明的父母，不急躁，不功利。有些糊涂的父母，却认为自己给孩子购买了一本书，投入了经济成本、时间成本、情感成本，所以一定要孩子从书里学到什么，领悟什么，觉得这样才值。殊不知，这样做，无形中给孩子增加了阅读压力。

我想说的是，即使你费心费时费钱地把书买了回来，也要用你的阅读快感影响孩子，让孩子在愉悦的氛围下自主地阅读、绘画、描述、感受、记录、表达，而不是功利性地希望和预设。

在我的绘画与阅读班上，我经常会让家长称赞孩子。记得有一个孩子在听完《蜗牛》的故事后，画出一只小小的蜗牛和一座大大的、奇妙的房子。在他讲述完自己的画作后，他的妈妈发出一声惊叹："哦，宝贝，你真能干！原来你画的是一座'蜗牛的智能城堡'。"

小小的蜗牛居然会有一座城堡，还是智能的，说明这个孩子很有想象力，很有创意。

妈妈敏锐地捕捉到了这一点，及时地给予正向的反馈，孩子很受鼓舞。阅读带给他美好的体验——开心地绘画，开心地表达，开心地接受妈妈的夸赞，在这般愉快的氛围中，想不爱上阅读都难。

我经常说，最完美的阅读，最好同步有阅读活动的延伸。所以，我建议，带着书本和孩子，一起走向户外。比如，我们可以带着描绘春天的书走进公园；带着介绍蔬菜的书走进菜市场；带着讲述交通工具的书坐上双层大巴在市区逛上一大圈；带着动物科普书去参观动物园……

　　当书本中的知识变成鲜活的东西，让孩子亲身体验后，再次鼓励孩子用语言来表达，用画笔来描绘，你真的会看到：原来你的孩子这么优秀。他们善于观察，乐于表达；敢于想象，大胆描画；思维开阔，滔滔不绝；勤于思考，勇于实践。

　　那个时候，你会觉得：幸福来得如此实然。

　　如果我说，没有不爱阅读的孩子，只有不会引导的父母，也许你会觉得我在哗众取宠。可是，我要说，在做阅读推广活动中，当我与孩子们一起慢读图画书的封面，一起趣读故事书的情节，一起诵读经典，一起精读名著……他们的表情是愉悦的，他们的神情是专注的，他们的情绪是高涨的，他们的态度是积极的。

　　看着一个个稚气可爱的孩子，看着他们闪亮的眼睛，我发誓，一定要给他们推荐好书！因为好书是一生中真正的良师益友，好书可以与孩子终身相伴，不离不弃，可以让孩子内心充实、精神丰盈！

　　来吧！怀抱初衷的我们，让我们用最柔和的声音、最有趣的语言、最有感染力的行为，来引导孩子养成终身阅读的习惯。

　　我相信，我们亲爱的小孩，会因为我们的有效陪伴而爱上阅读，因为"书本是甜的"。

蜕　变

竹雪芹

　　我的母亲是镇上有名的乐手，她常常给田里的农民弹奏吉他；我的父亲是镇上一所学校校长的儿子，他们因为什么走到一起我不知道，我只是听说，我的出生给这个家庭带来极大的喜悦。

　　我现在知道我是从哪里来的了。在我还毫无意识的时候，我的父母没有征得我的同意，就把我带到了这个世界上。一想到这个，我就有些不解：大人们为何非得把自己的想法投射到孩子身上。我一出生，就用力地哭。试图用这样的方式，宣告我的到来。

　　长大的过程是告别哭泣的过程。因为我渐渐懂得，哭是一种语言，而语言所到之处，却没有一种，可以拿来哭。

　　有段时间，我固执地认为，我的出生与这个世界无关。我决定考到外地的学校，挣脱家庭的管教。我义无反顾地离开，却听见母亲心碎的声音。我留了下来。

　　我曾挑剔过我的名字。几次试图说服父母，换了它。于是也就有了我的笔名，当然这更方便我对现实进行阐述。如今我身为人母，才明白每个人的名字，都寄托着父母殷切的希望。我的母亲常常笑着对父亲说："什么姓你的姓我的，女儿倒好，姓她自己的。"

　　做了母亲，才真正体会到做母亲的不易。怀胎十月的艰辛自不必说，孩子出生后，我一直没有调养好。月子里我几乎没有睡过一个囫囵觉。好在孩子乖巧，像个天使，治愈了我的任性和叛逆。现在，终于明白当时母亲为何不愿我远行。在亲人和远方之间，我选择了亲人，这是我的第一次蜕变。

为了孩子，我彻底改变了自己。我的保育师跟我讲，如果你希望孩子更聪明、更健康，就要把爱从内心散发出去，多想想他在你生命里的美好瞬间。心情好，母乳就会健康，也会源源不断地支撑着你，直到足以把他喂到断奶为止。我照着她说的去做了，如今发现过去那些特别好看的衣服已经穿不上了，即使勉强穿上，身材也已变形，但我无怨无悔。

也许人的一生，都要在蜕变中度过。越来越成熟，越来越明白，什么是可有可无的，什么是无价之宝。心性也随之大变，从喜欢吃某一食物，到把自己最喜欢吃的，留给孩子；从钟爱某样东西，绝不允许别人触碰一下，到不再担心被他损毁……

就是这样，心甘情愿把最好的一切都给他。压力再大，也奋然前行。遥望前路，不怕困难太多，只怕人生太短，来不及珍惜。唯愿现世安好，天下母亲都长乐未央。

家有两宝

刘　涛

　　我有两个孩子，说来有趣，两个孩子的性格完全相反，慧慧喜静，每天大多数时间都在看书，其他时间除了偶尔看看电视玩玩游戏，就是带着妹妹玩。乐乐的性格却截然不同，每天就像打了鸡血一样，一会儿搬张凳子爬上阳台去看火车，一会儿吊在桌子沿上荡秋千，一会儿把冰箱的门全部都打开，一会儿爬到姐姐身上把书本抢过来扔掉，气得姐姐直想打她的屁股。不过还好，最多的时候都是姐姐抱着妹妹到一边去玩，等乐乐跑开了再接着看书。看着两姐妹开心地玩耍，我觉得特别幸福。

　　记得刚生慧慧的时候，可真是两眼一抹黑，什么都不懂，什么都不会。给孩子洗澡、穿衣服什么的，都是现学现用，闹出了不少笑话，也走了不少弯路。特别是对于孩子的营养方面，更是一窍不通。当时婆婆跟我们住在一起，于是婆婆怎么说我就怎么做。婆婆说孩子太小，不要经常抱出去，这样孩子的皮肤才会比较白嫩，于是我很少带着慧慧出门；婆婆说要给孩子做个袋子，绑着她的小手小脚，这样以后孩子的腿会比较直，而且不捣蛋；婆婆说孩子应该多喝骨头汤，这样可以给孩子补充足够的钙，孩子能长得更高……我都一一照做。一来是自己不懂，再者也怕婆媳之间闹矛盾。

　　有一天，我发现慧慧原来乌黑的头发忽然变得又稀又黄，而且非常容易出汗，晚上还经常睡不安稳。我也不知道是什么原因，于是上网查了查，网上说有可能是缺钙，于是我跟慧爸说慧慧好像有点缺钙，要不我们去买点钙片来给她吃吧。结果被婆婆听见了，她老人家赶忙阻拦："缺钙就多买点骨头汤给孩子喝，这样补钙最好了，买什么钙片啊！你没看见现在的人吃这个营养品那个营养品，吃得身体提前发育了吗？"我说，我看网上说骨头汤里面的钙很难吸收，而且含钙非常少。婆婆说："我还能害你吗？慧慧她爸就是这样养大的，你看现在不也长得人高马大的。"我知道不能跟婆婆对着来，于是等婆婆走了后赶紧又跟慧爸商量这事，还好慧爸能站在我的角度去想，为慎重起见，我们决定带孩子去医院检查一下。去了医院，做了一系列的检查，还好，基本上都正常，只是有一点缺钙。医生问："平时在家里有没有给孩子补钙啊？"我告诉她没有，不过经常喝骨头汤。医生说："喝骨头汤根本满足不了孩子的需求。0-6岁的孩子正是身体发育的时候，需要更多营养，特别是钙。宝宝如果缺钙，容易使身体发育迟缓，严重的还会引起佝偻病。你家宝贝身高和体重都比别人家的孩子发育得快，更加需要补钙了。"

听了医生的话，我们赶紧去药房买了一盒钙给慧慧吃，结果慧慧吃了几次之后就不肯张口，因为钙片太难吃了。我问药店的人，他们说钙片都是这个味道，哪有那么好吃的啊。没办法，我和慧爸只能强迫孩子吃下去。慢慢地慧慧一听到让她吃钙片就跑，非常地抗拒。为此我们头疼得很。直到慧慧两岁多的时候，我开始写博客，认识了很多带孩子的妈妈，才知道原来有个专门为母婴设计的钙片，是大象造型的儿童钙片，比起市面上很多的补钙产品，我觉得这种让补钙更有针对性的品牌似乎更值得信赖，于是决定给孩子买一盒试试。

买回来的时候慧慧还以为是糖果，拿了一颗就吃了，发现不是糖果，但还是觉得很好吃，从此以后，给慧慧补钙不再像以前那样追着哄着了，开心！

有了养育慧慧的经验，并且不再受老人的干扰，带乐乐就得心应手多了，然而两个孩子之间的相处又成了问题。以前家里所有人的宠爱都集中在慧慧身上，现在多了个二宝，慧慧明显不适应。自从发现慧慧的情绪发生变化后，我赶紧翻看各种书籍，经过一段时间的实践，我总结出几点经验，与大家分享。

首先，可以试着让大宝帮忙照顾二宝。她不一定真能胜任这个任务，但是她和二宝之间的互动可以让两个孩子彼此更熟悉。同时，在这个过程中妈妈也可以引导大宝学会爱护比自己小的弟弟妹妹。另外，妈妈还可以带着大宝一起和二宝玩耍，玩耍是孩子的天性，也许大宝能在愉快的氛围中建立对二宝的感情。

其次，向宝爸寻求帮助，夫妻共同养育孩子。二宝刚生下来那段时间，宝妈是没有太多精力照顾大宝的，这期间宝爸担负起了照顾大宝的责任。过了这段时间以后，宝妈在两个孩子的教育上要尽量做到平等对待，一视同仁，不让大宝的心里有太大的落差。

虽然照顾二宝非常辛苦，但我还是会抽出一定的时间来陪大宝做一些从前经常陪她做的事，比如和她一起堆积木、看精彩的动画片等等，让宝宝回忆起以前快乐的亲子时光，感到妈妈其实一直都在陪伴自己成长，对自己的疼爱和关心并没有因为二宝的出现而减少。

养育两个宝宝，其间的辛苦只有经历过的人才能体会。看着两个宝宝健康成长，我的心里，苦也变成了甜。

母亲的爱，是为了更好地分离

詹　慧

在孩子到来之前，莜糯妈妈一直是一个独立自我的职业女性，为了工作和学业，也是年龄使然，甚至和丈夫在谈恋爱准备结婚前就商量过是不是成为丁克家庭。幸运的是，自然受孕，自然生产，莜莜和糯糯就这么自自然然地让上帝派到了这对稍微有些特殊的夫妻身边。两个聪明、可爱、健康的女宝宝，一个现在快4岁，一个现在15个月了。从最初怀孕时的喜出望外，到生育后抚养的手足无措，再到陪伴孩子的学习成长，高龄"老母亲"和两个宝贝之间的亲情故事数不胜数，截取一些育儿小片段，与大家分享。

莜糯妈妈在年龄较大的时候有了两个小宝贝，一开始我这个"老母亲"确乎有些不适应。怎么就从一个在职场打拼了近二十年的坚强刚毅的职业女性，突然转变成为一个全职妈妈了？好在十多年心理学的知识储备和职业管理经验，很快帮助我完成了角色更换的心理转承，而且将心理学和管理学知识不断转化应用到家庭的经营和孩子的抚育教养当中。

莜糯妈妈在抚育孩子的过程中，认为对于女孩来说，培养她们独立、自信、坚强的人格以及解决问题的能力尤为重要。妈妈年纪大了，不能永远陪伴着孩子，相比于年轻的妈妈，"老母亲"陪伴孩子的时间也会短一些，最好的爱就是教会孩子们生存的能力。

孩子在蹒跚学步的时候跌倒了或者摔跤，在身体无碍的前提下，莜糯妈妈几乎不会主动理会，听到孩子的哭声，偷偷望一眼，假装没看见。若是孩子看见妈妈看到了，妈妈就鼓励孩子自己站起来。当孩子希望妈妈去抱她的时候，妈妈会一边心疼地安慰孩子，一边笑着鼓励她："试试自己能不能站起来。"孩子后来也习惯了，如果不是摔得特别疼，基本上略微停顿一下，都会自己站起来，这种自立精神的培养应该是人生第一课吧。

有次莜莜在游戏栏里自己玩时，游戏栏的门被妈妈用绳子缠起来打不开，孩子急躁得使劲推拉拽扯围栏，妈妈看到后也没有立即打开，而是问道："莜莜，告诉妈妈你遇到什么难题了？（请孩子发现问题）你讲给妈妈听。（请孩子陈述问题）那么妈妈怎么可以帮助你呢？（请孩子分析问题，提出解决问题的方案）。这应该是管理学中问题解决（Problem Solving）的第一课。

莜莜在一岁多的时候，爸爸妈妈带她回国家五Ａ级景区清明上河园居住了将近一年的时间。这一年里，莜莜的大运动量锻炼和对世界的认知得到了非常好的培养。孩子每天在景区里摸爬滚打，跑来跑去，接触各种非物质文化遗产项目和活动。妈妈在保证孩子安全的前提下让她自由玩耍，充分接触泥土，甚至会尝试一些比较刺激的运动。一岁的时候莜莜就被带着骑战马，骑骆驼，骑毛驴，坐羊车，钻山洞……节假日的时候一天最多能见几万游客。所以她的眼界比较开阔，不胆怯。等上幼儿园的时候，她的运动技能和自信心比较充足，她经常跟老师同学说"这个我在清明上河园见过"，"大马我小时候骑过"，几乎没有明显的分离焦虑。

在迎接老二到来的过程中，莜糯妈妈还是遇到了一些情况。因为老二先兆早产，所以莜糯妈妈在床上静卧了将近两个月。每天度日如年，还带着两岁多将近三岁正值人生第一个叛逆期的莜莜宝贝。静卧期间，孩子不能随意扑到母亲的怀抱里撒娇哭闹，寻求安慰，在一定程度上莜莜对老二有一种排斥。以至于糯糯出生后在半岁之前，莜莜动不动就会推搡或者拍打她。碰到这种情况，妈妈一开始总是很心疼糯糯，对莜莜指责批评，莜莜就很伤心，经常无缘无故地暴躁或者不开心。后来妈妈逐渐意识到，老大之所以郁闷，在于她觉得妹妹夺走了妈妈，夺走了专属于她的关注，分薄了全家人对她的爱。后来莜糯妈妈和爸爸就一直告诉她，妹妹是因为爱她爱我们这个家才来的，妹妹是来做她的好朋友的，和她一起玩耍，一起分享。在姐妹俩相处的过程中，爸爸妈妈会有意识地稍微偏袒姐姐一些，之后再和姐姐讲道理，说："你不能弄疼妹妹，要爱妹妹，因为妹妹只有你这么一个姐姐，妹妹特别地爱姐姐。"妹妹再大些时，妹妹有时候也会为了要大人拥抱或者想占有玩具而推姐姐，这个时候，妈妈会"假模假式"地当着姐姐的面批评妹妹，或者当着妹妹的面表扬姐姐，就是想告诉姐妹俩手足之间应该相亲相爱，教会她们平等、尊重、友爱地相处，而不是以长幼有序强行要求。

对于现在社会上流行的"丧偶式育儿"，莜糯妈妈也曾经产生过恐惧，特别是身为高龄产妇，面对连续两个孩子的哺乳抚育，莜糯妈妈也会感觉身心俱疲。幸运的是莜糯爸爸对莜糯妈妈和孩子们都非常疼爱，在孩子出生前就非常愿意承担责任，更希望走进孩子的世界。孩子的饮食、游戏、出行、教育、睡眠……爸爸无一不深入细致地参与其中。虽然妈妈比爸爸年纪大，但是两人都是第一次做父母，妈妈长期在职场"厮杀"，在对孩子的细心程度上有时还不如爸爸。妈妈会充分表达对莜糯爸爸的爱，拥抱、赞美、情感存款一个都不能少。莜糯爸爸对家庭的投入和孩子的关爱，妈妈都发自内心地表示赞赏和感激，并且会和孩子一起对爸爸说"谢谢"，莜糯爸爸很快完成从男孩到父亲的升级。

据不完全统计，宝贝 3 岁前需要换大概几千个纸尿裤，如果妈妈放心地留出五分之一的纸尿裤让爸爸换，那么不仅妈妈的"老腰"不至于那么疼痛，更重要的是爸爸就多了上千次和宝贝亲密交流的机会。爸爸需要妈妈的鼓励，更需要不断地练习，莜糯妈妈永远都和莜糯爸爸说："亲爱的，离了你，不行！"

莜糯妈妈偶尔会不够自信，会担心自己的容颜不如年轻妈妈靓丽，遮盖不住的白发分辨不出什么"级别"。（妈妈？奶奶？）时间久了，却发现"高龄妈妈"也有优势，比如受教育程度较高，具备较为丰富的阅历和知识，具有比较达观的性格，情绪相对于年轻妈妈也更为稳定。这些优势可以更好地帮助孩子从身体到心理，都能健康安全地成长。

只要孩子们平安喜乐，妈妈就无比地开心快乐。诚如纪伯伦诗中所言：你的儿女，其实不是你的儿女。他们是生命对于自身渴望而诞生的孩子。你是弓，儿女是从你射出的箭。他用尽力气将你拉开，使他的箭射得又快又远。怀着快乐的心情，在弓箭手的手中弯曲吧，因为他爱一路飞翔的箭，也爱无比稳定的弓。妈妈与孩子，从来都是相互的恩赐，不是单方的付出与取舍。这种关系很奇妙，扶持与成长都在，感受超乎想象。

爱是一次共同的成长

陈奕霏

今年是我做妈妈的第十年，回想起儿子来到我生命里的这些日子，我充满了感激。我时常用文字记录我和孩子之间的点点滴滴……

从知道这个生命在我体内孕育的第一天起，我就开始写孕期日记，用心记录着他的成长过程：他今天有没有动，有没有吃手指，有没有吹泡泡，或者有没有跟妈妈一起互动。历经十个月，他如约而至，在预产期的那一天准时与我们相见。就像他的到来一样，在他成长的每个节点上，他都按时赴约：爬行、站立、走路、添加辅食、断母乳、断奶粉、吃饭，都是一样地守约，让我备感欣慰。

他渐渐地长大了，有一天他问我："妈妈，你是怎么把我生出来的呀？"我找了一个剖宫产的视频给他看，他看完之后，依偎在我的怀里，流出了泪水。他一边哭一边说："早知道妈妈生我会受这么多苦，那妈妈就不要生我了……"那是我第一次与孩子之间有了这么深的链接。我对他说："孩子，不是因为你妈妈才受苦，是妈妈选择要生一个孩子，是妈妈想要成为一个妈妈的，这是妈妈的选择，这不是你的错。我还要感谢你选择了我成为你的妈妈呢。因为你的到来，实现了我做一个妈妈的愿望。若不是你，我怎么能够体会到如此多的幸福呢？"他看着我似懂非懂，充满了天真和好奇。我只想让他知道他不用背负任何的愧疚，他有权利享受自己的人生。

4 岁那年他在幼儿园被小朋友传染上了流感，咳嗽得非常厉害，半夜没有办法入睡。我抱着他，喂他吃药，帮他捶背，他看着我说："妈妈，我感冒了，别传染给你。你还是离我远一点吧。"我说："不怕，妈妈比你的抵抗力要强，还是让我来照顾你吧。"话音刚落，他就咳吐了，衣服上、被子上一片狼藉。我赶紧给他换了衣服，安顿好他我就去换被单。他看着我说："妈妈，对不起，又让你受累了。我会很快好起来的。"我说："没关系，我们互相帮助，这次我帮你，下次你帮我，等你长大了你和妈妈一起做家务好不好？"他说好。后来我们一起做雪糕，一起在花盆里种大蒜，一起做饭，他都做得很好。他教会我谦逊，我教他感恩，我们在生活的实践里互相学习、共同成长。

他在幼儿园里体验了很多兴趣班。最开始他不知道自己对什么感兴趣，所以对各种兴趣班，他都不懂拒绝。忽然有一天他问我："妈妈，我长大了要做奔驰设计师，学习什么对我有帮助呢？"我想了想告诉他："可能你要学习美术，或者英语，或者选一项体育活动，把你的身体锻炼得棒棒的……"后来他自己选择了美术、英语和跆拳道。这三种兴趣班，他一直坚持着。我尊重他的选择。因为我知道只有他喜欢，他才会坚持。我不需要他因为完成我的期许而对生活失去了探索的欲望，他也教会我直接向生活要你想得到的。

他上小学了，这是他人生中又一个重要的起点。因为他在幼儿园养成了良好的习惯，所以很快就适应了小学的生活。让他最兴奋的是：小学开始有寒暑假。我和他爸夏天会带他去草原、去沙漠、去爬山、去玩水。冬天带他堆雪人、滑冰、滑雪……他一下子对大自然产生了浓厚的兴趣，充满了好奇。再后来我们每年带他出国玩一次，让他去领略异国的风情，感受不一样的文化，开阔他的视野。读万卷书不如行万里路，他对于地理和历史的了解，很大一部分是在旅行途中获得的。他对世界一直保持着好奇，我们也在陪伴他的旅途里，听到了内心真实的声音。

一次他问爸爸："我能去你工作的地方看一看吗？"爸爸带着他参观了自己工作的地方，那是一幢又一幢正在建设中的高楼大厦，他觉得爸爸好伟大，可以盖起这么高的楼房，还要指挥那么多人；他也看到了爸爸在烈日下的辛苦。回来以后，他对我说："我第一次知道了爸爸是干什么的。我为我的爸爸骄傲。"他问爸爸："你喜欢盖高楼吗？"爸爸说："当然，当我看到一幢又一幢的高楼都是爸爸的作品，我就非常开心和自豪。"他说："我长大了，也要像爸爸一样，做自己喜欢的事情。"是啊，做自己喜欢的事情，活成自己喜欢的样子，这颗种子已经在孩子的内心扎根了。

我们每年都会带着孩子去福利院看望那里的孤儿，为他们送去冬天要穿的衣服、日常需要的蔬菜和水果。他看到了那些被父母遗弃的孩子以及身患残疾的孩子，他的内心被深深地触动了。第二次去福利院之前，他把自己的玩具带到公园去卖，我知道那些都是他心爱的玩具，他想用它们换取一些钱，去帮助那些需要帮助的孤儿。还有的时候，我们会带他去看望白血病患儿，他看到那些因为生病只能待在医院里的孩子，他会陪他们一起玩耍，鼓励他们坚强地与病魔抗争，告诉他们要相信自己一定会好起来的。也许就是因为看到了这些，他明白了这个世界上，不只有美好，还有很多缺憾，甚至是极为残酷的东西。我告诉他，无论生活带给我们的是什么，我们都要认真地面对，认真生活的人是值得钦佩的。他告诉我，我们跟他们是平等的，彼此可以成为很好的朋友，他的纯净和真诚让我感动。

他快 10 岁了，当我看到这些记录时，那些画面历历在目。我看到了一个生命从孕育到成长的过程，看到了他的价值观以及世界观是怎样建立起来的，看到了孩子从对父母依恋到渐渐走向独立的过程，更看到了孩子带给我们的成长和启示。

爱是一次共同的成长，余生请多指教。

与你相遇

闫小红

2018 年 7 月 31 日，比以往的任何一日都来得珍贵，这天下午，我们盼来了好消息：介休一中要从这届新高三中选拔一批学生，成立一个理科特优尖刀班，教师已经选定。我和儿子舒了一口气，释然而笑。8 月 1 日晚上，学校微信公众号公布进入名单的20 名学生，儿子班上有 13 名，另一个班有 7 名。

7 月的暑假，儿子与几位同学一起，到太原听山大附中的名师授课去了，一共 18 天。送行之后，听说隔壁班已欲换名师，家长们对于高三优师的选择，一起探讨、建议，并和有关领导约谈。几周下来，备感煎熬，皆叹道：妈妈与孩子休戚与共。

几年来，从来没有比现在更迫切地盼望，孩子的课堂上多一些德艺双馨的好老师。距离明年的高考只有一年的拼搏时间，为了孩子的前程，何不一试？

孩子的学校上个学期曾经有两个月无校长执事，6 月底新校长上任，出台了一系列新政。关键时刻的决断，掌舵者不负众望。我提醒儿子："你在人生的关键时刻，又一次遇到了贵人。"

开学已经两个多月了，儿子的学习已渐入佳境，住读生活已过得从容，我会定期给他送一些报纸、图书、衣物，听听他的倾诉。几句鼓励和叮咛，伴随着他远去的身影，煦暖了夕阳。

研 儿

儿子高二时开始了住读生活，学校采取封闭式管理，在校生须全部住读。虽然我家距离学校骑自行车不过一刻钟，虽然高一开学时也萌生过住读的心思（那时学校规定5公里内不允许住读），但真要住读，又有些不舍。

好在食宿条件改善了许多，孩子适应得很快。只是一直作为跑校生家长的我，用了两三个月才适应。物质上的接济，可以在约见时简单交接；而心理上的别离，则需要一个过程。记得龙应台在《目送》中说到，父母子女一场，只不过意味着，你和他的缘分，就是今生今世不断地在目送他的背影渐行渐远。

学校两周休息一次，期间，我会去看他，以便了解他的状态。虽然许多家长都在积极争取不让孩子住读，但我却一直在提醒儿子：住读不是坏事。妈妈同学的儿子以全省第二名的成绩考入北大，高二时也选择了住读；况且漫漫人生，高中阶段同学的情谊最深，只有住在一起才能培养兄弟般的感情。

开学几个月后，陆续有学生跑校了，而他没有动摇过。我也曾试探着问他，你就没犹豫过吗？他觉得冬天风里来雪里去，挺辛苦；况且住读每天上楼下楼，操场食堂，节奏简单，没有外界的纷扰，挺好。是啊，"大道至简"，只要能适应这一学期，以后会越来越好。

住读的不便，主要在于家长和孩子的交流少了。我改用文字留言的方式，与孩子交流。比如为了改掉他查阅英语单词用电子词典的陋习，我网购了厚厚的《牛津英汉双解词典》，送到教学楼下，并以诗人穆旦的例子，告诉他，即使在颠沛流离中，穆旦还熟背了一部英文词典，毅力非常人所及。我认为通过文字与儿子进行交流，更有利于他领悟其中的真谛。儿子有浮躁的毛病，那就用行动磨去他的轻狂。后来，当他说词典中的知识深似海时，我笑了。

我最喜欢收藏的，是儿子的作文和读书笔记。住读后，孩子与父母有了适当的距离，可以有较多的时间与自己的心灵对话。曾国藩在家训中说，修身的要诀乃"研几"。几，几微之意。研几，即认真对待瞬间念头、细微小事，并与修身、齐家、治国、平天下的大事联系起来。升入高三后，儿子的自习时间增多，获得更多"研几"的自省空间。

在一篇《物》的作文中，儿子写道：

> 突然，一块上书"耕读传家"四字的匾额闯入视野，我瞬间被它吸引。这四字是中华民族自古以来继承的观念，既有土地芬芳，又有浓浓书香，终不落尘俗，格调高雅，令人回味无穷。这令我想起黑格尔的名句：传统并不是一尊不动的石像，而是生命洋溢的，它有如一道洪流，离开它的源头越远，它就膨胀得越大。这对传统的感念与传承，又何尝不是一种修养呢？

身为 70 后，我从初中就开始住读，跟我们上学时候的艰苦相比，现在的各种条件无疑好得太多了，既然儿子专注于这样的学习环境，那就不负儿时扎根在农村的成长，不负乡亲对其殷殷的期盼，潜心追梦吧。

明辨而慎独

儿子每隔一周回一次家，每次回来，儿子和我都有一个长时间的交谈。学校最近发生的事，将要做的事，最近他自己的所思所想，一股脑儿道来。他很健谈，作为母亲的我，会适时地对事件予以尽量客观的评价，在他积极应对时，提出心理指导。

最令我难忘的，是今年五一前一周的周末，旧校长在聊书会上动手打人的事件。当时儿子作为班长，负责带领本班同学走进报告厅。坐在第一排的他，目睹了在台上做报告的校长和冲进来讲话的一位男教师发生冲突，校长拽着这位教师出了报告厅，二人在门外大打出手，而且听到"打人了，打人了"的叫喊声。大约不到十分钟，校长进来了，头发乱糟糟的，拿起话筒说："大家不要受刚才小插曲的影响，我们接着聊书会的主题。"

儿子回到家和我讲述这件事的时候，表情惊叹。我说双方都有问题，教师冲进去乱插话，成何体统？作为校长，不冷静处理还动手，更有失风度。他说大家都拍了照，还有人录了小视频。我提醒他，小视频仅限于自己观看，别随便转发。他说已经发出去了。

我怔住了：还能删吗？

已经无法撤回了。

我说，这事到此为止，不许再扩散了，也别再关注了。凡事"默坐慎将来"。

此事过去已有半年，无论儿子还是我，都感到了成长路上的风雨。从容之态，不是与生俱来的；坚定之心，不是信手拈来的。书中学，事上练，方能游刃有余。

关于自主招生的事，我问过他的态度，总是得到坚定的回答："不考虑，你不懂。"接着列举一大堆理由。其实，我何尝不明白，参加竞赛得有教学的土壤，缺乏优质名师培训，加之没有竞赛基础，在那么高的淘汰率下，大部分孩子都是去当绿叶了。我不会强迫他的，我只不过是通过和他交流，缓解自己对高考的焦虑罢了。既然他说不考虑，那就惯看秋月春风吧。

难得他有如此清醒的认知，国学大师王国维明确提出，教育旨在培养"完全之人物"。除了体魄之健全，还包括精神之完全，而精神则由知、情、意组成。能在纷乱的事物中找准自己的目标、价值，择一事而从之，并有笃定的心态，就说明他在知、情、意方面，渐趋成熟。

"真正地发现自己，去做自己"，这难道不是从教二十多年的我，一直在寻求的教育的本质吗？

回顾对儿子的教育，我认为我做得比较成功的一点，就是尊重儿子的选择，不把自己的意志强加给他。纪伯伦有诗言，你的孩子，其实不是你的孩子。他在你身边，却并不属于你。你可以庇护的是他的身体，却不是他的灵魂，因为他的灵魂属于明天，属于你做梦也无法到达的明天。

给孩子的一封信

占　戈

儿子：

你好！首先要感谢，你出现在我的生命中。虽然你的出现纯属意外。虽然在你出现之前，你爸爸甚至你奶奶，都心心念念想要一个小女孩儿。甚至或许，你爸爸在心里曾暗暗祈祷过，希望迎来一个和我彪悍个性截然不同的小女儿。

但是，就在你粲然一笑的那刻，我和你爸爸知道，你将是我们生命中甜蜜而心甘情愿的负担。

提笔的此刻，思绪万千。这样一个深夜，看着你熟睡的小胖脸，有太多的话想说，却知道你还不能理解。但还是先写下来吧，当你成长到能够理解的年纪，就会读懂妈妈此刻的心情。

既然要说，那就按一贯的表述方式来吧，列出几条妈妈对你的期许。

保持风度

关于风度这一点，目前看来你做得还不错。希望继续保持。

记得前年，我和你爸爸带你出游。有小女生从你手里夺走玩具，还打了你一下。你愣愣地看了我一眼，沉默。

然后，有熟人在一旁嗤笑你："连女生都打不过。"

你爸爸怼回去一句："打女人，赢了也不算英雄！"

那个熟人讪笑而去，一脸悻悻然。

是的，你那时候才三四岁，可你记住了我立的家规：不许打女生。

你学过太极拳。如今，你的跆拳道已经是黄带了，踢腿也很帅气。可听到你说，有女同学挑衅，你会默然回避，我觉得你很了不起。你懂得练武是为了强身健体、修炼德行，而不是逞强斗狠、欺凌弱小。

是的，华丽登场和体面退场，同样重要。

尊重他人

上个月，晚饭间妈妈和爸爸闲聊起，某个武术馆的女馆长阿姨很厉害。

你冲口而出："女生不行的！"

妈妈很奇怪，这种性别"见解"你是从哪里来的呢？平时你爸爸是断然不敢说"女生不行"的，而妈妈更不可能说。何况，妈妈身边那么多文武双全、开武术馆的阿姨，都是非凡的女性，也都带你去拜见过。如果是因为班上的女同学比较娇气，让你觉得"女生不行"，那可真是天大的误会了。

要知道，在这个世界上，不是所有的事情依靠武力就能解决。即使女生在体力上比你弱，她们也能通过其他方式来解决问题。凡事比拼蛮力，是原始社会的做法，现在是文明社会了，解决问题的方法应该多样化。

另外，你的武术底子也不是很扎实。如果遇上武术世家出生的同龄女生，你真打不过人家，只是你还没遇到而已。

所以，不要轻易说别人不行，尤其是说女生不行。你将来吃的亏，有可能就是你今天挖的坑。

控制情绪

事来则应，事去则静。关于控制情绪这一点，妈妈也在努力的路上。

想要成为一个成熟、智慧的人，就要懂得克制。盛怒之下深呼吸，沮丧之际抬头看，得意之时低头想。

目前看来，你的情绪控制能力还不错，妈妈在你这个年龄远不及你。

包容非同类

这个世界无比精彩，存在的人和事物非常多元。所以，既要善于欣赏精彩，更要包容和自己不一样的人群。

从幼儿园到小学，你的班上都有生理有缺陷的同学。好在老师教导有方，小朋友们都不会去嘲笑"和自己不一样"的孩子。

那天放学路上，你拉住我，等同学和她妈妈走远了，才轻声告诉我："这个同学和别人不一样，不能笑。"

因为你懂得照顾他人的自尊心，我当时特别欣慰。

要记住，每个个体都是不可复制的。学会包容，才能欣赏精彩，也才不会为难自己。

正视自己的平凡

每个人都有自己的短板，你也一样。

尽管很多人都真诚地夸奖你，我还是不得不说，你无法取悦世界上所有的人。

每个人都有自己的平凡之处。当你学会正视自己的平凡，明白自己不是每件事都能做得尽善尽美，你就不会活得那么拘谨、那么疲惫、那么纠结。

欣赏每个人的优点

同样，每个人都有自己的优点。三人行，必有我师。学会欣赏别人的优点，才能不断激励和完善自己。

譬如我们家，妈妈负责做饭，爸爸负责其他家务。这并不是说，妈妈就应该下厨房。而是因为你爸爸是个北方人，做的饭真的不太好吃，我只好自己动手。

这也并不意味着，男生都不会做饭，而女生都不会做家务。其实，我的爸爸你的外公就做得一手好菜，而我的妈妈你的外婆也是很能干的。

当你不停地深挖别人的缺点时，你凝望深渊，深渊也在凝望你。

而当你不断地发现别人的优点后，你仰望星空，星星都会向你眨眼。

爱当谨慎，不可泛滥

你满怀憧憬，希望自己能遇见一个心爱的女生，和你一起生一个可爱的小宝宝。

于是，妈妈和爸爸商量之后，给你买了两只小乌龟，让你通过照顾小动物，了解到生命成长的不易。并且，买小乌龟和龟粮的钱，须从你的零花钱里扣除。

你终于切身体会到，养育一个活物，不但需要花钱，还需要花费时间和精力。

然后，妈妈开始给你补课：养育一个生命，是需要深思熟虑的。从你决定的那一刻开始，就要对这个生命负责……

不过，看来我的循循善诱并不成功。因为，你似乎依然想要一个自己的小宝宝，甚至都给宝宝取好了名字。

诺不轻许，许诺必践

这是最重要的一点。无论对事业、爱情，还是你的人生。

妈妈出生于一个单亲家庭。或许是单亲家庭需要面对的状况太多，我的母亲你的外婆，是一个不轻易承诺的人。妈妈继承了她的刚烈秉性，也为这份性格吃了很多苦头。当然，妈妈并不后悔。

尽管不太赞成性别差异教育——妈妈觉得男生和女生应该接受相同理念的教育，但妈妈还是不得不承认，在现实生活中，人们对男生的期待，普遍高于女生。

这就意味着，作为未来的男子汉，你应该更具有责任心。做不到的不要胡乱答应，答应了就要竭尽全力履行承诺。任何事，从你做决定的那一刻起，就会产生结果。有的结果是美丽的，有的却不是。所以，你要有勇气去面对那些不美丽的结果，并收拾残局。

将来，你会遇上心仪的女生。如果不能让她幸福，就请放手；如果，你能让她拥有幸福人生，那就一定要珍惜她、善待她。

以上八点，且与你互勉。

妈妈不得不承认，因为有了你，妈妈和爸爸前进的步伐的确减速了。但即便如此，妈妈和爸爸也从未停滞不前。

你曾问过妈妈，将来有一天，是否会和爸爸离婚。真的，这个问题妈妈无法回答。因为，人是会变的，却不一定变得更好。

或许，将来的某一天，妈妈和爸爸凝视的方向不一样，前进的步伐也不一致时，我们就会分开。但我俩依然爱你。

也或许，妈妈和爸爸一起努力，终于携手走完了人生全程。而这也不意味着，你就一定要像我们那样。

当你遇到不对的人，不能让彼此变得更美好，希望你能勇敢地转身离去。这，也是对彼此的尊重。

妈妈不是万能的

胡宝芳

闷热的 8 月，在焦灼的期待中，儿子的大学录取通知书终于来了。红色喜庆的信封，并未让我们母子兴奋、激动，只是无奈地接受这个并不理想的现实。儿子的高考成绩高于一本线近 30 分，没能进入我们填报的苏州大学法律系。他被名不见经传的苏大社保专业录取。我只能再次和儿子讲，妈妈不是万能的。好在儿子很快接受现实、面对现实。

在偌大的上海滩，在纷繁复杂的社会上，妈妈只是一介布衣、一介书生。百无一用是书生！虽然在上海求学、工作近三十年，生性耿直的我，除了会写几篇文史小文章，与文史圈内人士有所接触外，既不擅长攀附权贵，也不长袖善舞。无职无权，终日所得，仅足温饱。于是在高考前后，当很多家长动脑筋、跑路子，为孩子高考志愿终日奔波时，妈妈照常上班、下班，陪你填好志愿后，和你一起熬过高考，一起耐心地等待高考录取通知书。妈妈不认识权贵，没有门路；妈妈和爸爸只是工薪阶层，没有能力支付你高昂的出国留学费用，只能让你参加高考，和千千万万学子一样，去竞争，去拼搏。"自助者天助"！尽管高考前夕，你身体状况不太好，但还是考出了全市前 20% 的成绩，迈进苏州大学的校门。

妈妈不是万能的。无法为你铺设锦绣前程只是再次证明这一点而已。庆幸的是，妈妈很早就告诉你，妈妈不是万能的，不是十全十美的。

虽然通过努力，妈妈从山西平遥的农村，考到复旦大学，毕业后留在上海，并在上海历史文化机构谋得一席之地，在各类报刊杂志发表文章百余万字，周围很多人尊称妈妈一句"胡老师"。从这点来说，妈妈算是成功的，也是让你骄傲的。但在生活上，妈妈的能力不及下岗女工或农村妇女。你小时候御寒的毛衣、毛裤，要么是妈妈托你的大姨帮忙织的，要么就是市场上买的。总之，在一般妇女擅长的女红方面，妈妈是不及格的。原谅妈妈，从小到大，没能给你织一件妈妈牌毛衣毛裤。妈妈的水平，只能勉强织就一条围巾。可惜，在上海这样的城市，你从来不戴围巾。妈妈在烹饪方面的愚笨，一直是你们父子嘲笑的话题。尽管烹饪书也买了不少，但妈妈的烹饪水平还是乏善可陈。除了清蒸鲈鱼和红烧狮子头等不大费工耗时的菜蔬，妈妈对精工细作的饭菜，一向耐心不足。你喜欢吃外婆炒的土豆丝，为了你，妈妈曾试验多次，但炒出来的土豆丝就是不像外婆做的那么可口。直到现在，你都认为，学校食堂的饭菜比妈妈做的好吃。妈妈"粗制滥造"的饭菜，能把早产的你养育成身强体壮、大大咧咧的上海小伙子，也算是个"奇迹"。

尽管你顺利通过高考，但妈妈一直对你心怀愧疚。作为职业女性，妈妈没有很好地平衡生活与事业。妈妈花费很多时间和精力在工作上。家里书橱中，属于妈妈的基本上是专业书籍，而非应试类教辅材料。在你身上，妈妈花费的时间、精力太少。妈妈和爸爸一直拿我们小时候的经历和经验来要求你。我们动不动就和你说，我们小时候没有上过培训班；我们小时候，学习是自己的事，爸爸妈妈从来不管……于是，你只能独自去拼搏，独自去奋斗。当同龄孩子在家长的陪同下，学习奥数，学习乐器，学习……时，我和爸爸都在忙自己的工作。最多买几本与考试无关的课外书随便给你看看。

在如今的教育环境下，作为我们的孩子，你过得很辛苦。直到高三，你依然每天背着几十斤重的书包换乘两趟地铁去上学。春考时你出人意料地考到全市前 10% 左右，我们皆大欢喜。粗枝大叶的我，没有注意到你皮肤上出现的片片斑块。直到高考体检才知道，妈妈的期盼与你的自我要求叠加在一起，加上繁重的学习负担，超出了你身体的负荷。体检时，你肝脏的各项指标远远超出正常水平。经医生诊断，你体内新陈代谢紊乱，身体肥胖、皮肤斑块即由此而来。直到那时，妈妈才意识到，我这个母亲是多么失职。尽管如此，高考前两个月，妈妈也没办法以你为中心，全心全意地陪伴你，部分精力还得应付工作中的林林总总。好在你很坚强，也很乐观。没有被体检时的挫折打败，顺利地通过高考。

回头想想，你也许真是上帝送给妈妈的礼物。妈妈从来不是心灵手巧的女人。不仅烹调、女红方面不在行，其他方面，妈妈也差强人意。作为文科生的我，动手能力比较差，帮不上你什么忙。从小学到初中，你的手工作业都是自己独立完成。高中时老师动不动要求做 PPT 什么的，你也一直都是自己动手完成。妈妈懒而笨，而你却在理工出身的爸爸的熏陶下，小小年纪，就会组装玩具、拆洗纱窗……初中、高中，你一直担任班级小干部，任劳任怨地为同学服务。在家里，你是妈妈的小帮手。高二时，你会看着说明书帮妈妈组装书柜；暑假里，面对从网上订购的自行车部件，妈妈束手无策，你却二话不说，拿着说明书，花了半天时间组装好一辆自行车。大学要开学了，临走前一天，你主动帮妈妈把厨房的油烟机拆洗得干干净净……

开学一个多月，你从苏州大学回来，非常高兴。你说，起初宿舍同学看不起上海来的小男生；现在，他们自发地叫你一声"松哥"。因为，你的英语分级考试在全院名列前茅，你会主动清扫宿舍卫生，你会帮大家做这做那……

也许，有一个不完美的妈妈，对你来说，也不全是坏事！

带着孩子去旅行

王海燕

　　旅行在许多实用主义者眼里是一件特划不来的事，既耗时间，又花费金钱和精力，但我却认为旅行是教育的重要组成部分，特别有意义。

　　在国外，旅行教育是所有教育中不可或缺的一环。最早可以追溯到英国的贵族们，他们很早就开始将旅行当作一种学习方式，并逐渐将其演变成一种成人礼。英国思想家培根的《论旅行》和18世纪英国讽刺作家乔纳森·斯威夫特所著的文学名著《格列佛游记》中都提到过旅行教育。《格列佛游记》一开头就介绍作者自身及其家庭出游的最初动机。他在剑桥的伊曼纽儿学院上了三年学，因为家境贫寒又去伦敦的贝茨医生那里当了四年学徒，而后在一些远洋轮上当船医，开始长途旅行生涯。可见，毕业旅行在国外是非常流行的教育方式。英国人在文学、艺术、科学、建筑等众多领域取得的进步，或多或少都受益于他们在欧洲大陆的旅行体验。

　　我喜欢带着孩子去旅行，也是基于"旅行是人生的另一个大课堂"的教育理念。2011年夏天，坤儿刚刚小学毕业，我们开始第一次真正意义上的旅行。我带他坐高铁去济南、曲阜玩了一周，让他对孔孟之乡、礼义之邦有了感性的认识，而且我们自己设计旅游线路、自己找旅馆、自己安排景点。坤儿从此爱上自助旅行，一发不可收。每年暑假我们娘俩总要出去旅行，足迹踏遍大半个中国。2014 年我们还走出国门，在日本自助旅游数日。今年 6 月，坤儿即将完成高中的学业，我带着他去了潮汕、广州，圆了他的毕业旅行梦。我们在美丽的南澳岛上穿过北回归线广场，冒着瓢泼大雨感受黄埔军校的庄严肃穆。

在这个浮躁的社会，许多家长望子成龙、望女成凤心切，可怜的孩子不是被关在家里写作业就是在去培训班的路上，其实在节假日特别是寒暑假带上孩子出去旅行，看看祖国的大好河山，品尝各地的风味美食，既开阔眼界，又愉悦身心，可谓磨刀不误砍柴工。

旅行让孩子的假期日记题材大大地丰富起来，不必在家咬笔杆、"挤牙膏"。坤儿的许多日记就是在旅行入住的宾馆完成的，晚上我写游记，他写日记。其中写高更河漂流遇险的细节，孩子比我写得还要生动。

说起 2014 年夏天在贵州镇远高更河的这次漂流，我觉得孩子勇往直前、坚韧不拔的男子汉气概得到淋漓尽致的发挥，当然前提是我这个"旱鸭子"妈妈的无条件配合。我虽然不敢像妹妹那样从新西兰 4500 米的高空毅然跳伞，但也尝到了皮筏艇没开就因失重落水的苦头。坤儿在开出 30 米左右被湍急的水流冲到水里，而我被强大的气流随艇冲到下游，当时眼镜也不知去向，最后发现牢牢地嵌在皮筏艇底部。好在坤儿及时获救，只是左膝盖擦破点皮，我也没有被甩出去。后来我们娘俩在下游团聚，重新开始漂流，全程四个小时都坚持了下来。坤儿在日记里写道："妈妈虽然不会游泳，但她却在呛水以后继续陪我漂流一直到最后，她是个勇敢的妈妈。我感受到她对我浓浓的爱。我原来一直以为她胆小，看来错怪她了。"可见，旅行不仅能让孩子体验到冒险的乐趣，培育孩子勇敢开拓的品质，还能增进母子间感情的交流呢。

旅行还能培养孩子的团队意识和为他人设身处地考虑的包容

心。2014 年，我们在千户苗寨遇到两个来自湖南长沙的旅友大刚哥、小刚哥，是在凯里一起拼出租车时偶然相识的。他们和我们一起住一木草堂——一座位于山顶的美丽客寨。因为他们是临时起意住店，只能分到最后一间房，里面只有一张单人大床。两个大男人睡一张床，明摆着不合适。我做通坤儿的思想工作，把我们住的南边标间让给他们，我们娘俩睡又小又挤的床。孩子一开始还想不通，我对他说："两个叔叔和我们已经成为朋友。当朋友遇到困难就要出手相助。这个笨重的红皮箱，如果不是他们帮我们提，我们就惨了。所以我们现在也要帮助他们，为他们着想。""好吧，和他们换吧。不过你明天晚上一定得给我找个好一点的地方住。"孩子耷拉着脑袋，不太情愿地答应了。后来孩子和两个原本陌生的叔叔成为好朋友，一起参观景点，一起骑自行车，非常开心。两个叔叔也非常喜欢这个懂事的孩子。

旅行还有助于培养孩子面对突发事件时的应变能力和处置能力，让孩子的心智和能力都得到提升。给我印象比较深的有两件事。

第一件是 2013 年夏天，发生在从丽江返回昆明的机场。当时我们大包小包地背着，有一个三十多岁的妇女要求我把一个八九岁的小男孩带到昆明，说自己没时间送。"妈妈，她不是人贩子吧？这样的事你不要管。"坤儿困惑地看着我。这个妇女自称是孩子的姑妈，向我出示了她的身份证和孩子的户口本，又把孩子父母的姓名和电话都给了我，我看信息都对得上，就答应了。"孩子，我们在旅行中一路都受到许多陌生人的帮助，现在也需要我们去帮助他们。如果每个人都'事不关己高高挂起'，那么这个世界也太薄情了。"我耐心地做坤儿的思想工作，他想了半晌，终于点了点头。一路上他给小弟弟看画报、照顾他吃面包，一直到小男孩和父母团聚。坤儿平时喜欢热心助人，我想和旅途中潜移默化的教育有关吧。

第二件事还是发生在云南，因为陆良文友查云昆的热情接待，把登机时间掐得过紧，我和坤儿没能赶上当天昆明飞往宁波的飞机。坤儿抱怨道："我们不该去陆良玩，要是在昆明待着就不会有这些事。"我对他说："别抱怨啦，查叔叔他们也是好意，办法总比困难多。"于是我们花了些钱改签为第二天同一时间的航班，多情的云南又留了我们一天。孩子如愿以偿地在民族村观看了大象表演，还开了电动车，玩得很欢。他说："没想到坏事还可以变成好事。"我说："是的，不急不躁，努力动脑筋总会有办法。抱怨不能解决问题。"自从经历那件事以后，孩子的抱怨少多了。

人生即旅行，修好旅行课，不论对孩子还是对成人，都是必要的教育，惠及一生。"读万卷书，行万里路，识万个人"，定能活出不一样的人生。

孩子，你的平安喜乐比一切都重要

小　闲

近日与朋友闲聊，作为中年妇女，诸种话题当中不免要聊聊孩子的事情，我知道她的女儿已经上大学了，不知在哪个城市。

朋友回答说，很快要去英国读研。

孩子很优秀，我由衷地赞叹。学习成绩出众也就罢了，还爱好广泛，随便唱唱歌就能在大学蝉联两届冠军；此外厨艺居然也十分了得，我见过她女儿做饭的图片，很有些大厨的风范，那么，她是如何教育孩子的，我当然要问一问。

朋友微微一笑，如果我没有看错，那种微笑意味深长，欣慰、疼惜，甚至还有一丝酸楚，唯独没有骄傲。朋友把杯盘往中间推了推，平静地说："最初我对孩子的要求不可谓不严苛，觉得自家孩子天资聪颖，如果不朝着全方位、高素质的方向发展，简直就是一种浪费，直到孩子差点儿出了意外。"

什么？我吃了一惊，把身子往前探了探。我要羞惭地坦白，搞清楚她家孩子是如何全方位、高素质地发展固然重要，但我对意外更加关心，眼睛都睁大了。朋友倒不嫌我大惊小怪，喝一口水慢慢道来。那场意外在她的讲述里活生生地重现了，她甚至把意外发生前的征兆、发生的原因、事后的反思、应持的感恩、所得的教训都分析到了。大家都是有孩子的，我听得眼睛都湿润了，不停地想象一个 11 岁的小姑娘在水库里挣扎的场景，浮起来，沉下去，第三次再也起不来了……彼时大人们正在饭店里安然地吃饭，完全不知情，如果不是侥幸有人看到，后果不堪设想。我觉得我的眼泪要掉下来了，赶紧装作喝水，猛吞一大口，想把一切不好的情绪都吞咽下去。后来我们两个人红着眼圈，一致认定：孩子，在三观正确的前提下，你的平安喜乐比一切都重要。

说到教育孩子，我们不得不承认，很久以来都存在一个误区，那就是，相当多的父母以为自己天生就是教育家，认为"我能生，我就能养，也能教"，这大概成了一种集体乐观主义。倘若你不教，别人也会提醒你，比如大街上冷不丁冒出一声斥骂："有娘生没娘教的东西！"这种情形并不鲜见吧？教是一种天职，但诸位父母的教育方法是否得当，被捧（攥）在手心里的孩子感受如何，那就不好一概而论了。总结起来，我认为"天生的教育家们"所采用的教育方法不外乎这么几种。

01

遵循旧制，有意无意地承袭本家族一贯通行的教育方法。

这是一种富有历史积淀的教育手段，从古至今一代一代都在沿用。这么说吧，我们常常在影视剧里猛地听到一声断喝："请家法！"意思其实是差不多的。不过这种教育所导致的结果很不确定。倘若父母开明而有智慧，一路阳光照耀、春雨滋润，那这家的孩子定能茁壮成长，甚至还能制造意外之喜。譬如曾国藩，修了330多封家书，修身、齐家、治国、平天下的道理反复地讲，养分充足，故而曾家代代有英才，外交家、诗人、教育家、科学家，不一而足。然而这种近似于圣贤的长辈到底不多，我们投生的时候又没办法选择，绝大多数人生长于平常人家，能够食不语，寝不言，站有站相，坐有坐姿，就算很有一点儿家教了。

我认识一位生活在大都市的老先生，老先生一直以自己的奶奶为骄傲。他的奶奶为人仗义，行为磊落，生活井井有条，特别爱干净，都给他以极深的影响。虽然奶奶的后代里目前并没有出现栋梁之材，但"我们家族里没有一个不是身板笔直的"，老先生拿出这一个细节来说事，一副引以为傲的样子。我猜他的子女至少就这样被教育得笔直下去了。尚好尚好，细节见家教，上梁刚则下梁直，我听了频频点头，忽然担忧若上梁不正，孩子们该怎么办。

⌒ 02 ⌒

照本宣科，按照自我的想象打造教育模具。

有一种父母生性要强，特别爱比较，放眼望去，尽是成功人士光华灿烂的一面，他就觉得心有不甘：他人骑大马，我为什么骑驴子？遂把希望寄托在后代身上。但希望如何变成现实呢？不知道。他们不懂得先去学习一下该怎么教育孩子，只是翻翻别人的成功案例，便依葫芦画瓢，打造出一个理想的模具，然后以爱的名义，把孩子摁在其中，削、芟、砍、刈，冥冥之中，总觉得自家孩子能在某一时刻闪闪发光地成为精英。

成为精英的当然也有吧，只是成功和失败哪个概率更大恐怕不很乐观，我之所以这么说，是因为我被现实打了一闷棍。

确切地说，是我的某个亲戚被打了一闷棍。每次见到这位亲戚我都不免悲伤，闲聊家事聊到最后，总会不小心提到他又被儿子打骂的事情。他的儿子长得人高马大，他已经打不过儿子了。已到中年的亲戚谈起儿子，面容里透着悲戚和无奈，显得更苍老了些。

亲戚的生活原本让人艳羡，他的老婆精明能干，很会赚钱，起初儿子被教育得如大家闺秀般听话懂事。那年他还小，才三五岁，皮肤白净，眼神清澈，长得很好看，举止也有规有矩，后来听说为了接受更好的教育，上小学不久就被孩子的母亲送入了某个私立学校。可惜这个漂亮的小朋友并没有坚持到底，初中没有毕业就被学校强行劝退了。校方声称，孩子暴力、自闭、厌学，已经无从教育。

这个消息像一道闪电从天边劈过来，亲戚夫妻受了打击，完全不能置信，和校方大吵一通，愤愤不平地把孩子接回家，从此悲剧正式上演。他们很快发现学校说得没错，长大了的儿子十分暴虐，极度厌恶父母，把自己锁进小楼，迄今好几年了，不外出、不工作、不社交，连饮食、睡眠都是随性而为，一张小脸和坐了十几年牢狱的基督山伯爵一样，一片苍白。孩子的孤独是显而易见的，除了孤独，恐怕还有深深的绝望。

这真是一场灾难。其实灾难的形成早有预兆，黑暗是一点一点将光明吞噬的。孩子最初也不是没有向父母求助过，他的有礼貌、讲规矩在校园暴力中完全没有优势，反而显得极为软弱，不知道怎么反抗，甚至被欺凌到睡觉都不能上床。对于孩子的哭诉，亲戚那个爱面子的老婆坚决不相信，认为一切都是孩子逃避的借口，根本不去体察孩子到底遭受了些什么。现在好了，父母的不信任和校园暴力终于把孩子推入深渊，他要摒弃整个世界了，关闭了交流通道。心理咨询费花掉了十几万，没有一个人能稍稍进入孩子的内心，阳光都照不进去。

不是每个孩子都能在压力下有风度地成长，这个道理没有亲身经历的人尚不能警醒，可怜我的亲戚照本宣科严格教育，初衷原本也是没有错的。

照本宣科除了严格一法，如某些教育专家所说，还可以采取循循善诱、平等相待、尊重个性等多种宽松、感性的方法……我不知道这些专家是否教育出了优秀的孩子，但无论有与没有，在我看来，每个法子都不是万能的，要根据孩子的情况因材施教，不可死搬教条。

教育孩子更常见的是一种从众心理，你看，大家都在奋勇争先，我也不能让我的孩子输在起跑线上。我的失败就在于此。

孩子长到五六岁，我觉得应该实施各种教育了，成圣成贤倒不敢奢望，搬个板凳去铁杵磨成针之类的以身作则我也做不到，只好像大多数父母一样，庸俗又急切地开始查找兴趣班。据说小女孩宜练舞蹈，小男孩宜学书法，于是报了舞蹈班。两个假期里弯腰踢腿，倒也学会一支舞曲。后来又听说绘画能够启智，好了，报绘画班，小小的孩子背起比自己还大的画板，涂抹些五颜六色，如果不是小手指胖而短，恐怕钢琴、小提琴也要学一学。学龄前后的美好时光就这样混乱无章地度过了，升入小学后，转而认为课程才是最重要的，那么好了，一切兴趣培训即刻终止，一心狠抓学习，直到孩子厌学。

其实对于所谓的兴趣培训，孩子未必有兴趣，只是因为年纪小，没有人权，不得不像木偶一样听从大人的安排。幸好我的孩子逐渐学会暗中反抗，总算身心健康地长大了。现在回想她的成长之路，比照亲戚的儿子，不禁惊出一身冷汗。

严羽在《沧浪诗话》里说，大抵禅道惟在妙悟，诗道亦在妙悟。我认为，教育孩子也在妙悟。生活日新月异，世界愈加丰富多彩，孩子们获取信息、获得知识的渠道愈加畅通，所了解事物的广度和深度未必是父母能够体会的。我们的格局基本定型，孩子的未来却有无限可能。要相信"参差多态，乃幸福之本源"。我们得到性格不同、爱好不同的孩子，就是不同的天赐，如同从书架上抽书，小说、诗歌还是哲学、历史，属于你的，就是最好的。不要急躁，不要焦虑，人生那么长，不到最后一刻，结果不能揭晓。成为行业里的领军人物，所到之处都是鲜花掌声，固然可喜；一生平凡，工作兢兢业业，家中上慈下孝，平安健康地活到一百多岁也是福报。

在听完朋友的孩子险遭意外后，一瞬间我们对孩子的期望忽然有侧重点了：孩子，在三观正确的前提下，你的平安喜乐比一切都重要。

"辣妈"与"辣娃"

田潇鸿

"辣妈"是近年来兴起的网络用语,《现代汉语词典》里没有这个词汇。我初为人母时并没赶上这个词,却活生生地扮演了一回"辣妈",并且成功地把孩儿打造成"辣娃"。

众所周知,对"辣妈"的评定是有标准的,必须符合以下一些硬性条件,特别是排在最前面的几条:

> 顺产和母乳喂养;
>
> 服装时尚,容貌美丽,身材好;
>
> 叛逆,洒脱,有修养;
>
> 带娃赚钱两不误;
>
> 育儿观先进、超前,有个性;
>
> 上得厅堂,下得厨房;
>
> 婆媳关系和睦;
>
> 被老公疼爱;
>
> 有自己的事业。

对照这些标配条件,我以九分的"辣"入选,成为用实际行动诠释"辣妈"一词的中国妈妈。

我是奶牛我自豪

作为一位高学历的现代女性，在孕育新生命的九个月中，我全力以赴地学习如何做妈妈——虽说这个行当门槛极低，不需要考试，不需要职业资格证书，任何已婚女性随时都能进入。我购置了一大堆育儿书籍，研究儿童心理学、教育学；拿出工资的一半来买美国的大豆卵磷脂，以确保胎儿大脑神经和脑容积的生长发育；一切放轻松，不做对胎儿不利的任何事情，包括看电视；大量吃水果，保证充足的维生素，等等。

产期临近去到医院，对接生医生只一句嘱咐：务必要顺产。

历经一夜的阵痛，于次日八九点钟，顺产下一个六斤七两的婴儿。

随着"哇"的一声响亮的啼哭，我竭尽全力从鬼门关爬出。若用最精炼的一句话来表述，那就是：一场活剥人皮的亲历。

"是男孩！"女护士双手捧着他在我胸部蹭来蹭去时顺便发现了什么，她惊讶地问："你怎么哭了，男孩还不高兴？"

这位护士一定忘了——或者压根儿就不知道有个成语叫"喜极而泣"。

接下去是母乳喂养的现实难题。满月过后，奶水明显地跟不上趟了。那婴孩却抱定"咬住青山不放松"的决心，直到咬得我乳头皲裂，血印斑斑。每每喂奶都咬牙流泪，钻心地痛，家人均劝放弃。这时，完全可以顺势以奶粉做替代品，从苦海逃脱，但我坚信，我是奶牛我自豪，绝不言败。轻伤不下火线，重伤也不下火线！

在奶粉的配合下，顺产的妈妈践行了一年多不间断的母乳喂养。

"辣娃"配"辣妈"

"辣妈"精心打造出来的产品一定是与众不同的"辣娃"。

6个月时抱去饭店会友，菜还未上齐，在妈怀里的娃儿双手乱舞，挣脱母亲的束缚扑向餐桌，噌噌两下手撕了餐布——谁叫你们讲什么礼仪，不速速开吃呢。

7个月时，有客人来，端上一盘切开的西瓜，顿时悠扬的口哨声响起，满室皆惊，均不知妙音从何方来。仔细听去，才知是这娃见瓜发出的急切求食声。后来，每每在室外见到飞起的白鸽，也会发出同样的声音。

见这小儿资质不凡，决定砸锅卖铁来培养他。刚满3岁，我便气势雄伟地以当时每月仅几百元的工资收入把娃送进每年学费过万的早教幼儿园。确实，在那里很多孩子对识字产生了浓厚的兴趣，可这娃不干，别的孩子上课认字，他却用土话（方言）教大伙练"割谷不割谷根，播谷不播谷蛋"的绕口令，引得众人哄堂大笑。为了不影响别的孩子，就每天由专人领着在大学校园里踢足球、看大学生们上体育课和进行体育比赛（幼儿园设在某大学学区内），激动时小人儿边吹口哨边鼓掌，每每引来啧啧赞声：这娃酷！

后来，对识字要求更高了，他就罢课，以致罢校。没辙，我骑着自行车跑遍这个省会城市几所最好的幼儿园，试听并亲自与园长沟通教育理念。从小博士幼儿园到体育幼儿园，这娃是住了个遍。

你看他，小小年龄总是很有派头的样子，言谈不俗，举止出众，穿衣戴帽毫不含糊，思维敏捷，语出惊人。大手牵着小手走在街头，就是一道移动的风景线。风景线里是满满当当的色彩、时尚、气派和生动，整个儿是"辣娃"与"辣妈"的绝配。

小学期间，好动贪玩的"辣娃"一如既往地以玩为主，以学为辅。双休日想给他报个什么班，征求他的意见，他想来想去终以一句"不能把我玩的时间占用了"驳倒我。在别的家长生怕孩子输在起跑线上的时代，我允许孩子"慢慢来"，我则默默地静待花开。

我觉得人生不是短跑，而是一场马拉松，谁笑到最后，谁笑得最美。

孩子，你就玩吧，只要你的童年足够的快乐。

度过"生长疼痛期"

成长总是伴随着疼痛。

岁月是把钝刀，磨去女人脸上的光；岁月是根细绳，拽着孩子向上长。女人与孩子就在这 grow old（变老）与 grow up（长大）间玩着拉锯的游戏。

转眼，这娃升入初中。那时，我的家里出现了些意外的事情，我和丈夫的注意力无可奈何地产生了偏移。"辣娃"正值叛逆期，趁父母监管不力，从小学时的学霸一路下滑，变着法儿逃学去看球赛、去上网吧，最后跟我们摊牌：要退学。理由是学校学的知识根本没什么用，纯属耽误青春。等念完高中，年龄太大，干什么也迟了。

"你想退学干什么去？"

"去美国，到 NBA 打球去。"

嗨！这可真是个好主意——却是个实现不了的主意。

费了九牛二虎之力，找来专家、学者疏通，才算说服他放弃了"读书无用论"，重返课堂。

我在悬崖边猛醒，赶紧舍弃了一些看似重要的东西，比如升职，比如挣钱等，回到厨房，回到餐厅，让餐桌旁的时光变得有趣，让餐桌成为一家人思想碰撞的场所，成为倾听彼此心声的地方。他告诉我他喜欢上了一个女生，并讲述他们交往的一些细节；我告诉他当年我喜欢他的爸爸，并如何送出情书。于是，他将我当作知心朋友，相互说笑、打趣，出门上学时还不忘冲我做个鬼脸。

美国心理学家威谱·詹姆斯说过，人性最深刻的原则就是希望别人对自己加以赏识。孩子，你就是独一无二的你，无须比较的你。妈妈支持你保持自己的样子。

在真诚的鼓励、赞美下，在高质量的陪伴下，娃儿顺利成长，安全地度过了"生长疼痛期"，成为人格健全、内心有爱的酷男孩，满脸的青春痘哪能掩盖住一个帅字！

长大了的他渴望上进和成功，通过高考顺利地考取了梦寐以求的北京电影学院。今年夏天又踏上美国的土地。语言根本不是问题，因为自从想去 NBA 打球，他就从没放弃对英语的学习。

想吃苹果，就去果园附近吧，一阵风吹来，便是阵阵果香；或者一只果子一不留神滚落出来，恰好就在脚下。这是我给他的建议，也是他与我达成的共识。

当夜深人静，我拥着夜幕入眠，他正迎着早晨的太阳，嗅着好莱坞的"果香"，在纽约电影学院的校园里与人们互道"Good morning"。一觉醒来，但见微信里"辣娃"对我作品的点评，还是那三个字母：666。

焦虑的小学生妈妈

虞　燕

　　我的焦虑，是从女儿上小学开始的。小学像个分水岭，在女儿眼里，那个原本还算温良可亲的妈妈突然变成了《白雪公主》里的坏皇后，动不动就皱眉、拍桌子、嘶吼，甚至动武。怒火蹿上来根本刹不住，瞬间可以燎原。她来不及适应，我自己何尝不是。

　　自从女儿呱呱坠地，她以天真好奇的眼神注视着这个世界，我用幸福的眼神凝视着她。她一路成长，我一路关注，舍不得开半点小差。大脑里塞满了各种来自育儿书籍、网络、坊间等的育儿理念，好多东西来不及分辨，全凭个人感觉或攫取他人经验。我半知不解地摸着石头过河，还抱了一点达变通机见招拆招的侥幸心理，在这条陌生而新奇的道路上摸爬滚打。好在，她爸的想法跟我非常一致，那就是努力地坚定地想让她成为一个身心健康、善良活泼、充满幸福感的孩子。有了这个主旨，执行起来便不会有大的偏差了。我们陪她看动画片，给她讲故事，跟她做游戏，带她去旅行，自认为虽算不得优秀的父母，起码也在及格线以上。

　　可女儿一上小学，这种隐隐的自信陡然被击垮了。刚开学，初为小学生家长的我跟其他家长一样，积极留意班级 QQ 群和微信群，介绍自己的孩子、打探孩子跟谁家的娃成了同桌、讨论午饭在学校食堂吃的利弊、对老师每天布置的作业进行交流……群里的我们就像一锅被架于火堆上的水，每个水分子都快速膨胀，抖擞着发出沸腾的声音。

除了兴奋，还有点紧张。每次收到"校讯通"信息就跟接到圣旨似的，每一条都仔细看上好几遍，并按老师的要求严格执行，生怕遗漏或做得不到位。那次接到临时通知，需要指导孩子背诵二十四字的社会主义核心价值观：富强、民主、文明、和谐、自由……心下嘀咕：让不识字的孩子背出来有点难吧？嘀咕归嘀咕，实施起来仍一丝不苟。我跟她爸率先垂范，开启读—念—背的模式，女儿则卖力地跟读。好多遍下来，女儿还是背得艰涩非常。特意上群里瞄了一下，看到好几个妈妈说她家孩子已经背会，我有点急了。我越着急女儿背得越糟糕，声音也越来越弱，可能我正颜厉色的样子让她无所适从，竟吧嗒吧嗒掉了一堆眼泪。她爸说欲速则不达，早上记忆力好，明早再背吧。于是作罢。忍不住又看群里，有的家长上传了视频，把那二十四个字写在家里的小黑板上，随手一指，她家孩子都能准确无误地认出来。而我的女儿，能认出四五个字来就不错了。我的心底涌上一丝恐慌，那晚睡得有点忐忑。

之后，我陆续从群里家长的谈话中敏锐地捕捉到了若干讯息——关于女儿的同学们学前知识基础的讯息。首先，班级里毕业于实验幼儿园的包括女儿在内不会超过三个（实验幼儿园有别于私立幼儿园，不开设拼音、识字等课程），也就是说除了这三个孩子之外其他孩子在幼儿园就系统地学习过拼音、识字、算术；其二，90%以上的孩子都在暑假上过幼小衔接班。而我依然遵从那个要给女儿一个快乐童年的主旨，没有报任何的学前培训班，只在自己有空的时候随意教她认读一下拼音。相比之下，女儿的基础是非常薄弱的。其实她爸当时问过我，学前要不要做点铺垫？我还怼他："这么小就上培训班，以后还怎么得了？"朋友也曾郑重其事地提醒我，最好让孩子在跨入小学大门前增加个衔接环节，特别是学习方面的，以克服"陡坎效应"所带来的适应障碍。我照样不以为然。

直至知道那些讯息，我才略感焦虑，并怀疑自己之前是否过于武断，思想认识是否过于片面，我这样的妈妈是否不大合格……原本的自信在一点点地瓦解。

开学大概两周后，我接到了女儿班主任的电话。她委婉地告知女儿学前基础不大好的事实，而多数孩子的基础都很扎实，少数服从多数，那么老师的教学进度势必相应地加快，这样一来，基础差的那个就会跟不上。而后，又安慰我，说学前基础有差异属于正常现象，家长可以适当地帮助其养成良好的学习习惯等等。我感到难为情，心想，在老师心里，自己可能是一个懒惰的、不负责任的、不重视孩子学习的家长吧？接下来，经常会看到发下来的作业纸上会有一行字，比如："建议一部分学前基础不是很理想的孩子，家长近段时间要抓紧点，以尽可能减少与其他孩子的差距……"这些字，就像一根根刺，刺眼又刺心。我的焦虑又加深了一层。

成为小学生有段时间了，女儿一做作业就注意力不集中、课本作业本经常忘带的毛病便显现了出来，这大概就是老师说的学前习惯没养好。而学习习惯绝对影响学习效果。起初，我还是信心满满，觉得勤于督促、教导，总能改善。这实在是"轻敌"了！半个学期过去，收效甚微，该不集中还是不集中，该丢三落四还是丢三落四。她爸说，女儿从"游击队"收编进"正规军"，总是需要适应期的。可适应期需要多久？到底能不能改过来？我的耐心跟焦虑成反比，正慢慢地耗尽。

在班上，女儿的成绩基本处于中下游，每次考试成绩公布，我总有一种如临大敌的感觉。老师经常在群里宣布成绩，当然没有具体的名单，几个优秀，几个良，让家长心里有个数。某次数学考试，女儿错了三道题，试卷上赫然一个"良"，而班上有37

个优秀，全班共 40 个学生，女儿垫底了。我的心情一下子灰暗无比，后悔、挫败、茫然等等一股脑儿涌上来。现在的孩子都太厉害了，女儿天资一般，基础又差，简直像一只兔子混进了虎狼群，别说竞争了，连丝毫的招架之力都没有。如果再不抓紧，以后有可能天天垫底，我这个后进生家长也逃不过老师的教育和指摘。这样一想，后背蓦地冒出了冷气，不禁打了个激灵。

自责、反思过后，我认为以前对女儿过于宽容和放任了，继续在她的学习上多加用心自不必说，还要加大管理力度，对她严格要求，进行一些相应的训练，梅花香自苦寒来嘛。我买了空白卡片，用记号笔写上字、词，让她反复地认读；买了套练习题，每晚完成作业之后让她做，以巩固基础知识，提高综合运用的能力；买了一堆适合她这个年龄段的孩子看的课外书，每天看一点，希望能提升她的理解能力……我在心里定好这个计划那个计划，以为一切会朝着既定的方向前行，却忽略了女儿的接受能力和心理变化。有时候一道题目讲了好几遍，她还是做错，我越大声她越出错，而且一趁我不注意就发呆、玩橡皮、在本子上画画，简直就是"诲尔谆谆，听我藐藐"。我气不一处来，吼她，打她手心，她哭得稀里哗啦，我气得六神无主。

做 5 分钟口算题，女儿本就速度慢，还容易紧张，一紧张就更慢了。数学老师在群里讲得郑重其事，要速度慢的同学在家里多加练习，马上就要进行全校达标比赛云云。很多家长会在群里交流孩子的做题情况，口算过关早就达到优秀的他们还在拼命地练习，有几个甚至两分多钟就能完成整张卷子，做得又快又好。这些信息让我焦躁不安，像被什么东西压得喘不过气来，觉得再不采取点措施根本就枉为家长了。我打印了一些计算题，每晚给女儿练习，自己拿着手机在旁边计时。可看着她跟个蜗牛似的，做一道题就停顿一下，不知道是算不出来还是落笔慢，而计时器上，时间在飞速地流逝，我心里一会儿像猫在抓，一会儿如火在烧，特想摔个什么东西发泄一下。几次下来，女儿的口算成绩依然不理想。我涨红着脸把桌子拍得砰砰响，女儿噤若寒蝉，低头搓着小手，一遍又一遍地搓。

有一次做练习时，我突然听到了刺耳的"吱吱"声，是女儿发出的。她的鞋底正跟地板摩擦，脚不停地挪来挪去。我怒不可遏，计着时呢，居然还惦记着玩！我重重地拍了下她的后背，吼道："你知不知道这是在计时啊？5分钟马上就到了，你的脚到底在干吗？可想而知，你上课时有多么不认真！还不赶紧做啊！"她被我吼晕了，看起来一个个数字写得很快，批改后竟错了将近一半。没等我发作，女儿竟号啕大哭，眼泪滚滚而下，因为哭得过于用力而声音嘶哑。刚好她爸回家，她把哀怨的泪眼投向他，随即继续闭眼哭，双腿牢牢并在一起。我发现不太对劲，地板上湿了一块……

女儿在她爸怀里边抽搭边诉说，她只是太紧张了，脚才会乱动，自己也控制不住。知道做错了很多，怕被妈妈打，一害怕就尿了裤子。说完，她看了我一眼，马上又垂下头去："你是个坏妈妈。"像有尖利的器具在我心上刺了一下，我愣在那里，张了张嘴，没发出任何声音。我也很想大哭一场。早就察觉女儿开始怕我，不愿意跟我待在一块，尤其是做作业时，她总请求让爸爸教。有一回，她做作业时又在孜孜不倦地抠指甲，我在她背后一声大吼，女儿瘦弱的后背猛地抖了一下。我的心抖了好几下，心疼、内疚、无奈，一股暖热的气流从胸口直往上蹿。擦掉眼泪，我上前抱住了她。

有时候自己也很纠结，对她严厉吧，后悔；对她宽松点吧，也后悔。左右摇摆，举棋不定，前方一会儿云迷雾罩，一会儿长烟一空。想得越多越焦虑，我的脾气变得越来越差，像个爆竹，一点就炸。

　　她爸对我的做法也开始质疑，说我有些走火入魔了，当初不赞成上学前班的是我，而今拼命折腾的也是我，没有个循序渐进的过程，跟拔苗助长无异。我感到委屈，他没在班级群，不大了解班上的情况，而且老师找家长沟通也找的是我不是他，孩子成绩不理想，家长总得做点什么吧。我埋怨他看不到我的辛苦和压力。他却问我："那你认为有效果吗？你的焦虑已经影响到了整个家庭。每天一下班就听到你在发火，家里的氛围都跟以前不一样了。"我竟无言以对，一种深深的挫败感和无力感包围了我。

　　之后，她爸和我进行了一次长谈。他说跟孩子的成绩比起来，他更担心我会焦虑得神经崩断。他很不客气地指出，我之所以如此焦虑，一部分原因是虚荣心在作祟。我也意识到哪里不对，我那么用力，事情却并没有往我所期待的方向发展，反而把自己搞得焦头烂额，欲哭无泪。我明白，自己的心态、对女儿的教育方式都需要调整。只是调整，不可能彻底放松、放下，作为母亲，为孩子焦心劳思似乎是天职，未来的路，任重而道远。

拉着蜗牛散步

孙　畅

步入婚姻之前，几位姐妹的话让我印象深刻：

1. 你知道吗？现在小小的遗憾，结婚后会变成很大很大的遗憾。

2. 跟谁结婚，你都要度过漫长的磨合期。

3. 婚姻对一个原本就自立的女性基本没什么改变，但是孩子会让你重生。

我怀揣这些金玉良言和先生结婚后，第二年生下了一个肉嘟嘟的儿子。孕期的反应非常大，几乎全程呕吐，加上激素分泌，产前产后有段时间我会莫名地流泪。先生一脸茫然，手足无措。产前我还没有怪他，可是产后面对着嗷嗷待哺的新生命，我因哺乳、熬夜而万分焦虑时，他还一副泥菩萨过江自身难保的姿态，简直让我失望透顶。

此时，我家来了两位超人——婆婆和母亲。

婆婆当时还有生意要忙，不能经常过来，但是她会网购，家里几乎每天都有给我妈妈和宝宝的快递——天气还没热，孩子的小背心、驱蚊水到了；天冷了，买给我母亲的厚实的睡衣到了。我先生偶尔偷个懒，婆婆会数落他："你媳妇很累，快把你自己的事都处理好，别让人还得照顾你。"良言一句三冬暖，这些话对于产后处于恢复期的我来说，受用至极。

我母亲本就心胸宽广，而且非常能干，当我唉声叹气时，她会说："难就难这一阵儿，孩子很快就长大了，你这辈子估计也就这两年难，有我在这儿，你什么都不用怕。"

两位妈妈平日里是凡人，可那段时间对于我来说，她们就是超人。照看孩子能力卓越是一方面，最重要的，不论我和先生手忙脚乱地迎接小生命的到来，还是我们身为新父母闹得鸡飞狗跳，她们都能保持轻裘缓带、不疾不徐的姿态，这让我不得不去效仿。于是，原来暴躁的脾气似有缓解，指责老公变成了反省自己，孩子跌了、摔了、病了、倒了，心如油烹时我也尽量理智冷静地对待。

但我还是会遇到难题，比如在育儿理念方面，真是困惑多多。从事新闻工作，我每天都在思考社会运转中的各类顽疾，当今社会，不少父母的教育方式并不正确，可它却是普遍现象。别人家孩子会的、有的，我的孩子是否有必要学？他有没有兴趣学？我的观点和老人相悖时，应该怎样与她们交流？我得做什么让步？

还有我的丈夫，感谢上苍，他不是一个袖手旁观的爸爸，对孩子的情感甚至比我还浓烈，可是粗心时也会不得章法，怎样鼓励他，怎样在孩子面前夸赞他，怎样在公婆父母面前感谢他，时机的选择很有讲究。选择对了，四位老人会越来越放心，会适当地放手，尽快地从小家庭抽身，踏踏实实地享受晚年生活；若时机没选对，就会给老人以压力，让他们觉得年轻人说话办事不靠谱，不知得照顾这一家三口到猴年马月。

在解决以上问题的过程中，我发现情商和勤快都很重要。工作一天，钻进厨房、做饭、刷碗、打扫卫生后再和家人摊牌："这几天我特别忙，有时候看见您给孩子穿得太多，担心捂出病来，影响我工作。真的，我特别需要您的帮助，让我安心工作。"每当我使用"帮助"这个词时，大家就不好驳我的面儿了。（不怕千招会，就怕一招灵）。而我穿梭于餐桌和灶台之间，再带动孩子收拾碗筷，孩子也爱劳动了，家人也欣慰地笑了。

我先生什么都好，结婚前唯一让我感到有点小小遗憾的，就是他不太会照顾人，当小小的遗憾演变成大大的遗憾时，我不断地告诫自己要接受。婚后的确经历了漫长的磨合期，又赶上孩子出生，两个困难一勺烩，倒也痛快。生孩子之前，我脾气急躁，喜欢批判一切，都说养育孩子宛如拉着蜗牛散步，脾气急也没用，批评他他也听不懂，反而是耐心、等待、坚定、克制更有效。我的先生看到我的变化，也开始用我期待的方式关心爱护家庭。一系列的化学反应结束后，我才意识到，那扇重生的大门已然打开，我不知不觉就迈了进来。

我不是超人，但是身为母亲我没有资格当甩手掌柜的，纵然累一点，却能给孩子树立一个奋斗的榜样。当然也有不同的观点，说妈妈必须懒一点，这样爸爸可以更多参与家庭建设，孩子也有成长的空间。两种观点，各有各的道理。一勤一懒之间，巧妙转换、灵活运用，就看各位妈妈的神通了。相信自己，我们很棒！

妈妈不是脾气不好，妈妈只是太累了

陈阿咪

❀ "孩子，对不起" ❀

在后台听到一位读者的倾诉，让我唏嘘不已：

今天打了妞妞。

妞妞刚两岁，我在家带着她。早上6点醒来，做饭，买菜，打扫卫生……一刻也不得闲。到下午时分，疲惫到整个人都快瘫倒。

可是，好不容易拾掇干净的屋子，我只是上个厕所的工夫，她竟然又调皮地扒拉掉了电视机旁的花盆。

花盆打碎了，洒了一地的泥，一屋子的狼狈。我出来时，她正捏着泥玩得很欢。

一瞬间，我五脏六腑蹿上一团烈火，整个脑袋气得嗡嗡作响。

我大吼一声，跑上去拎起她，对着屁股就是啪啪两巴掌。

妞妞被我突如其来的愤怒吓蒙了，紧接着开始撕心裂肺地哇哇大哭。

冷静下来后，我又累又心疼，毕竟，打在孩身，痛在娘心。

朋友都说我自从生了孩子就变得脾气暴躁，简直是个地雷，丁点大的事都能原地爆炸。

我无力辩驳。

其实，往往连我们也不知道从什么时候起，自己就变得如此易怒了。

婚前淑女，婚后泼妇

突然想起前几天隔壁那对吵架的夫妻。

大概在凌晨1点，隔壁传来吵架的声音。锅碗瓢盆的碎裂声，女人的谩骂声，孩子的哭闹声，一直持续到砰的一声关门的巨响后才停歇……第二天邻里颇有怨言。

次日了解了下事情的起因，竟然是由于丈夫痴迷于游戏。

夫妇俩结婚3年，孩子刚1岁。前几天孩子突然发烧，女主人在医院熬夜守了一晚，结果不巧娘家出了点事必须赶回去解决，于是心急如焚地给丈夫打电话让他过来看孩子。

人是过来了，却瘫坐着光顾着打游戏，孩子输的液体没了瓶子空了都不知道喊护士。

这一幕刚好被赶回来的女主人撞见。

她不依不饶地把他赶了回去，大庭广众下，毫不顾忌地指责谩骂，再加上一宿没睡又奔波了一天，看起来憔悴又狼狈，活脱脱一副泼妇模样。

别人开始在旁边劝说："至于吗？多大点儿事。""孩子不好好的吗？"

外人如何知道她早就积攒了满腹的委屈和辛酸，连日来的操劳再加上丈夫的自私懒惰，她身心俱疲。当它们到达一个承受的阈值时，谁还顾及得上崩溃时的形象是否优雅。

后来，就有了女主人一气之下半夜摔东西撒泼，凌晨抱着孩子摔门回娘家那一幕。

在网上看到一句话："突如其来的脾气，是攒了太久的委屈。"

这份委屈，或许是由于一个不成熟的另一半，在一地鸡毛般琐碎的生活中，一点一点消耗着她仅存的天真和希望。

原本希望此生能有人为我遮风挡雨，不曾想，这一生的风雨都是你带来的。

"妈妈不是脾气不好，妈妈只是太累了"

我上高中的时候，有个好朋友跟我讲过：她有个脾气十分暴躁的母亲，常常为一点小事就破口大骂。

其实她也明白，她的妈妈一直在压抑，在忍耐，在牺牲，但总有一天，就累到撑不住了。

她不是脾气差，她只是太累了……

她爸和她妈很早就离婚了，为了扛起这个家，她妈妈起早贪黑地经营一家包子店。每天早早地凌晨 3 点爬起来和面，拌馅，做包子……每天收拾完一切，已经是深夜 10 点多。第二天还要周而复始地重复同样的工作，一年四季都是如此……

她不累吗？当然累！但即便累到筋疲力尽，为了女儿能过得好，她都不舍得招个人，硬是一个人扛了下来。

有一次我朋友和同学出去玩，结果和同学骑自行车时摔了一跤，两人都骨折了被送进医院，她妈妈汗涔涔地赶来，一看到她就破口大骂。

在场的人很是惊讶，别人的父母都因为心疼在暖语相慰，这个母亲却如此地暴跳如雷。

同学说："我妈，应该只是不知道怎么表达自己的焦虑和心疼。不敢脆弱的人，撑久了，也就忘了怎么流泪了。"

我们在生活中总诧异身边的某些人，怎么好好的，说哭就哭，说骂就骂，说撒泼就撒泼了。大概是因为我们不是他们，所以不知道他们遭遇了什么。

✎ "孩子，谢谢你" ✎

大人承受的一切，年幼的孩子往往是无法明白的。

他们会跟着妈妈一起哭泣一起难过，会惊讶妈妈为什么这么凶，但他们也会一次次原谅大人。

就像那位来信的读者后来跟她的女儿道歉：妈妈不是脾气不好，妈妈只是太累了……

她当时正在捣鼓着眼前的一堆积木。听到我的话，便抬头望向我，或许是看到了我沮丧的表情，突然伸手搂住我的脖子，然后嘟着湿漉漉的小嘴，对着我的脸就是一顿亲。

真让人幸福，对于孩子来说，不管你犯什么错，她都会无条件爱你。

就像我那个同学的妈妈，在女儿养伤的日子里，挖空了心思给女儿做好吃的。

作为母亲，你不会后悔将一个小生命带到这个世界上来。

相反，你会感恩这个小生命，让你多了更多面对这个世界的勇气。在每一次你几近崩溃的时候，都会因为那张稚气的小脸，不自觉地多了许多力量。

每一次想要放弃的时候，当看到孩子对着你笑，再硬的心，都会不自觉地被击中最柔软的那一块地方，一瞬间，所有的负能量被击得粉碎。

你无数次发自内心地感谢上苍，让眼前的这个娃娃成了你的孩子。

"孩子，我爱你"

孩子，你不知道的是，那个常常对你吼叫的妈妈，多少次，她也在暗暗学着控制情绪。

妈妈其实不是超人，妈妈也需要被理解，甚至，是更多。

因为爱你，她一直在努力让自己成为一个值得孩子骄傲的妈妈。

只是，这个努力的过程太漫长太艰辛，所以，你也要学着原谅妈妈的不完美。

你永远无法知道，一个人从女孩到女人再到母亲，这中间，所要经历的锥心刺骨的蜕变和成长。

感谢生命中遇到的一切，给了我们软肋，亦赐予我们铠甲。

每一个妈妈都会疲累，都会有沮丧，都会有脾气不好的时候，但就算再累，她们就是不会被打败。

因为，就算再疲惫，她也会挺住，去做那个娃娃的英雄。

调动孩子爸爸的两大法宝

王丽萍

不抱怨

　　生活中，我们经常会碰到凡事爱抱怨的人。他们可能因为工作、生活的压力，或者因为人际关系没有处理好，就觉得心理不平衡，产生抱怨的情绪。抱怨的结果，不仅问题没解决，还给自己带来很多不良的影响。国际著名的神经科学家与心理学家研究表明，人体大脑的工作方式就像肌肉一样，如果让它接收到太多负面的信息，很可能导致当事者也会按照消极的方式行事。更糟糕的是，长时间沉浸在抱怨的环境中还会使人变得愚蠢和麻木。这是多么可怕！作为妈妈的我们，一定要学会及时停止抱怨，调整好自己，做一个少抱怨、不抱怨的人。

　　我是一位职场妈妈，工作单位在北京郊区，每天花费在路上的时间就需要 3 个多小时。我曾经也没有意识到抱怨给自己的生活所带来的不良影响，在孩子小的时候，也曾因孩子的爸爸不理解、不参与而顾影自怜；自己的情绪调节不好，就会跟孩子的爸爸因为一点小事闹得不愉快。现在想来得不偿失。印象比较深刻的一次，是在一个周日的下午，我带儿子去上英语课，回到家中，看到孩子的爸爸躺在床上睡大觉，也没准备晚饭。心里顿生无名之火，觉得孩子的爸爸不体谅我的辛苦，不能承担家务。自然我也不会主动去做饭，于是赌气带着孩子出去吃了。晚上到家还因此事跟孩子的爸爸发生口角。类似的几次事情过后，我开始反思，我深刻地意识到，抱怨不能解决任何问题，带着不良情绪去跟孩子的爸爸沟通，不会收到任何好的效果。在无法改变环境、改变别人的情况下，于是乎我决定自己做出改变。

生活中再遇到类似情形时，我不再像个怨妇似的抱怨，而是欣然接受、容纳，改进自己。通常我会提前准备一些半成品，回到家中很快就能做好晚餐。孩子的爸爸看到我的变化，他被我的改变所触动，反而兢兢业业地做好他自己，家里自然少了争辩，多了包容与体谅。和睦、融洽的家庭氛围，是促进孩子健康成长的灵药，也是使夫妻感情长盛不衰的保鲜剂。现在，我们家人经常说的一句话就是："每个人都要首先做好自己。"

多赞美，多鼓励

每个人的人生都是一场修行，修行路上需要家人、朋友的支持，需要爱情、亲情和友情的抚慰。中国自古以来便有一句俗语："良言一句三冬暖，恶语伤人六月寒。"赞美他人所能带来的正面意义，也许比你所能想象的更加深刻而久远。谁不喜欢获得别人的肯定呢？人类这种社会动物，其实并不像传说中的那么复杂，不管你具有怎样的个性、脾气，内心深处都有获得别人肯定的欲望。能够从别人口中听到对自己的肯定和赞美，对谁来说都是一种积极的暗示，都能让他得到心灵上的满足。而我就愿意做那个能够及时给予别人赞美的人。

孩子的爸爸是科班出身的临床营养师，大学阶段主修过烹饪课程，获得过二级粤菜营养师证书。毕业后，在肿瘤医院工作，主要从事肿瘤病患的治疗及预后康复阶段的营养支持。因为单位离家较近，从儿子上幼儿园开始，幼儿园 3 年、小学 6 年的接送任务都由他负责。记得孩子上幼儿园时，大冬天零下几度的天气，他为了让儿子免受严寒，提前购置了电动单轮车，风雨无阻地接送孩子上下学。即使生病也带病坚持"工作"，真的让人感动。此外，他还负责家里的晚餐、买菜、做饭，日复一日，年复一年。他准备的晚餐不仅可口，而且荤素搭配、营养丰富，为我安心工作助力，为儿子茁壮成长助力。作为一个男人，他偶尔也会抱怨。每当这个时候，我便任由他发牢骚，过后，我会说很多感恩的话、表扬的话，肯定他的辛勤付出。现在，儿子已经 12 岁了，是一名初一的学生，将近一米七的大个子，爱好运动、体格健壮的他，可以自己骑车上下学，爸爸在某种程度上也得到了解放。

年过四十的我，对人生有了更多的思考与感悟。无论是夫妻还是母子，都是一辈子的缘分。这种缘分是用来珍惜的，是用来尊重的，是用来互相感染的，更是用来彼此成就的。最近我越来越多地意识到爱的意义与爱的力量。爱，是温暖他人、温暖自己的一杯茶、一碗粥、一壶酒。爱家人、爱朋友、爱同事，你的生活就会永远被爱所拥抱。

让孩子快乐探索世界，和自然重归于好

小 空

"池塘边的榕树上，知了在声声叫着夏天……"当《童年》的旋律再次响起，你脑海里浮现出的是那年和小伙伴玩泥巴过家家的场景，还是那天傍晚在长园里捕蜻蜓的画面？泥土与昆虫的记忆是我们回不去的童年，如今也正与孩子们渐行渐远。

这个世界美好又奇妙，我们应该把这个世界介绍给我们的孩子。带孩子走进自然、探索自然，是认识这个美妙世界的第一步。还记得上次六一户外健步活动吗？活动结束后，小空跟静妈聊起了孩子们亲近自然的那些事。

（静妈：全职妈妈。两个宝宝，大宝，男，10岁；二宝，女，8岁。海尔好空气社群达人。）

我：上次的户外亲子活动，你和孩子走了7万多步，我们很好奇你们是怎么做到的？

静妈：其实没什么的，主要是为了让孩子高兴，其次是出去锻炼一下身体，走进自然感受一下自然的美好，顺便参与了一下活动，全家一起出去爬爬山。我家宝宝都大了，平时体质又特别好，两个孩子精力旺盛，一路上蹦蹦跳跳，也没觉得累，不知不觉就走了7万多步。

我：在孩子的成长过程中，什么样的经历让你感到很欣慰？

静妈：我一直认为孩子童年最珍贵的东西，一是童趣，二是陪伴。以前孩子的成长真的是错过了好多啊，不知不觉中孩子已经这么大了。我去年辞职在家照顾两个孩子，做了全职妈妈之后发现，陪着孩子慢慢长大的感觉真的很美妙，个中滋味没经历过的人不会懂。两个孩子小的时候在乡下和爷爷奶奶生活了近三年，那三年里无拘无束，都快成野孩子了，戴个草帽就去浅水里摸鱼，翻开石头看石头底下的蚂蚁搬家，剪一些狗尾巴草编草环，领着家里的土狗去田野里撒欢疯跑……

那时候我挺担心的，许多城里的孩子都开始上早教班了，怕这两个孩子回来后跟不上城里的孩子，融不进幼儿园里去……但是事实证明，亲近自然的孩子做事更专注，更善于表达情感，手指也更灵活，我的孩子直接进入中班，丝毫没受影响，甚至比同龄孩子思维更活跃，老师说一点也不像没上过早教班的孩子。两个孩子的身体素质也比同龄小朋友好很多，很少生病。

现在我们也会时不时地去户外远足，两个孩子的性格越来越开朗豁达。人在回归自然的时候，内心会更平静。我想童年这些亲近自然的经历，会让孩子终身受益。在他们长大之后，独自面对这个浮躁的社会时，依然有能力在内心为自己保留一方安静的小天地。

的确，在中国传统的教育观念中，父母都希望孩子在人生道路上走得顺遂，无意中把自己的想法强加给孩子，从而忽略了孩子童年时应该有的快乐。人一旦长大，就有一大堆必须承担的责任和义务，童年那种无忧无虑、简单纯粹的快乐就一去不复返了。快乐有好多种，从自然中获取的快乐最珍贵。平时多带孩子走进自然、探索自然吧，给孩子一个快乐的七彩童年。

让爱天天住我家

微 笑

和许多"三口之家"的宝爸宝妈一样，我和老公曾经也是一对焦虑的父母。那时，面对第一个孩子，我们参照各种"攻略"来带孩子，传统和现代相结合……孩子打一个喷嚏、一顿饭吃不香、一个晚上没睡好等等，都成为我们相互指责、互相埋怨的矛盾焦点……

经历了与宝爸的磨合后，我深知合格的父母真不是天生的，构建和谐家庭不是妈妈的独角戏，唯有每个家庭成员之间相互关爱与理解，才能给孩子创造健康快乐的成长环境。大宝 4 岁时，我们迎来了二宝，我和宝爸还是能够游刃有余地和两位宝宝"斗智斗勇"的！总结下来，就是要和宝爸保持统一战线，一起铸造一个充满爱的家。

"爱"的表达不能少

每天夫妻之间、亲子之间的拥抱不能少，上班前，回家后，一个热情的拥抱足以驱散所有的疲惫，让孩子们也感受到满满的安全感；每天让宝爸和孩子们交流十分钟以上，哪怕是出差也要通个电话、发个视频，孩子们的牵挂足以让宝爸责任感倍增；每天让宝爸给孩子们讲一个故事，爸爸引领孩子阅读更容易激发孩子的发散思维，对孩子的语言发育大有裨益。

把宝爸当成合伙人

父母共同努力，才能给孩子最完整的家庭教育。宝妈无论如何细致入微地呵护孩子的成长，都代替不了父亲对孩子们的影响力，所以要和宝爸建立起合伙人的关系，大胆地将一些教育任务和娱乐活动分给爸爸。爸爸带孩子不仅有利于孩子沟通能力、交际能力的培养，还会增强孩子的自信心，让孩子变得更加勇敢坚强。

好爸爸是夸出来的

子女和母亲的情感是天生就有的，毕竟十月怀胎时妈妈已经在和孩子进行沟通了，而爸爸与孩子们的情感却是后天形成的。所以，宝爸也是在学习中成长，在实践中感悟。肯定宝爸的一切付出，小到他为孩子买的玩具很有趣，大到他给孩子制定的教育计划很合理等等，经常鼓励，他才会有做个好爸爸的动力。

记录点点滴滴的美好

我在每年的结婚纪念日都要写一封信给宝爸，总结一下这一年的生活，肯定他的付出并对今后的生活提出一些期许。结婚十年，每每看到这一封封信，回顾过去一起相知相伴的岁月，不禁百感交集，在感动的同时更加珍惜彼此！总而言之，要善于在平凡的生活中营造一些小小的浪漫，比如制作一个年度相册，画一幅温馨的画，拍一张全家福，录制一首专属于自己的歌曲……留住那点点滴滴的美好，汇聚起来就能让家成为充满爱的地方。

"让爱天天住你家，让爱天天住我家！不分日夜、秋冬、春夏，全心全意爱我们的家！"

亲爱的朋友们，正如歌里唱的，让爱成为习惯，让爱天天住我家！

我是不一样的烟火

泡 泡

　　我想说说我自己，那个颜色不一样的烟火。

　　2006 年，我 35 岁，人生的分水岭。在丈夫的一次家暴后，我提出了离婚。作为知识分子的我深知，只要有第一次，就会有第二次、更多次。离婚之前，丈夫已经处于失业状态很多年，全家的收入就是我当教师的五六百元。唯一的两间平房，是他父母提供的，不属于婚后共同财产。可以说，我们一贫如洗。我带着 6 岁的女儿净身出户，4 岁的儿子则判给了他。

　　终究没能逃过七年之痒，离婚当天就这样带着女儿一无所有地回到了娘家。想想人生真是失败，念个研究生，念得连家也没了，不得不忍受骨肉分离的痛苦。

　　第二天早上，母亲告诉我，怕我想不开，前一天晚上偷偷跑到我房间，看我睡得呼呼的。母亲的担心是多余的，我才不会傻到像那个邻居女人，离婚得了乳腺癌，人家小三还巴不得了。天高海阔，即使做泡沫，我也要做最坚强的。

　　　　我永远都爱　这样的我
　　　　快乐是　快乐的方式不止一种
　　　　最荣幸是　谁都是造物者的光荣
　　　　不用闪躲　为我喜欢的生活而活
　　　　不用粉墨　就站在光明的角落

我就是我　是颜色不一样的烟火

天空（高）海阔　要做最坚强的泡沫

我喜欢我　让蔷薇开出一种结果

孤独的沙漠里　一样盛放的（得）赤裸裸

多么高兴　在琉璃屋中快乐生活

对世界说　什么是光明和磊落

我就是我　是颜色不一样的烟火

天空（高）海阔　要做最坚强的泡沫

我喜欢我　让蔷薇开出一种结果

孤独的沙漠里　一样盛放的（得）赤裸裸

女性如何守护自己持久的幸福

刘小俐

中国有句老话："一个好女人，幸福三代人。"上有父母，中间是丈夫，下面是孩子，女人就是三代人之间的一条纽带，起着承上启下的作用。

所以说，女性如何守护自身持久的幸福感是家庭建设的核心，也是家庭文化的核心。

那么，什么是幸福感呢？心理学家对于幸福感的定义，是指人类基于自身的满足感与安全感而主观产生的一系列欣喜与愉悦的情绪，是一种比较持久的主观体验。家庭收入的多少、丈夫是否是成功人士、孩子的学习成绩是否名列前茅，这些指标或许对幸福感的提升有一定影响，但不是关键因素。关键在于我们如何理解幸福。

我们说，只有主观体验到的幸福，才是真正的幸福。女性要守护自身持久的幸福感，就要做到身体健康、心理健康、家庭关系健康。

有了健康的身体，保持充沛的体力和精力，才可能更好地照顾长辈、养育子女和帮助丈夫。

愉悦的情绪能够提高人的免疫力。只有心理健康，才能少生病、不生病。

那么，女性如何保证心理健康呢？我认为，女人要从三个方面调整自己的心态。

第一，拒绝托付心态。托付心态是指将自己的幸福寄托在他人身上，将自己快乐与否的控制权拱手交给别人，而别人是不由我们控制的，其结果只能是听天由命。所以女性首先要自立自强，做自己的主人，才能活出精彩人生。千万不要有依赖心理。依附于男人，看对方的脸色生活，只能如萧红所说："女性的天空是低的，羽翼是稀薄的。"拒绝托付心态的另一层含义，是指能够掌控自己的情绪，不会因为一些琐事，比如老公和自己意见不统一、孩子考试成绩不理想而大发雷霆。平和从容地面对各种矛盾，积极寻求解决的办法，既是一种修养，也是一种底气。

第二，注重角色转换。一个女性，无论在外面多么成功、地位多么显赫，回到家中的角色就是妻子和妈妈。要用博大的胸怀包容、接纳家人，要用如水的柔情抚慰家人，让家成为温馨的港湾。因为受原生家庭的影响，很多女性在处理亲密关系时刚强有余，柔性不足。一定要把百炼刚化为绕指柔，要学会示弱，不可太强势。要灵活地处理家庭关系，显现出高超的智慧。特别是在孩子的成长过程中，女性要善于利用自己的性格优势，温柔、细腻地与丈夫进行良好的沟通，鼓励丈夫积极参与到孩子的教育中来，避免在孩子成长过程中父亲角色的缺失。唯有夫妻同心同力，才能帮助孩子建立安全依恋模式，健康成长。

第三，提升自己在家庭中的影响力。提升家庭影响力，并不是说要去掌控整个家庭的运转，而是成为长辈的知心朋友、丈夫的事业伙伴、孩子的人生导师，成为家中最重要的沟通枢纽和润滑剂，成为家庭的灵魂。这样的女性既是家庭关系的营造者，又是家庭关系的受益者。

善待自己，善待家人；做好自己，经营好事业和家庭，才能够增进个人持久的幸福感。一个好女人，幸福三代人。

母亲是家庭的灵魂

有母亲的地方，就是家

贾平凹

在我四十岁以后，在我几十年里雄心勃勃所从事的事业、爱情遭受了挫折和失意，我才觉悟了做儿子的不是。

母亲的伟大不仅在生下血肉的儿子，还在于她并不指望儿子的回报，不管儿子离她多远又回来多近，她永远使儿子有亲情，有力量，有根有本。人生的车途上，母亲是加油站。

母亲一生都在乡下，没有文化，不善说会道，飞机只望见过天上的影子。她并不清楚我在远远的城里干什么，唯一晓得的是我能写字。她说我写字的时候眼睛在不停地眨，就操心我的苦，"世上的字能写完？！"一次一次地阻止我。

前些年，母亲每次到城里小住，总是为我和孩子缝制过冬的衣物，棉花垫得极厚，总害怕我着冷，结果使我和孩子都穿得像狗熊一样笨拙。

她过不惯城里的生活，嫌吃油太多，来人太多，客厅的灯不灭，东西一旧就扔，说："日子没乡下端整。"最不能忍受我们打骂孩子，孩子不哭，她却哭，和我闹一场后就生气回乡下去。

母亲每一次都高高兴兴来，每一次都生了气回去。回去了，我并未思念过她，甚至一年一年的夜里不曾梦着过她。

母亲对我的好是我不觉得了母亲对我的好，当我得意的时候我忘记了母亲的存在，当我有委屈了就想给母亲诉说，当着她的面哭一回鼻子。

母亲姓周，这是从舅舅那里知道的，但母亲叫什么名字，12岁那年，一次与同村的孩子骂仗——乡下骂仗以高声大叫对方父母的名字为最解气——她父亲叫鱼，我骂她鱼："鱼，河里的鱼！"她骂我："蛾，蛾，小小的蛾！"我清楚了母亲是叫周小蛾的。

大人物之所以是大人物，是因名字被千万人呼喊，母亲的名字我至今没有叫过，似乎也很少听老家村子里的人叫过。母亲不是大人物却并不失却她的伟大，她的老实、本分、善良、勤劳在家乡有口皆碑。

现在有人讥讽我有农民的品性，我并不羞耻，我就是农民的儿子。母亲教育我的忍字，使我忍了该忍的事情，避免了许多祸灾发生；而我的错误在于忍了不该忍的事情，企图委曲求全却未能求全。

七年前，父亲做了胃癌手术，我全部的心思都在父亲身上。父亲去世后，我仍是常常梦到父亲，父亲依然还是有病痛的样子，醒来就伤心落泪，要买了阴纸来烧。

在纸灰飞扬的时候，突然间我会想起乡下的母亲，又是数日不安，也就必会寄一笔钱到乡下去。寄走了钱，心安理得地又投入到我的工作中了，心中再也没有母亲的影子。

老家的村子里，人人都在夸我给母亲寄钱，可我心里明白，给母亲寄钱并不是我心中多么有母亲，完全是为了我的心理平衡。而母亲收到寄去的钱总舍不得花，听妹妹说，她把钱没处放，一卷一卷塞在床下的破棉鞋里，几乎让老鼠做了窝去。

我埋怨过母亲，母亲说："我要那么多钱干啥？零着攒下了将来整着给你。你们都精精神神了，我喝凉水都高兴的，我现在又不至于喝着凉水！"

去年回去，她真的把积攒的钱要给我，我气恼了，要她逢集赶会了去买个零嘴吃，她果然一次买回了许多红糖，装在一个瓷罐儿里，但凡谁家的孩子去她那儿了，就三个指头一捏，往孩子嘴里一塞，再一抹。

孩子们为糖而来，得糖而去，母亲笑着骂着"喂不熟的狗"，末了就呆呆地发半天愣。

母亲在晚年是寂寞的，我们兄妹就商议了，主张她给大妹看管孩子，有孩子占心，累是累些，日月总是好打发的吧。小外甥就成了她的尾巴，走到哪儿带到哪儿。

一次婆孙到城里来，见我书屋里挂有父亲的遗像，她眼睛就潮了，说："人一死就有了日子了，不觉是四个年头了！"

我忙劝她，越劝她越流下泪来。外甥偏过来对着照片要爷爷，我以为母亲更要伤心的，母亲却说："爷爷埋在土里了。"孩子说："土里埋下什么都长哩，爷爷埋在土里怎么不再长个爷爷？"母亲竟没有恼，倒破涕而笑了。

母亲疼孩子爱孩子，当着众人面要骂孩子没出息，这般地大了夜夜还要噙着她的奶头睡觉，孩子就羞了脸，过来捂她的嘴不让说。两人绞在一起倒在地上，母亲笑得直喘气。我和妹妹批评过母亲太娇惯孩子，她就说："我不懂教育吗？你们怎么现在都英英武武的？！"我们拗不过她，就盼外甥永远长这么大。

可外甥如庄稼苗一样，见风生长，不觉今年要上学了，母亲显得很失落，她依然住在妹妹家，急得心火把嘴角都烧烂了。

我想，如果母亲能信佛，每日去寺院烧烧香，回家念念经就好了，但母亲没有那个信仰。后来总算让邻居的老太太们拉着天天去练功，我们做儿女的心才稍有了些踏实。

小时候，我对母亲的印象是她只管家里人的吃和穿，白日除了去生产队出工，夜里总是洗萝卜呀，切红薯片呀，或者纺线，纳鞋底，在门闩上拉了麻丝合绳子。母亲不会做大菜，一年一次的蒸碗大菜，父亲是亲自操作的，但母亲的面条擀得最好，满村出名。

家里一来客，父亲说：吃面吧。厨房一阵案响，一阵风箱声，母亲很快就用箕盘端上几碗热腾腾的面条来。

客人吃的时候，我们做孩子的就被打发着去村巷里玩，玩不了多久，我们就偷偷溜回来，盼着客人是否吃过了，是否有剩下的。果然在锅底里就留有那么一碗半碗。

在那困难的年月里，纯白面条只是待客，没有客人的时候，中午可以吃一顿苞谷糁面，母亲差不多是先给父亲捞一碗，然后下些浆水和菜，连菜带面再给我们兄妹捞一碗，最后她的碗里就只有苞谷糁和菜了。

那时少粮缺柴的，生活苦巴，我们做孩子的并不愁容满面，平日倒快活得要死，最烦恼的是帮母亲推磨子了。常常天一黑母亲就收拾磨子，在麦子里掺上白苞谷或豆子磨一种杂面，偌大的石磨她一个人推不动，就要我和弟弟合推一个磨棍，月明星稀之下，走一圈又一圈，昏头晕脑地发迷怔。

磨过一遍了，母亲在那里筛箩，我和弟弟就趴在磨盘上打瞌睡。母亲喊我们醒来再推，我和弟弟总是说磨好了，母亲说再磨几遍，需要把麦麸磨得如蚊子翅膀一样薄才肯结束。我和弟弟就同母亲吵，扔了磨棍怄气。

母亲叹叹气，末了去敲邻家的屋子，哀求人家："二嫂子，二嫂子，你起来帮我推推磨子！"人家半天不吱声，她还在求，说："咱换换工，你家推磨子了，我再帮你……孩子明日要上学，不敢耽搁娃的课的。"

瞧着母亲低声下气的样子，我和弟弟就不忍心了，揉揉鼻子又把磨棍拿起来。

母亲操持家里的吃穿琐碎事无巨细，而家里的大事，母亲是不管的，一切由当教师的星期天才能回家的父亲做主。

在我上大学的那些年，每次寒暑假结束要进城，头一天夜里总是开家庭会。家庭会差不多是父亲主讲，要用功学习呀，真诚待人呀，孔子是怎么讲，古今历史上什么人是如何奋斗的，直要讲两三个小时。

母亲就坐在一边，为父亲不住吸着的水烟袋卷纸媒，纸媒卷了好多，便袖了手打盹。父亲最后说："你妈还有啥说的？"母亲一怔方清醒过来，父亲就生气了："瞧你，你竟能睡着？！"训几句。

母亲只是笑着，说："你是老师能说，我说啥呀？"大家都笑笑，说天不早了，睡吧，就分头去睡。这当儿母亲却精神了，去关院门，关猪圈，检查柜盖上的各种米面瓦罐是否盖严了，防备老鼠进去，然后就收拾我的行李，然后一个人去灶房为我包天明起来吃的素饺子。

父亲去世后，我原本想立即接她来城里住，她不来，说父亲三年没过，没过三年的亡人会有阳灵常常回来的，她得在家顿顿往灵牌前供献饭菜。

平日太阳暖和的时候，她也去和村里一些老太太们摸花花牌，她们玩的是两分钱一个注儿，每次出门就带两角钱三角钱，她塞在袜筒里。

她养过几只鸡，清早一开鸡棚，一一要在鸡屁股里揣揣有没有蛋要下，若揣着有蛋，半晌午摸牌就半途赶回来收拾产下的蛋。可她不大吃鸡蛋，只要有人来家坐了，却总热恰着要烧煎水，煎水里就卧荷包蛋。

每年院里的梅李熟了，总摘一些留给我，托人往城里带，没人进城，她一直给我留着，"平爱吃酸果子"，她这话要唠叨好长时间，梅李就留到彻底腐烂了才肯倒去。

她在妹妹家时，我去看她，未说几句话就叫我到小房去，一定要让我喝一个瓶子里的凉水，不喝不行。问这是怎么啦，她才说是老师给她的好水，治百病的："你要喝的，你一喝肝病或许就好了！"我喝了半杯，她就又取苹果橘子让我吃，说是好果。

我成不成什么专家名人，母亲一向是不大理会的，她既不晓得我工作的荣耀，我工作上的烦恼和苦闷也就不给她说。一部《废都》，国之内外怎样风雨不止，我受怎样的赞誉和攻击，母亲未说过一句话。

当知道我已孤单一人，又病得入了院，她悲伤得落泪，要到城里来看我，弟妹不让她来，不领她，她气得在家里骂这个骂那个，后来冒着风雪来了，她的眼睛已患了严重的疾病，却哭着说："我娃这是什么命啊？！"

我告诉母亲，我的命并不苦的，什么委屈和劫难我都可以受得，少年时期我上山砍柴，挑百十斤的柴担在山道上行走，因为路窄，不到固定的歇息处是不能放下柴担的，肩膀再疼腿再酸也不能放下柴担的，从那时起我就练出了一股韧劲。

而现在最苦的是我不能亲自伺候母亲！

父亲去世了，作为长子，我是应该为这个家操心，使母亲在晚年活得幸福，但现在既不能照料母亲，反倒让母亲还为儿子牵肠挂肚，我这做的是什么儿子呢？

把母亲送出医院，看着她上车要回去了，我还是掏出身上仅有的钱给她，我说，钱是不能代替了孝顺的，但我如今只能这样啊！

母亲懂得了我的心，她把钱收了，紧紧地握在手里，再一次整整我的衣领，摸摸我的脸，说我的胡子长了，用热毛巾捂捂，好好刮刮，才上了车。

眼看着车越走越远，最后看不见了。我回到病房，躺在床上开始打吊针，我的眼泪默默地流了下来。

想起母亲就难受

韩石山

我小时候，不怎么看得起我的母亲。她的漂亮，当年没有察觉；她的贤惠，更没有体会。只觉得她太糊涂，甚至可以说是愚蠢。再就是，嘴太笨。甭说跟外人说话了，就是跟我说话，也像是理短似的，嗫嗫嚅嚅，没个痛快的时候。晚年得了失语症，我一面心疼，一面又想，若她像我这样伶牙俐齿，虚说白道，别的什么病都可能得，至少不会得这么个病。

我家有些特殊，父亲在外省工作，每年只有短短的十几天假期，平日，家里是祖父祖母当家。母亲15岁嫁到我家，直到祖父母过世前，一直是个小媳妇。祖父也有工作，在镇上的百货公司，家里实际当家的是祖母。祖母是二房，只比她大十岁，很严厉，说一不二。偶尔也会问我想吃什么，就让做顿什么，从来不会问她。她呢，只有做饭的份儿。这也是让我看不起的一个原因。

上小学时，学校要个什么费用，我多是跟祖父要，有时祖父不在家，也会跟母亲要。记得有次要买什么，三毛钱吧，我说五毛。母亲一面掏钱一面问："够吗？"那一刻，我一面后悔没有多说些，一面又暗暗埋怨母亲太糊涂，这么个小把戏也识不破。后来多次，都是这样，不问别的，只说："够吗？"

大学毕业，我迷上写作，有次在老家，要写篇散文，想写些小时候的事。便问母亲，当年我那样骗她，她就没一点感觉吗？我希望她说，她是感觉到了的，只是太爱我这个儿子，也就不点破。不料母亲瞪着那双美丽而略显痴愣的大眼，反问我："你那么小，就骗你妈吗？"弄得我一点情绪也没有，文章，只好不写了。

上了中学离开家，每年只有假期才会回去。假期满了，临走的时候，不管给带什么好吃食，叮嘱的话只有一句："学好，甭惹事！"晋南话，"甭惹事"读音如"baorasi"，听起来要多土有多土。这个时候，我常是脖子一拧，一脸的不屑。心想，"听党的话，报效祖国"，这样的话你不会说，"听老师的话，好好念书"，这样的话也不会说吗？

直到我经历种种磨难，一事无成而身心疲惫，有时间回味自己大半生得失的时候，才悟出母亲那"学好，甭惹事"的教诲，是多么地简要，多么地贤明。"学好"等于指明了一条开阔而自律的前行之路，"甭惹事"等于避开了任何意外的伤害，平安地成长。前有引导，后有护佑，怎么能成不了一个好人，怎会不成就一番事业呢？纯朴而真挚的情感，是与神明相通的。可惜我只记住了前面两个字，而忽略了后面三个字，就是前面两个字，也只理解为学习好，落得蹭蹬大半生而无所作为。

六十大几，母亲失语，每年我都要回去看望。她已说不成完整的话，只能说简单的几个字。一见面，冲我笑笑，眼里就溢出了泪水，然后呜呜地叫着，低头往我怀里撞。这个时候，我也忍不住流下泪来。撞上几下，抬起头，仰起脸，瞪着那双依然美丽，却更显痴愣的大眼，撇撇嘴角，突兀地就是一句："好！"明明该是一句问话，说出来却是感叹。只有我能听出，这是她那句贤明的教诲的缩略语，说全了该是："你学好了吗？惹事了吗？"这时我只有重重地说："妈，好着哩！"她明白了我的意思，点点头，我扶她在沙发上坐下。此后一句话也不说，只是静静地听我与父亲谈话。隔上一会儿，指指厨房，示意父亲，该给我做饭了。

想想自己这一生，妻子儿女都没什么对不起的地方，最最对不起的，该是我那贤明而略显糊涂的母亲。

如今我也老了，一想起母亲就难受。

不敢轻言的爱

蒋　殊

　　一直认为，触及"母亲"这个词，需要勇气。

　　父亲，奶奶，姥姥，身边的亲人一个个在我笔下清晰过，唯有母亲例外，一直未敢触及。我不知道，自己的内心，对母亲是怎样的一种情结。对儿女最亲近的母亲，我却总也找不到那种可以恰当表达情感的方式。

　　自嫁与父亲那天起，母亲就与吃苦结了缘。父亲在城市工作，家里的大事小情就一股脑儿交给母亲。于是，还不到20岁、长相极其美丽的母亲什么也不说，就开始与爷爷、叔叔们一道投身到修房建屋的工程中。奶奶不劳动，姑姑和一个叔叔还未成年，这个轰轰烈烈的修房大工程，母亲、爷爷与一个刚刚成年的叔叔是主要的劳动力。母亲接受了姥姥极其严格的教育，不娇气，不霸道，不任性，只一味做活。一担一担黄土，母亲咬着牙跟着爷爷、叔叔往外挑。后来母亲回忆说，当时太吃力了，直把自己累到闭经都不懂得告诉奶奶一声，给父亲写信，也总是那句："在家一切都好。"

　　"一切都好"的母亲，深受比母亲小近一轮的姑姑的依恋。那个时候，母亲穿什么，姑姑便闹着也要什么。于是每到年终写信，母亲总不忘提醒父亲：买裤子时要两条，鞋也一样，两双。

　　父亲每月有钱寄来，然而不是给母亲，是直接寄给爷爷。母亲说，在当年，父亲30块钱的工资要养活一大家子，母亲因此都不知道父亲寄回的确切数目，每次奶奶给几块钱母亲就装几块钱，也不问。后来长大了的我们不止一次问父亲，为什么不把工资寄给自己的老婆？而母亲，怎么可以放弃这样的权利呢？父亲总是无奈地说，在他心里，父母就是一切，这是孝道。

母亲总是回答："听你爸的。"孝道面前，任何评判都是无力的。我没有继续追问，母亲什么时候在家里有了经济大权，也就是父亲是从什么时候开始把钱寄给母亲的。只知道，两个叔叔办婚事，父亲替爷爷给他们操办了婚礼；姑姑出嫁，父亲替奶奶给她们置办了嫁妆；爷爷奶奶的花费和叔叔姑姑成家前的所有花费，是父亲的钱；爷爷奶奶去世，是父亲的钱……对父亲的做法，我此生只能仰望。如果有来生，我也不能确定，自己的做法会赶上父亲。然而对母亲，我唯有敬仰。

母亲并非不与人起争执，然而母亲懂得宽容，愿意淡忘。曾经一个屋檐下那些面红耳赤的事，那些委屈怨恨的心结，都在她心里变成过眼云烟。母亲与婶婶们，早已不再提当初的往事，她们的谈话里，已切换成姥姥奶奶之类的话题。而我，那个曾替母亲鸣不平的我，见了叔叔婶婶，却是忍不住地亲切。脑子里更是时常跳出她们对我的好来：大雪天，二婶婶背着我回家，不断地从一个个山坡上一遍遍爬上、滑下；一个夜里，因母亲生了弟弟坐月子，大婶婶带着我这个没人想带的小累赘渡过很宽的河到邻村看电影。这个时候我才知道，亲人间所谓的"仇恨"，或许只是一副必不可少的生活调剂品。

前段时间回老家，母亲与以往一样交代我该去走访的亲戚。从一个长辈家回来后，母亲才对我说，其实他已经很久不到我家来了，即便路过，也不会打一声招呼。起因简单得可笑，就因为一只鸡。更可气的是，他竟然还不让自己从外地回来的孩子们来看望父亲和母亲。

"怎么不早说？"我忍不住生气了，"这样我干吗要看他？"

"有什么可计较的。"母亲叹口气，"看看他的身体，还能看他几年。"母亲的话一下扎痛我的心。罢了，母亲，您的心，究竟有多大？！

母亲并非圣人，她也时时会因为一些事而埋怨父亲。可母亲的心是柔软的。那年，刚与父亲因家事争吵后不到一周，奶奶就病了。那时候，母亲与父亲已搬离奶奶所在的村子，她便让父亲把奶奶接到家里。一年多时间，连极度孝顺的父亲也常常忍不住对奶奶发脾气，只有母亲不。奶奶的病在腿上，生活完全不能自理，每天几次大小便让母亲极度劳累。然而母亲无怨无悔。也就是在这一年多时间，奶奶无数次自责得流泪，躺在炕上，一桩桩一件件数落着自己曾对母亲的不是。奶奶甚至祈求上天："给我一个来生，让我好好弥补这个儿媳。"母亲听罢笑了："今生你先好起来吧。"

母亲是美丽的，母亲是柔弱的，然而我极少见母亲流泪，也很少见母亲对生活抱怨。山西农村的女人，其实是很幸福的，然而母亲例外。例外的母亲，只因为有一个在城市工作的丈夫，家里有人挣工资，说起来是令人羡慕的事，然而对于母亲，却因此艰苦了三十多年。即便之后父亲早早退休回到家乡，地头的事也是一知半解，无法脱离母亲独自完成耕种收割。别的女人们只留心一天三顿饭与针线活，母亲却要独自干着家里所有的事，包括本该男人干的事。此刻，身在城市的我极度回味乡村生活，然而真正地头的辛苦忙碌却无法承受，自小就躲着。现在想来，那时根本不用躲，因为母亲压根就没想过要我们几个孩子插手地里的活。至多在母亲忙不过来的时候替她担一篓玉米回家。我们干活的态度一定让母亲生气至极，那种拖沓和磨蹭至今想来连自己都不可饶恕。那时，从不曾在心里想过，母亲独自春种秋收的苦；

也从来没有想过，在地里与男人一样劳作的母亲，还要与别的女人一样应付家里的一大摊子。我们放学回家，饭和别人家一样现成；早晨起床，衣服与别家孩子一般干净；冬天，有崭新暖和的棉袄；夏天，是清凉嫩粉的衬衫。

直到现在，我才忍不住常常去想：那个时候，母亲哪里来的时间为我们缝制衣衫？那些春耕秋收的日子，男人们干完农活都累到饭来张口，母亲呢？这些话，几次想问母亲，几次不忍。只是发自内心，一遍一遍锤击自己那颗心，那颗从未疼过母亲的心。

这些年，母亲早已不用劳作，也终于在我们的劝说下来到城市生活。然而母亲放在儿女身上的心，一刻也没有停止。哪件衣服肥了长了，母亲一针一线改过来；家里放不下的杂物，一股脑儿拉到母亲那里；想盖新棉花被了，母亲不出一周便给做好；去母亲家里吃饭，母亲总是推搡着连碗都不让洗。有母亲，真好。母亲近在身边，更好。以前吃不上手工饺子，现在隔三岔五母亲便包了给我们。焖面、粽子、包子，母亲从不让我们断了顿。自母亲来城里后，我们再不去市面上买馒头了，总是吃母亲手工蒸好的。女儿、女婿、孙子、外孙，谁爱吃面条，谁爱吃豆包，谁只吃素饺子，母亲一一记在心里，一一做好端上桌。叔叔从老家带来的土鸡蛋，母亲一分两包，给我和妹妹；母亲费力种在露台上的黄瓜西红柿，摘下来总是先给我们。我们拒绝不要时，母亲总是说："吃了一辈子自己种的蔬菜，现在更不喜欢吃市场买来的了。"

如今，我的女儿也长大了，我们之间，总免不了会发生一些不愉快。缘由，自然是我要她那样，而她觉得应该这样。每每这时，我常常想母亲是如何做妈妈的，为什么我们从来找不到母亲的不好。想来想去，发现自打我们成人后，母亲就从未干涉过我们任何事。有时候，尽管我们做错了，母亲也只是自言自语地责备几句，从不以长辈的名义来教导，更谈不上训斥。再想想，我们也没有因为母亲的"放任"而让一些事一味地错下去。

做母亲，是不是就该这样？尽管懂得这样做母亲的千般好，自己也还是做不了这样的母亲，总是忍不住以家长的身份，在女儿面前指手画脚。回头，再安享母亲不言不语、默默送出的暖意。

几个月前突然发现，母亲一直穿着那件几年前买的棉大衣，这让我与妹妹很是惭愧。怎么就没留意呢？立即上街买了一件。母亲却不住地埋怨："那件有什么不好？合身又暖和，花那冤枉钱做什么！"母亲从来不觉得，耗尽一生心血抚养儿女成人，就是要让儿女孝顺自己。母亲，总是宁可看着我们用几千块钱买回一件衣服穿过几次扔在一边，也不愿我们多花一分钱为她购置一件她觉得多余的物件。

母亲，你的内心，到底广阔到怎样大的一番天地？

母　亲

毛继萍

　　前两年母亲跟我说，隔壁做了几十年邻居的大娘与她商量，要不要开始准备老死衣（即寿衣），我就想起了姥姥为自己和姥爷准备的隆重的绸缎刺绣老死衣。长袍马褂的清服式样，只是听母亲描绘过，但我却遗憾没能亲眼欣赏到姥姥的绣工，因为老人家入殓我们都被打发到院子里，远远地玩去了。这是山西人的一个传统，壮年时准备老死衣，本无可忌讳。但我立马回复："早呢，不急。"今年回家恰逢母亲七十大寿，我才突然心里惊觉那么一两下，原来母亲大人已经老大不小了呢。

　　可是，每次回家，我还是习惯性地躺条偷懒，被母亲照顾，变着花样做各种好吃食。在我心里，感觉母亲是不变的母亲，我们可以一辈子在心里这样撒娇懒惰下去。

　　母亲高小毕业，上初中时正赶上"红小干将闹革命"的年月，姥姥一看苗头不对，跟我娘说，这学咱上不了了，不能没头没脑地去斗争人家。母亲听了姥姥的话，就去大队挣工分开始了劳动。结果后来姥姥家也成了被斗争的对象，于是有了一段东躲西藏担惊受怕的日子。所以，到现在母亲都不喜欢古董不喜欢珠宝饰物，我基本上没有见她戴过任何首饰，虽然我娘长得也是出众地周正好看。她自带气场和气势，一身清清爽爽的的确良衣裳上身，让我在小不点什么辨别能力都没有的时候，忍不住也要仰慕地多看几眼。我时常想，假如我的工作换由母亲来做，一定比我做得更风生水起。我倒是更多地继承了奶奶的柔弱以及细声细气，气场一点不强大。

　　弱柳风扶，劲枝易摧。早些年与母亲一起坐公交车，正好坐在暖气旁边。腿靠在上面，母亲说很暖和很舒服；说右腿常常觉得凉寒。我也没有在意，以为上了岁数的人大都如此。可是，某年冬天她出去置办年货，雪底暗冰滑了一跤，却骨折了，愁得我一夜未眠，买了第二天的火车票赶紧回家直奔医院。当我看到躺在病床上的母亲与前来探望的亲友们谈笑风生时，我悬着的心渐次松懈，接骨大事化为了一桩小事。坚强如娘，从来不见她叫苦叫累，也没见她落过眼泪。连大夫们都由衷地惊叹，说她老人家在接骨现场要求看到手术屏幕，这样可以观察大夫们怎么做手术。出来后跟我讲，整个过程都看了，和杀猪宰羊一个道理，惊得我只有张嘴的份儿，继而心疼她老人家受罪。

　　但自此之后，清爽的母亲由于腿脚不复如从前般利索，家里虽然依旧干净亮堂，家具虽然崭新如初，但纤尘不染却不敢说了。所以每次回家，我都尽量把犄角旮旯打扫一遍。想起小时候家里若有一处被我们乱摊了东西，哪怕一个小物件，都是绝对不允许的。而现在她不可能像年轻时候那样精心。

　　春节陪母亲去平遥县衙转了一圈，里面台阶很多，看着母亲小心翼翼乐呵呵地迈腿下来，我突然发现，娘的面容是越来越像姥姥了，我赶紧咔嚓留下了这个镜头。老人家们的慈祥总让我心头泛起阵阵温馨，就像佛光普照一样，照耀得我的内心永远安宁祥和。

　　每次长假结束返京，我从来不像别人那样悲悲戚戚。我总觉得父母亲大人都还健康，我很快又可以回到家躺条偷懒，而母亲永远会在的。母亲这几年身体状况很好。不记得从哪天开始，我每天晚上临睡前都会念叨一遍："爸爸妈妈身体健康。"不管是否有用，正向的意念总是好的。父母在，父母康健，就是子女最大的福气。我只希望这种福气可以长一些，再长一些。

叶　脉

周俊芳

　　给父亲写的书《布衣将军——一个女记者笔下的傅作义》，千呼万唤终于面世了。这是作为女儿的我，献给父亲的一份礼物。在写书之时，父亲还是一贯强硬健谈的模样，等将书放在他的枕头边，他已然昏迷三月有余……

　　生命是无常的，年近九旬，犹如一片枯黄的叶子，在一场场秋雨中摇摇欲坠。而母亲又仿佛是这片叶上的叶脉，从不曾有过独立完整的自己。牵一发而动全身，父亲生病之后，母亲的身体也每况愈下。

　　母亲爱静不爱动，喜欢绣鞋垫、缝制荷包之类，在家安心做自己喜欢的事，知足而快乐。看过母亲绣活的人，禁不住惊呼是艺术品。每每听到夸赞，母亲总是羞赧地摆摆手，但私下里，她因为这些赞许而颇有动力。"业精于勤，荒于嬉"是母亲常挂在嘴边的话。她所谓的"业"，不是洒扫庭除的活，"那些都是捎带手的事"，能拿得出手让人看的活才能称之为"业"。例如，织布缝衣，对个门帘子、染纱浆布等等。到后来，在城市里生活，能在家里做的"业"越来越少，缝纫机是母亲的最爱，自己扎门帘、做被罩，缝缝补补都离不了。还添置过锁边机，自己使用之外，母亲还乐于给街坊邻居服务。母亲的勤谨能干、热忱善良在熟人中有口皆碑。

　　或许母亲就是吃了太善的亏。善良从来不是贬义词，但母亲的善多少是因着父亲的"恶"。根源在于，经济基础决定上层建筑。挣工资的父亲总是瞧不起当家庭主妇的母亲，他们的矛盾成为我们家的"世纪难题"。

我父母是因爱情而结合的，在20世纪50年代初，母亲从扫盲班毕业，成绩优秀被留校任教。其时，父亲被调到母亲娘家的村子里教书。那个靠近黄河边的村子，虽俭朴尚文，但民风彪悍，总能感觉到淳朴中带着一股狠戾之气。从远古就流传着血祭风俗，当地人叫"扎马嚼"。扎马嚼起源于古老的祈雨祭祀活动，与别处闹社火、耍龙灯并无二致。在这样的环境中长大的母亲，原本是个特立独行、个性张扬的人。在与父亲相伴几十年的风雨岁月中，母亲做了不少支撑一个家庭重担的大事，在起伏跌宕中，从没有胆怯懦弱过。

结婚那年，母亲18岁，就像一朵花，正是怒放的年纪。亭亭玉立，精明能干。《婚姻法》已颁布，开明的姥爷一文彩礼不要，母亲与父亲领完结婚证，与证婚人、村干部吃了顿饭，拍了张合影，就算礼成。两床铺盖摆在一起，就开始过日子。如此简朴纯净的婚姻，曾经羡煞旁人。父亲是二婚，带着一个8岁的儿子，母亲一进门就当妈，次年生了二哥，等姐姐出生不到周岁，寡居十多年的婆婆——我的祖母去世……迫于生计，母亲辞去了教职，带着孩子回乡务农。那个年头，这样的家庭结构不乏其例。

等父亲结束了"文化大革命"的打压，年长的子女陆续成家立业，母亲才带着最小的我跟父亲进了城。城是进了，但陈旧的思想却进不了城。父亲教了一辈子书，讲起来头头是道、口若悬河，可骨子里仍是男尊女卑。"钱是我赚的，你们靠我养活"的观念根深蒂固，从未改变。父亲的工资都是自己掌控，母亲须伸手讨要才能添置衣物、买菜做饭。为此母亲抗争过，幼年总能在梦中被他们的争吵声惊醒，但吵归吵，日子还是照旧，我的母亲憋屈地活着，从朝气蓬勃到白发苍苍。父亲还是那个十指不沾阳春水、远离庖厨的"君子"。

母亲有自己的"生财"之道，她靠自己的手艺和辛劳，日积月累，积攒了一些私房钱。端午节缝荷包、替人缝制衣物，都是母亲在做好一日三餐后，叨空（方言，抽空）干的活计。到了秋末，母亲还要去收割后的田野拾庄稼，贴补家用。她很硬气，能自己扛就不开口问父亲要钱。

要强独立的母亲在我眼中，却是"外强中干"，是被父亲欺负的对象。显然，从来就没有一个固定的家庭模式，时间长了便习惯成了自然。母亲憋屈惯了，家里与钱有关的事父亲说了算，但遇到大事却是母亲向前冲，父亲往后退。到了晚年，还是父亲主外，主要负责花钱购物；母亲主内，负责洒扫庭除，手从早到晚不停，不是干家务就是绣鞋垫，忙碌充实，悠然乐哉。

两年前，父亲发现老年痴呆的迹象，开始丢东落西，说话颠三倒四，早期躁狂症状是晨昏颠倒，晚上闹腾，白天疲惫。母亲全力以赴伺候父亲，为防止他走丢，为了让他饮食得当，本来哮喘的母亲能推着轮椅带父亲出去吃早点、买菜，这在之前很难做到的事，她都做得驾轻就熟。耄耋之年，母亲如佘太君一般，披挂上阵，再次为家庭冲锋陷阵。那段时间，父亲一会儿糊涂一会儿清楚，母亲日渐消瘦，精神也随之萎靡。

如同一种平衡，外人看来再不和谐，但一旦被打破，身处其中的人难免会受到伤害。到了母亲终于可以接管家庭权力的时候，就像常年不用的器官，早已退化，她不得不放权给儿子，延续着"未嫁从父，既嫁从夫，夫死从子"的千年老路。

这条早已被推翻的老路子，母亲走得很辛苦。随着父亲病情加重，间断性出现昏迷，母亲一改往日的乐观豁达，变得失眠多梦，不思饮食。有多少个家庭就有多少个母亲的范本，而我的母亲，如同父亲叶片上的脉络，在渐渐寒凉的孟冬时节，纤细孱弱，摇摇欲坠，怎不令人心痛到无法呼吸？！

母亲是家庭的灵魂

李西闽

如果说父亲是家庭的支柱，那么母亲便是家庭的灵魂。

母亲生了我们四个男孩，还收养了两个女孩，把我们拉扯大，着实不容易。特别是在 20 世纪 70 年代，吃大锅饭的岁月，上有老，下有小，几张嘴都要吃饭，父母亲的压力山大。父亲有一把力气，但是很多时候有力也无处使。如果没有母亲，我们一家的生活能不能继续，都是个大问题。

父亲很早就和爷爷学过做豆腐的手艺，本来只是在过年时节，给乡亲们做豆腐。生计艰难，母亲就和父亲商量，能不能多做点豆腐，她偷偷地卖，赚点钱养家糊口。父亲同意了母亲的提议，于是，他们每天凌晨 3 点钟就起来做豆腐。从磨浆到游浆到豆腐做成，都是手工操作。做完豆腐，天已经亮了。母亲就挑着豆腐，挨家挨户地卖，卖完豆腐，紧接着和父亲去生产队出工。那时父母亲都还年轻，吃苦耐劳，给我留下了深刻的记忆。我经常会在去学校上早自习的路上，看到瘦弱的母亲挑着豆腐担子卖豆腐的身影，心里不禁涌起酸楚之感。

那时候，人们还不敢光明正大地做小买卖。父亲和母亲不知哪里来的勇气，根本就管不了那么多。有一次，刚做好的豆腐连同做豆腐的工具都被没收了。父亲气愤得要和那些人拼命，母亲拦住了他。等他们走后，父亲说："这如何是好？"母亲说："还能怎么样，重新置办家什，继续干。"她异常坚定，父亲便不再说什么，他听母亲的。

母亲的精打细算，是我们家渡过难关的重要保证。

在漫长的岁月里，母亲从来都不会乱花一分钱，她很清楚，钱要在关键的时刻拿出来救急，救命。记得那时候，每到春夏之交青黄不接之际，粮食就吃完了，连地瓜渣子都没有了，眼看全家老小就要饿肚子，母亲不知道从什么地方，拿出点米和地瓜干，熬稀粥给我们充饥。原来，她在庄稼成熟的季节就未雨绸缪，用卖豆腐赚来的钱，在集市上悄悄地买下粮食，藏起来，等到来年断粮时给我们吃。父亲对母亲充分地信任，知道母亲是个管家的好手，赚的钱都交给母亲，他从来不管家，是自自在在的"甩手掌柜"。

母亲精打细算，并不意味着她是个小气之人。在很多方面，她还是很大方的，比如做善事的时候，像修桥补路什么的，她就十分慷慨。她总是乐善好施，扶危济困。在这方面，祖母是榜样。祖母一生做了很多善事，最后无疾而终，安详离世。母亲知道，这是一种福报。对于我的大手大脚，她很是担心。时不时地就会好言相劝，让我有钱的时候，别忘了困难来临的窘迫。但是，他对我帮助别人，却是赞赏有加，从不吝啬，告诉我，良善是做人之本。

母亲的确是我们家的灵魂。

记得1996年，家乡暴发洪灾，大水冲垮了很多房屋，我们家的房子也遭了灾。那时我还在部队服役，得知家乡受灾，就心急如焚地赶了回去。下了长途汽车，我往家里走的路上，看到受灾后的乡村一片狼藉，惨不忍睹，还有些人在悲伤地哭泣。我回到家，只见母亲和父亲正在收拾冲垮的房子。我看到他们将有用的东西都捡起来归类，浑身都是脏污的泥浆。我情不自禁地流下了泪水。母亲看到了我，说："阿闽，你哭什么？"我什么也说不出来。父亲也在叹气。母亲知道我的心思，她笑了笑说："天灾人祸，都是正常的。傻瓜，有什么好哭的。只要人还在，什么事都可以从头再来。"她又转过脸，对父亲说："你也不要叹气，我们这辈子，什么没有经历过。不过是大水冲了房子，又不是世界末日，振作起来，给孩子们做个榜样。"在母亲的带领下，我们一家重建家园。我一直觉得，有母亲在，没有什么困难可以难倒我们。

我总在想，有母亲这样的灵魂人物，是我们全家人的福分。现在，父亲已经八十多岁了，母亲也已经七十多岁了。他们还是那么勤劳。父亲养了很多鸡鸭，还种了菜地。每天傍晚，母亲就会到菜地里摘下新鲜的蔬菜，洗干净，第二天一大早，就挑到市场上去卖。虽然说我们几兄弟都会赡养他们，但母亲总是想减轻点我们的负担。他们勤劳了一生，也闲不下来。我一直劝他们什么也不要干了，好好养老。他们不答应，说没事干会懒出病来，到实在干不动了再说。

父亲十分尊重母亲，在一个家庭里，这很重要。女人的付出，其实要比男人多很多，她们的付出，应该得到尊重。我们几兄弟，都知道这一点，不仅尊重母亲，也尊重我们的妻子，她们是家庭的灵魂。

母爱的光芒

田季雨

　　我是母亲的小儿子，她疼爱我；时光匆匆，母亲周年忌日再回故乡祭奠，田间墓碑旁的柳树高出了许多，大姐号啕大哭，我的心隐隐作痛，终于没有一滴泪流出。

　　母亲是个苦命的人，4岁丧母，身为教书先生的外公续弦后，她又添了很多弟弟妹妹。母亲有一个哥哥——我的大舅，非常疼爱她。大舅小时候很淘气，不爱学习，常常被外公用竹板杖手。一年冬天，大舅悄悄离家出走，母亲经常盯着窗台上大舅的一双鞋，暗自落泪。许多年以后，母亲每次讲起大舅就眼含泪花，在她心里觉得大舅已经不在人世了。然而天降惊喜，四十多年后大舅从台湾回大陆探亲、养老，骨肉重逢，母亲也算是圆了自己的一个梦。

　　家乡各种民俗还保持得很好，逢年过节，家家户户的窗户、屋顶、大门、衣柜处，会张贴一份喜庆。母亲虽然念书不多，却心灵手巧，林林总总的剪纸，总是信手拈来。明灭闪烁的油灯下，母亲盘腿坐在炕上，周边摆着红纸、铅笔、大大小小的剪刀。母亲剪纸没有模板，她先在红纸上画一个大样，按各种方法折叠，先剪好雏形，再用小剪刀一点点掏出细节，无论是动物还是花朵，都栩栩如生，活灵活现。村里邻居谁家婚丧嫁娶，总会来请母亲帮忙，母亲每次都要忙活好几天，总是有求必应，分文不取。贫困的农家生活并没有泯灭母亲热爱艺术的心，也因此赢得邻里乡亲的尊敬和爱戴。

老家院子中间有棵大枣树，茂密繁盛，枣子圆而皮薄，比村子里普通的大枣早成熟一个多月。在那段贫困的岁月里，孩子们几乎没有什么零食，每到暑假，甜甜脆脆的枣子就成了我们最惦念的东西。每有亲戚邻居来，母亲就热心地用双手拿着竿子，专挑熟的红的地方敲，一竿子打下去，红枣滚落满地，母亲却经常因为用力过大，跟跄半天，刚刚站稳了，又抬头去敲另一枝树杈。

母亲质朴勤劳，正直善良，缺少母爱的她却充满责任感，十几岁便来到田家，勇敢地挑起家庭重担，也拉开了她辛苦操劳的人生大幕。母亲和父亲一起，用无限的爱心拉扯大了八个孩子。那时候孩子们的衣服都是妈妈缝制，记得母亲经常大年三十深夜为我们赶制新年的衣服，等到第二天全家吃饺子时，母亲却经常累得睡着了。一大家子的人吃饭，母亲总是最后一个动筷子的，她宁愿自己吃苦，也要把最好的东西都留给孩子们。

外公是私塾先生，对学生要求非常严格，学生被戒尺打手是经常的事，而此风也遗传到了母亲身上。小学的时候，一次我没有考进班级前三名，给母亲如实汇报后，她二话不说，提起手中正在做饭的擀面杖直接重重地砸在我的屁股上，皮肉之痛，让我深深知道，学习是不能含糊和掉以轻心的一件事。

那时的我顽劣而又倔强，经常和别人打架，不论什么原因，母亲都用她朴素的话语教导我："不要跟别的同学较真，人生在世，要哄着活。"当时一直不理解，逐渐长大后才明白，对待朋友要大度开明，退一步海阔天空。

她待人宽厚，却律己甚严，这是母亲做事的风格。我上初中的时候，哥哥姐姐们都成家了，母亲也快 60 岁了。我小学毕业后考进了平遥最好的中学，离家远了，食堂的饭都是粗糙的高粱面擦圪蚪，或者玉米面窝窝头。跟母亲抱怨过几次之后，自己也逐渐习惯了。一天下课，在教室旁的台阶上突然看见了坐着打盹的母亲，旁边的塑料袋里鼓鼓囊囊。妈妈老了，腿脚又不好，竟然走了七八里路来到城里。我叫了一声"妈"，母亲醒了，看到我，眼里顿时闪烁着光芒，站起来不安地拍拍衣服，拉着我的手说："妈不知道你在哪个教室，只好坐在这里等你，唉，竟然睡着了。六儿，咱们在城里租了个房子，以后妈妈在城里陪你读书，给你做饭，你放心学习就好。妈刚蒸的馒头还热着呢，你吃一个吧。"说着顺手从塑料袋子里递给我一个馒头，那时候家里的条件还不是很好，我咬着又软又甜的馒头，心里暖暖的，再也遏制不住自己的眼泪。

母亲一生含辛茹苦，在孩子的教育上极其认真严格，经历那样艰难困苦的年代，却没有耽误一个孩子的学习。多数时候，母亲用爱来鼓励我们，用言传身教影响孩子们的成长，成为我们人生路上的榜样。八个儿女，个个事业有成，过上了体面的生活。

母亲晚年得了多种疾病，最后的几年是在床上度过的。卧床的这几年反而是她一生中最幸福的时光，肠胃很好，头脑非常清晰，八个孩子轮流照顾，孙子们也经常提着礼物来看望她。六十多岁的大哥远道而归，母亲拉着大哥的手，喊着大哥的乳名，问寒问暖，亲昵之状犹如对待刚刚放学回家的孩子。不由得让人感叹人生之匆匆，母爱之眷眷。

疾病后期，母亲听力严重下降，经常会想念不在身边的孩子们，于是让身边的亲人帮她逐个问候。我远在西安工作，经常会接到家中的电话，听到母亲在里面只是不停地呼喊着我的乳名，我知道她听不见，但我每次都会说："妈，我过几天就回去看你。"母亲风烛残年，思儿心切，我却因为远在外地工作不能守候在母亲身边，想想母亲那种难过之情，每每后悔不已。

游子未能归，感慨心如捣，因念慈母恩，戚戚不胜悲。每念此情，心如撕裂。尽管儿女们都很孝顺，悉心照顾，天竟不留，母亲终于撒手离开了我们。但念已有九十高寿，稍感安慰。母爱如一道光芒，照亮我前行的道路，让我更从容、笃定。想起清明节给妈妈写的一首诗，希望妈妈在另一个世界安好。

白色的仙鹤还在
牢牢地守望着母亲的坟头
那是她不舍的记忆

母亲走了九十年的乡村小路
把她埋葬
在梨花盛开的季节里
以雨滴一点点抚摸着亲人的头

荒凉的田野中
有亲人们思念的源头
饱含泪水的柳枝已经发了新芽
向着悲怆的苍穹
那里是生命的通道
而母亲在另一头，还在回望

深沉而伟大的母爱

王小全

妈妈属兔，生于1939年的深秋，恰逢日寇侵略中国，家乡平遥全境沦陷。

按北方区域对生辰八字的解读，秋天出生的兔子明显不及春夏的时辰好，此时草木枯黄，万物萧疏，觅食艰难，活下去着实不易。抗战时期，处于沦陷区的每个国人，都是大海中的一叶孤舟，只有奋力拼搏才能求得生存下去的机会与勇气！虽然生不逢时，但妈妈显然属于勇者、强者！

妈妈生前时常念叨，生逢战乱，国难当头，日伪军冲出古城扫荡乡村、大肆劫掠是时刻悬在全村人头顶的一把利剑。长至四五岁，妈妈因年龄尚小赶路不及，无法跟随长辈匆忙撤离村庄逃亡到沟壑深处的临时洞穴里避难，只能冒着被发现的巨大危险，有时只能独自在房顶硕大的砖垒的烟囱背后默不作声地躲藏。此时的妈妈提心吊胆地竖起小耳朵，万分担心被提着刺刀四处搜查的日军发觉，否则就可能成为刀下冤魂。等到肆意打、砸、抢的日军偷粮抢鸡、抓完壮丁呼啦啦开赴下一个侵害目标后才敢舒一口气，甚至等长辈从野外匆忙返家才敢被长辈抱下屋顶。妈妈有时被迫在北风呼啸、寒冷彻骨的房顶上躲藏整天整夜，以至于望着苍穹数着星星昏昏沉沉地睡去。担惊受怕、朝不保夕、苦难深重的童年，锤炼了妈妈的聪慧与机警，坚强与执着。时刻企盼明日和平安宁的母亲，比常人更对1949年诞生的新中国充满憧憬。

新中国成立后，性格要强的妈妈说服外婆外公，步行往返近10公里的崎岖山路，克服女孩对黑夜的恐惧，披星戴月地穿越沟沟坎坎到县城读书，但窘迫的家庭条件只能勉强让妈妈走读到高小毕业。短短几年的求学，妈妈汲取了知识的能量，笃信读书能让人的命运变好。同那个时代大部分的农村青年一样，妈妈的文凭仅是高小，但她却率先垂范、以身作则，一笔一画书写得一手漂亮的钢笔字，迄今我们做子女的尽管文凭都比她高，但在书写汉字这个看家本领上却相形见绌，甚为汗颜。在极端奇缺的物质条件下，妈妈始终督促我们七个兄弟姊妹刻苦读书、认真学习，务求每个孩子至少都要念到初中，鼓励并支持我们考上高中继续深造。

穷人的孩子早当家。妈妈作为长女，从小就协助长辈操持家务，养成了片刻不得闲、健步如飞的勤劳作风。在家乡方圆数里几个村庄上，妈妈是出了名的爱整洁，甚至到了疑似洁癖的程度。直至现在，深夜里跃入梦境的妈妈，总是在夏日的月光下给我们勤洗衣裳的劳碌身影，在灶台边给全家近十口人汗流满面地和面、炒菜的背影，我的记忆里始终寻觅不到妈妈坐着、躺着休息的任何场景。无法想象，在北方的农村，没有电灯更没有洗衣机，也用不起洗衣粉的几十年前，把七个子女每天都要收拾得干干净净，妈妈所要付出的劳动是多么繁重，所要付出的辛苦是多么巨大！

我本人是母亲的第四个儿子，从小就出格地调皮顽劣。五年级第一学期期末，硬是被忍无可忍的村办小学校长劝退回家。中途辍学，我遭受母亲的不待见是多么地咎由自取！如此不争气的儿子任谁都不会喜欢！

记忆中，母亲平日里对我的教诲尽是恨铁不成钢的怨恨，所有应得到的正面教诲与温馨抚慰，突然在我十三岁那年便以反面的批评方式呈现。直至我三十而立长女出生，已为人父的我才开始懂得母亲当年对我的希冀与厚爱是多么强烈与急迫，不经意间深深地为自己少年时代叛逆母亲的种种言行，感到无比的内疚与不安！

母亲毕竟是母亲，怨过气过，打过骂过之后，在我人生的关键时刻，母亲并没有放弃对我的救赎，更没有气馁。愤怒之余，她拖着病体托人求情，克服重重困难，想方设法把我转学到县城里的第八小学，插入即将毕业的班级（五年级）继续读第二学期，期待我能改邪归正！

在妈妈不懈地、苦口婆心地规劝下，形影孤单的县城求学生活激发了我力争上游的骨气，个人的学习生活至此否极泰来。恰逢改革开放的大幕逐渐拉开，1984 年的平遥中学一改以往初中部不录取农村籍学生的政策，以自费班的名义招了两个班级，我幸运地踏上了在平遥中学初中三年、高中三年直至考上大学的学海荡舟之旅！

毫无疑问，在感谢改革开放伟业的同时，更感谢母亲的宽容和不离不弃，正是母爱的伟大，才使我有机会迈向完全不一样的人生之路。

共和国前三十年的农村，波澜壮阔的农业集体化、农民组织化的各式运动此起彼伏，妈妈常常洋溢着快乐的神情给我们讲战天斗地的青春岁月，讲抚养七个子女的中年奋斗史。虽然那个时代的物质生活条件非常艰苦，但印象中的妈妈总是精神振奋，意气风发，对社会、对国家的未来始终充满乐观预期。是啊，以妈妈为代表的那一代国人，正是以无比坚韧的精气神陪伴共和国走过了最艰难的初始岁月！

妈妈是根红红的蜡烛，她竭尽所能地燃烧，用她的光和热照亮子女前行的路。在田间地头长年累月地辛苦劳作，经年不息地洗衣做饭的繁重家务，终于拖垮了妈妈单薄的身体，她未能步入耳顺之年就因疾病发作突然去世。

转眼间妈妈离开我们已有 28 年，她慈爱的目光里所蕴含的深深的期望，与父亲对我们"各振基业、奋发有为"的企盼，都已成为现实。逢年过节，"子欲养而亲不待"的呼唤重重地击打着我的心窝："亲爱的妈妈，您在哪儿？！"

"换我心，为你心，始知相忆深"是晚唐诗人顾夐《诉衷情》里的千古名句，让我借用这句表达爱情的诗句来抒发对母亲无尽的思念！

忙碌的母亲

介子平

01

我的母亲年轻时曾做过外线电工，之后一直在工厂做事。在我的记忆里，母亲终日忙忙碌碌。因不会骑车，所以上班时总比别人早走半个小时，下班则要晚归半小时，星期天、节假日也不歇息。过年时，父亲值班，母亲加班，家里冷冷清清。

母亲生育过五个孩子，活下来三个。我是长子，老三是个女孩。妹妹自小寄养在乡下的庄户人家里，后又送回老家由奶奶拉扯，以致至今母女间仍存在着抹不去的隔阂。

在我的记忆里，无论是冬天还是夏天，母亲总是在我与弟弟还在香甜的睡梦中时便将我们的被子兜去，将窗子推开，逼我们起床。为我们准备好简单的早饭后，母亲便又急着上班去了。

前些年母亲退休了。可刚一歇下来，浑身的毛病便一下子显现出来，这可能与其年轻时在身体方面的透支有关。她以前所在的工厂目前已处于停产状态，医药费也无从报销。一次，我弟弟请了一位家政服务工来清扫卫生，那人却是母亲旧时厂子里的老姐妹，结果，我妈说什么也不让人家干活，说着说着，相对而泣。自那以后，说什么也不请人上门服务了。他们那一代人所有的情感几乎全给了厂子，他们曾是工厂的"主人翁"。

02

母亲将以前对子女所欠，现在都补在了孙子辈身上。我的女儿每每从外地回来，来时要到车站接，走时也要去送。以前坚毅有加的母亲，每每在火车开动时，禁不住暗抹老泪，这使我及女儿怅然无措。老儿子大孙子，老太太的命根子，我的侄儿是母亲一手带大的，去年因与弟媳间出现抵牾，与侄儿多日不见。母亲在侄儿上学路经的道口等了好几天，为的只是与孩子见上一面，递上两袋小食品。由于关节退行性病变，母亲上下楼时腿脚极不方便，我无法想象她是如何拖着蹒跚的步伐，一次次失望而归的。

如今，最令她高兴的便是我与家人能多回去几趟。可是我因为忙碌，就连母亲这小小的愿望也无法满足。

03

晋人在面食上做足了文章，昔时每近寒食，便会家家捏面"燕燕"。"燕燕"即"寒燕"，盖寒食前后，燕子归来，家家户户接应，属肖形塑。

我母亲是做"寒燕"的好手。余幼时，每遇她操作，便围于面案前，帮衬着递个梳子，传个剪子，充当小工角色，且有一种游戏的欢乐。

某年探母归来，带了一串"寒燕"分发同事，年轻人皆不知此为何物。我说：若在古代，好媳妇的标准之一，便是会做花馍会捏"寒燕"。

年根里，八十多岁的老母仍保留着旧时的习俗。把面发好，切成条状，两头各卷一枣，合拢后便成了元宝形状，称"发财馍"。顺便还会蒸几笼"寒燕"，出锅后，再也不见孩子们欢天喜地争食的场景，老人木木地看着一簸箩的手艺，发呆。

丑丑的后妈，最亲的娘

包利民

叫你一声大婶

娘去世的时候，我和妹妹都刚上小学，那些日子我们哭得天昏地暗，仿佛天塌了一般。爹那时刚 36 岁，却一下子像老了 20 岁，头发白了大半。别人都劝爹再找一个，好歹能伺候两个孩子，爹看了看缩在炕上的我和妹妹，叹着气点了点头。那以后登门的婶子大娘就多了起来，不是介绍东村的寡妇就是西村的老姑娘，可是还没等爹表态，人家一看我和妹妹就转身出门，没有商量的余地。这样一来，上门的人越来越少了，而我和妹妹更是因此憎恨那些给爹介绍对象的人。

一年后的一天，西院的邓婶领着一个很丑的妇人进了我家，对爹说："她是逃荒过来的，家里的男人在煤井里砸死了，孩子都自己出去了，没人管她了。人是丑了点，可是心眼好，能干活，就是岁数大些。"爹回头看了一眼满脸戒备之色的我和妹妹，对邓婶说："我再找他姑商量商量！"当晚老姑便来了，她现在是唯一关心我们的亲人了，别的亲戚早就躲得远远的了，怕爹开口借钱。老姑说："岁数大点算啥？对孩子好就中呗！你看你这一年过的，家里没个女的哪还像个家？"爹终于点头了。我站起来跑进了院子，妹妹也跟了出来，对我说："我不要后娘！"我也喊："不要！不要！"老姑从屋里出来了，对我说："你怎么这样不懂事？你看

186

这一年多你爹成啥样子了？家里外头地忙，你咋一点不知道心疼呢？你都十岁了，该懂点事了！"我扑进老姑的怀里，哭着说："我要我娘，不要后娘！"老姑搂着我说："你娘没了，你知道她活着的时候咋疼你爹吧？要是她知道你爹现在受的罪，她能闭上眼睛吗？"想想爹这一年来拉扯我和妹妹所过的日子，想想他不到四十就像个老头了，我一阵心疼，点了点头，对老姑说："让她来吧！"妹妹在一旁泪流满面。

就这样，那个很丑很丑的女人进了我家的门，她比爹大了整整十岁。她是真正地进门就当家，甚至还没和爹说过几句话，就开始屋里屋外地忙上了。我和妹妹瞪着有些惊恐的目光看着这个丑女人，从心里往外地讨厌她。当她翻出一大堆脏衣服堆在院子里准备洗的时候，妹妹忽然冲了过去，把她自己的衣服拣出来，说："不用你洗！"丑女人一下愣在那里。吃饭的时候，老姑对我和妹妹说："从今以后，你们就要叫她——"没等说完，妹妹尖叫了一声："她不是我娘！"丑女人笑了笑，说："那就叫大婶吧！都一样！"我不情愿地叫了一声"大婶"，妹妹却固执地一声不吭。我叫她大婶的时候，她乐坏了，笑起来狰狞极了，我不禁打了个冷战。第二天，见我们已经没事了，老姑就放心地走了。老姑走的时候，我心里有一种巨大的失落感和一丝隐隐的恐惧。

有后妈的日子终于开始了。说心里话，大婶的确很能干，无论家里还是田间，比爹还厉害。她的话也少，一天很少有闲着的时候，总能找出一些活来干。可是我却无法把她放到娘的那个位置上，没人能取代娘在我心中的地位，谁也不能！8岁的妹妹开始自己洗衣服了，她的衣服绝不让大婶碰，包括她盖的被子。那时已是冬天，妹妹的手冻裂了几个口子，可她还是自己洗衣服。有一次她的手疼得实在洗不了衣服，便放在地上想等第二天好些再洗。第二天早晨，妹妹发现那几件衣服已洗好晾在外面了。她大怒，指着大婶问："是你洗的吗？"大婶赶紧摇头，说："不是，不是，我不敢给你洗，是你爹心疼你给你洗的！"爹在一旁说："是我洗的！"妹妹这才罢休。为了使妹妹放心，当天晚饭后，爹又拿了我换下的几件衣服洗了。又过了些日子，一天夜里我梦见了娘，然后就哭醒了。忽然我就听见院子里有声音，从窗户向外看，我惊呆了，只见大婶正在院子里借着那盏小油灯的光在用力地搓洗衣服，手上冒着白汽，而那些衣服正是妹妹晚上换下来的！原来这么多天一直都是大婶在帮妹妹洗衣服！我心里涌起一种异样的感觉，那么冷的天，她一定是怕在屋里洗吵醒妹妹！第一次，看着丑陋的大婶，我心里涌过一阵暖流。

一天夜里，我醒后听见大婶又在院子里洗衣服了，心里忽然很不是滋味。这时，妹妹翻身起来了，我的心提到了嗓子眼儿，不知妹妹将要怎样和大婶吵一场。只见妹妹衣服都没披就出去了，隔着窗户，我看见妹妹端起大婶面前的盆子就进了屋，大婶好像吓着了似的愣在那里。然后妹妹又来到院子里，一声不吭地把大婶拉进了屋。妹妹回来了，躺在了炕上，过了一会儿，我听到外屋传来大婶尽量压抑着的洗衣服的声音。那一晚，妹妹一直在翻身。

第二天早上，吃早饭的时候，大婶很小心的样子，不敢看妹妹。吃过早饭，我们要去上学了，妹妹忽然摘下脖子上的红领巾递给大婶，说："大婶，今天帮我把红领巾洗洗吧！"大婶接过红领巾，愣了一下，忙慌乱地回答："哎！哎！"我看见她眼中闪过一丝泪光。这是妹妹第一次叫她大婶，第一次让她洗衣服，可她却满足得像过年一样。我看见爹也在一旁憨憨地笑着，大婶转过身去偷偷地擦眼睛。

叫你一声妈

就这样大婶、大婶地叫着，不知不觉，我们都上了中学。几年来，我们已经习惯了大婶的存在，她对我们三个人的照顾，就算心肠再硬的人也会被感化的。虽然我们还叫她大婶，虽然她依然那么丑，可在内心最深处，我知道我们已经接受她了。可是娘的音容笑貌一直不曾在生命中淡去，似乎对大婶多一份接纳，就对娘多一份背叛。所以我无法对大婶更好，虽然她对我们越来越关爱。

我考上县里的重点高中后，大婶做出了一个大胆的决定，那就是把家搬到城里去。大婶说城里的钱好挣，而且我和妹妹上学也方便。爹没有意见，于是卖了房子卖了地，我们搬进了城里。进城后，许多想象不到的困难都来了，生活一下子陷入了最艰难的境地。我们都埋怨大婶，本来在农村这几年已经生活得很不错了，穷折腾什么呢？大婶二话不说，每天一大早就骑着三轮车去市场上卖菜，爹也找到了一个晚上给人看仓库的差事，在租来的房子里，爹和大婶开始为生活奔波劳碌。

我要参加高考的时候，大婶已经在这个城市里奔走了三年，三年的时间，这个城市的每一条街道都印满了她的足迹。三年的时间已把大婶变成了一个沧桑憔悴的老太婆，为了这个家，她付出了太多太多！此时的妹妹由于没考上高中，进了县里的火柴厂当了一名工人，她已经出落成一个美丽的大姑娘了。有那么一段日子，妹妹谈恋爱了，和一个很帅气的小伙子。可是谁也没有想到，大婶会在这个时候坚决反对。她一反往日对妹妹的百依百顺，就是不许她谈恋爱。妹妹气得大喊大叫，眼看着这些年慢慢培养起来的感情就要决裂了。大婶第一次这么固执，她甚至去跟踪妹妹，常常在妹妹和那个男的卿卿我我时出现在他们面前。第一次的时候那男的问妹妹这老太婆是谁，妹妹说不认识。可是三番五次下来，那个男的便怀疑了，当着大婶的面问妹妹："她到底是谁？"妹妹说："是我大婶！"这时大婶发话了："我是她妈，我不会让她跟你在一块儿的！"妹妹和那男的都愣住了，最后那男的头也不回地走了。回到家里，妹妹狠狠地闹了一场，对大婶哭喊着："你是谁的妈呀？这辈子也别想当我妈！叫你一声大婶就不错了，你怎么蹬鼻子上脸啊！"大婶一声不吱，默默地往三轮车上装菜。三个月后的一天晚上，我们在收看县里电视台的节目时，竟然看见当初和妹妹处对象的那个男的站在审判席上，因为故意杀人被判了死刑。我们全惊呆了，过了好一会儿妹妹忽然扑进大婶的怀里哭起来，一边哭一边说："大婶，大婶，我害怕啊！"大婶抚着妹妹的头说："别怕，孩子，大婶不会让人欺负你的！我每天在大街上跑来跑去，还不知道他是个什么样的人吗？"妹妹搂着大婶，整个晚上也没放开。

我收到大学录取通知书的时候，大婶是全家最高兴的人。不识字的她用手抚摸着通知书，一遍一遍地看着，手在微微地颤抖。我临走的那天晚上，一向节俭的大婶买回一大堆好菜，还有我路上带的，然后便进厨房里忙去了。我和爹在里屋说着话，一转头，透过墙上的玻璃看见灯光里大婶的侧影，突然有了一种说不出的感动。那是一个标准的母亲的身影，因为儿子就要远行了，兴奋、担忧、祝福、牵挂……一切尽在不言之中。灯光下的大婶显得那样苍老，想到十年来她为我们家所操的心，所出的力，一瞬间我有一种想哭的冲动，真想开口叫一声"妈"！然而，终究没有叫出口。

在外地上学的日子，大婶每个月都给我寄钱来，她不识字，汇款单都是妹妹填写的，可我知道留言栏里的话一定是她说的。为了减轻家里的负担，我有两年的时间没回家，在假期里打工，挣自己的学费和生活费。再次回到家的时候，是大三，妹妹结婚的时候。

妹妹要嫁的是一个非常本分的男人，大婶一提起来就抑制不住内心的喜悦。妹妹出嫁的那天早晨，大婶给妹妹梳头，这是我们家乡的风俗，女儿出嫁，由当妈的给梳头。大婶站在妹妹的身后，给她梳长长的头发，一下一下，动作缓慢而忧伤，嘴里还轻声哼着那首不知流传了多少代的歌："一梳梳到尾，二梳梳到儿孙满堂，三梳梳到白发已齐眉。"镜中妹妹如花的脸和大婶布满皱纹的丑脸形成鲜明的对比，妹妹大颗大颗地掉眼泪。大婶说："做新媳妇了，不哭啊！"妹妹转过身来抱住大婶的腰，流着泪叫了一声："妈！"大婶手中的木梳掉在了地上，脸上也是老泪纵横，她轻抚着妹妹的头发，说："妈的好孩子，不哭，不哭！"

接亲的来把妹妹接走后，我在家里陪着大婶，她对我说："我亲生女儿嫁人的时候，都没有叫我一声妈啊！"这是她第一次和我谈起她曾经的生活。看着她忧伤的样子，我忍不住叫了一声"妈"，又叫出了她满眼的泪水。在妹妹出嫁这一天，她终于等来了这声"妈"，十几年了，她毫无保留地为这个家做着奉献，而我们却这样吝啬那一个字。

妹妹结婚后不久，爹和妈就搬回乡下去了，他们已没有什么牵挂了，只等着我毕业后找个好工作就彻底轻松了。他们其实不习惯城里的生活，于是又赎回老房子，过着过去的生活，这也许是他们晚年最大的心愿。

叫你一声娘

大学毕业后，我分配回县里的一所中学任教。此时家里已安了电话，我每周都打电话回去。我是在周六的晚上给家里打电话，这是一直不变的，每次都是电话一拨就通，然后便能听见妈那温暖的声音。我回去的次数较少，一个月左右才能回去一次。每次回去，妈都欢天喜地的，张罗一大桌好吃的，问这问那的，很是关心我的生活情况。想起从前她在我们面前小心翼翼，从不敢多说一个字，我的心里就愧疚不已。

有一个周末，我忽然就想回家，不知什么原因，这种感觉异常强烈，于是不顾天色已晚，踏上了回乡的汽车。下了车后还要走十里的村路，此时天已大黑了。到家时已快九点了，进了院子，透过窗子我看见妈正坐在电话机旁，一手按在听筒上，脸上满是焦急的神情。忽然想起今天还没打电话呢，也明白了每次打电话一拨即通的原因。见我进来，妈一下子站了起来，十多年来，我从没看见过她这种神情，有掩饰不住的兴奋和惊喜，还有一丝担心，刹那间，我的心头忽然就涌起了一种流泪的冲动。妈惊慌起来，忙问："出什么事了？"我擦着眼睛说："没事，就是想你了！"妈的眼里一下子溢满了泪水。我的心里有一种温柔的疼痛。我的后妈就是这样的一个人，那么容易满足和感动，可我们太无情太吝啬了。

那一年冬天，我在爱情上受了一场挫折，几乎击溃了我所有的梦想与希望。那是一个下着大雪的夜晚，刚刚告别了生命中第一场爱情，我躺在床上昏昏沉沉的。可能是在外面走得太久了，我发起烧来，迷迷糊糊的，心似浮萍。不知过了多久，忽然传来急促的敲门声，我趔趄着开了门，一个人影走了进来，身上落了一层厚厚的雪，我惊叫了一声："妈！"然后便用手巾给她拍打身上的雪，她头发上的雪花抹去后却依然是雪白一片，岁月的大雪染白了妈的头发啊！我问："妈，你怎么来了？"妈说："你今天没打电话回去，我打过来也没人接。等到天黑也打不通，以为你出了啥事，便来了，可没车，就走着来了！"妈是走来的！四十里的路，下着大雪的天，六十多岁的年龄！我紧紧拥住她，泪如泉涌。所有的伤痛在深深的母爱面前都已微不足道，心已暖暖地复原如初。窗外落雪的声音越发轻柔，就像冰雪融化的声音。

一年后我终于又迎来自己的爱情，而且要结婚了。最高兴的还是妈，忙着做新被，帮我来收拾屋子。六十多岁的人了，干起活来还是那么不惜力气。要知道，她刚刚给妹妹带了一年小孩啊！在婚礼上，妈和爹坐在前面，接受我和爱人的叩首礼。我看见妈有些紧张，我知道这是她第一次享受这样的礼遇！我叫过妹妹，在众多亲朋好友的注视下跪在妈的膝下，说："从今天起我们正式改口，就让我们叫您一声'娘'吧！"酒店里响起了热烈的掌声，娘的脸上淌满了泪水！

泪光中娘的白发那么刺眼，就让我们这一声迟到的"娘"滋润您那渴望了20年的心，让您晚年的岁月丰盈生动，无怨无悔！

岁月的鞋子

周海亮

穿在我脚上的鞋子，见证了一段贫穷而温馨的岁月。

我记事很早。至今我仍隐约记得母亲给我做过的虎头鞋。虎头鞋喜庆并且厚实，鞋面上，一对走起路来就蹦蹦跳跳的老虎耳朵。我穿着这样的鞋子在院子里疯跑，母亲坐在小板凳上，看着我，笑。那时母亲还很年轻，那时母亲头发乌黑，面色红润。母亲也许在择一把青菜，也许在剥一筐玉米，不管母亲在干什么，全用了微笑的表情。母亲说，小亮，慢点跑。母亲眼睛明亮，目光柔软。

我渐渐长大，母亲便不再为我做虎头鞋。然而我的鞋子仍然出自母亲之手，却只用了一块帆布、一团麻线和十几个夜晚。那是最标准的千层底儿，那底儿几年也穿不烂。我穿着那样的鞋子上小学，没过几天，鞋面上便露出了脚趾——母亲可以用千针万线纳出结实的鞋底，却没有办法找到一块结实的布料。我记得那时供销社的柜台上已经出现了很漂亮的鞋子。我记得那是改革开放初期，商品一天比一天丰富，可是母亲从不肯为我买一双哪怕最便宜的鞋子。农民出身的母亲认为一双成品布鞋，不是农家孩子所能够消费和享用的奢侈品。

我永远忘不了我的第一双成品鞋。是一双运动鞋，其实不过是与"运动"概念沾点边的布鞋。那时我已经上小学三年级了，那时对别的家庭来说，买一双成品布鞋已经太过平常。大年初一那天，早晨，母亲郑重地将鞋子摆到我的面前，连同一双雪白的运动袜。我穿上鞋子，在炕上蹦，在炕上走，在炕上跑，却不敢下地。我怕将鞋子弄脏，我怕我再也没有机会得到一双真正的运动鞋。母亲坐在炕沿上，看着我，笑。我眨了一下眼睛，母亲就变老了。

是的，我以为母亲永远都不会变老，可是她的确正在老去。我没有读过大学，高中毕业以后，就进了工厂。那时候，一个农村孩子能进到工厂，并不容易。工厂在离村子一百多公里的城市，临行前，我默默收拾行李，心中半是惶恐，半是快乐。母亲这时走过来，说，这个也带上吧。

是一双皮鞋，有着漂亮的色泽和温润的品质。母亲说城市不比乡下，别让人家看不起。说话时，母亲低了头，我发现母亲泪光闪闪。我还发现母亲的白发，那些白发藏匿于黑发之间，却那么醒目，令人伤感。令人伤感的还有皱纹，一道道，一条条，不深，却顽固地趴伏在母亲的眼角、嘴角、额头……我说妈，你有白头发了。母亲笑一笑，不语。我说妈，你有皱纹了。母亲笑一笑，仍不语。她伸出手，想将皱纹抹平，却将皱纹抹了一脸。

母亲变老了。当孩子长大成人，母亲就变老了。似乎天下所有的母亲都是这样——有了儿女，她们的青春时光，就结束了。

那么，该是我为母亲做点什么的时候了。只是做点事情，我不敢妄称"报答"。

不过是做点分内的事情。比如帮母亲扫扫地，帮母亲揉揉肩，帮母亲洗洗菜，陪母亲说说话，或者，更多的时候，不过是回老家时，手里拎上一点东西。母亲照例会静静地看着我，笑。母亲真的老了，笑时，完全有了老人的样子。

去年夏天，老家来人，帮我捎来一蛇皮口袋东西。是母亲托他捎来的，尽管母亲很想我，可是她很少进城。蛇皮袋里装了黄瓜、西红柿、茄子、辣椒、大葱、韭菜、青玉米，简直就是一个小型的菜园。在这些青菜里，夹着一双拖鞋。

母亲亲手为我织就的拖鞋，蓝色的鞋面，缝时用了结实的线。拖鞋穿在脚上，柔软，舒服，踏实，咯吱咯吱作响——那是慈母的叮咛和惦念。

心猛地颤了一下。突然想起，这么多年，我竟没有为母亲买过一双鞋子。

我进到城市，成为作家，自以为很孝顺，可是我仍然羞愧。因为我忽略了母亲的鞋子。这么多年，我总是忽略了母亲的鞋子。我只知道母亲为我做了无数双鞋，我只知道母亲的脚步从来不曾停歇，可是我从来没有注意母亲到底穿什么样的鞋子。我为自己的发现深深自责，我认为，我不是一个合格的儿子。

匆匆跑到鞋帽超市，却发现那里为老人准备的鞋子并不多。鞋子们挤在角落，显得无足轻重。我挑了很久，选中一双棉布拖鞋、一双平跟布鞋、一双保健鞋。我让售货员帮我包起来，售货员笑了。她说，你好像忽略了鞋子的尺码。

我想我不是忽略了鞋子的尺码，我忽略的是我的母亲。那天我没有把电话打给母亲，我怕她伤心。她走了一辈子路，她为儿子做了一辈子鞋，可是她的儿子在为她买鞋子的时候，竟然弄不清楚确切的尺码。

最终我把电话打给了父亲。两天以后，当我把三双鞋子送给母亲，母亲表现得很是平静。我知道平静背后的母亲是快乐的。那快乐就像儿时的我穿上虎头鞋和千层底儿，就像少年的我穿上运动鞋、青年的我穿上皮鞋……母亲的快乐因了三双鞋子；母亲的快乐，因了她的儿子终于将她读懂。

是这样的。我终于将她读懂。我懂音乐，懂美术，懂文学，懂市场营销，懂很多她想象不到的东西，可是在此之前，我并没有读懂我的母亲。

我想那不是三双鞋子，那是母子间的交流。交流来得如此之晚，在母亲老迈的时候。

我常常想，假如岁月也有鞋子，那么岁月的鞋子，也在不停地变换吧？虎头鞋、千层底儿、运动鞋、皮鞋，然后是布鞋、慢跑鞋，或者拖鞋。然而此刻我只希望，不管岁月穿了什么样的鞋子，她的脚步一定要慢下来，慢下来，慢下来，慢下来，让我的母亲，让我们的母亲，能够在她们最后的岁月里，多看看她们的儿女。

很多时候，我们的母亲并不善于表达，甚至羞于表达，哪怕是在自己的孩子面前。她们倾尽一生，只为让自己的孩子活得更幸福、更有尊严。这不仅是她们的责任与义务，很多时候她们认为，这就是她们的价值。

母亲就像一尊佛

赵丽君

母亲八十岁，如果提前准备，能做七八个人的饭。看着缩得不足一米五的老母亲仔细择菜、洗净、控水，动作缓慢而娴熟，感觉母亲还不老。母亲因骑自行车不小心摔伤了膝盖，心疼母亲，让她坐会儿，可不到半分钟母亲便起来，跛着腿找这找那，总是不放心我们。如此反复几次，我便不再劝说母亲。孕育十个子女、辛勤劳作了一辈子的母亲，就像一台机器，不到断电，是断然不会停止的……

母亲是一个神奇的小女子，集所有美德于一身，用"德配天地"形容都不为过，也许是近代中国农村妇女最典型的代表之一。外祖父去世早，母亲是长女，上完小学不得不辍学帮忙操持家务，母亲特别希望她的孩子们能学有所成，远走高飞。我们小的时候，母亲总是给我们讲一些励志故事。

母亲心灵手巧到让人叹服，母亲种的稻谷，横看竖看斜看都整齐划一，邻居们惊叹不已。小学时表演节目，因家境拮据不舍得买，母亲竟奇迹般地用老旧的硬塑料提包改了一个小背包出来，丝毫不比同学们的差。母亲年轻时候做的鞋垫，龙啊凤啊鸟啊兔啊什么的，栩栩如生。母亲缝制的衣服，同学们都以为是买来的。

每进腊月，母亲会拿着自己裁剪好的式样，到邻居家借用缝纫机做衣服，家里大大小小十几口人的新衣，都出自母亲灵巧的双手。虽然家境贫寒，但母亲从不让她的孩子们落伍，街上流行什么，母亲都能做出来，一件件具有时代特征的衣服至今历历在目。母亲从不言苦，我不敢想象，那一个个冬日的夜晚，忍着腰背剧痛的母亲能安然入眠吗？我喜欢形影不离地跟着母亲，那新布料的浆香味，沁人心脾；那滴滴答答的缝纫机声，是童年最动听的安神曲……

有一次母亲失眠，安眠药过量，弟弟像安抚婴儿一样服侍母亲就寝，我心安然，世事轮回，母爱已渗入我们兄弟姐妹的骨髓，并生根发芽。

母亲不服老，为给孙子们做榜样，告诉他们没有什么不可能，近八十岁的她居然拿起铅笔、戴上老花镜开始作画，一幅幅作品清晰明快，儿孙们争相收藏。母亲因作画低头时间长了些，突然犯了耳石症，姐姐弟弟们簇拥着将母亲送到了医院。待我忙完工作狂奔回去，母亲竟奇迹般痊愈出院了。感谢同学的倾力相助，感谢医者的精湛医术，感谢家人的精心照料，也感谢上苍的宽厚仁慈。苍天有眼，不忍让饱经沧桑的母亲再经受任何磨难。事后才知道，留得老父亲一个人在家伤心抹泪。父亲一辈子衣来伸手饭来张口，很能理解他当时的心情。

夜半突然醒来，不禁想起了母亲，母亲话语不多，但句句都是箴言。和祖母一个屋檐下相处五十多年没有红过脸。我曾和姐姐们考证过，结婚近六十年，父亲母亲几乎没吵过架。父亲脾气暴躁，却对母亲服服帖帖。母亲包了饺子，会踏着积雪、捂着饭盒给儿孙们送去，也会让老父亲骑电动三轮车载着她，送到5公里外弟弟的店里去。好想拍个照，那是怎样一幅温馨的图画！

父母子女众多，每一个人的喜好母亲都心中有数。我小时候不吃醋，做了粗粮，母亲做调料从来不放醋，喜欢吃的自己另加；祖母不吃西红柿，母亲总要做两样调料。祖母九十岁离世，前些年回家，总能听到母亲说，你奶奶要吃这，你奶奶要吃那，母亲

——满足。无论女婿还是儿媳，都挑不出母亲一丝一毫的毛病。说起母亲，爱人总竖大拇指，女儿说，姥姥是温的。从没见过母亲生气，也很少见母亲落泪，想起母亲，我却热泪纵横……

母亲就像我们庞大家族的一尊佛，无论何时何地，佛光总会温暖我们周身。做母亲的女儿，我是何等荣幸！看着母亲，想揽她入怀；想起母亲，夜不能寐；提起母亲，总是有太多的话想说……

睡在炊烟里的母亲

朱成玉

摸着黑回家的母亲，与黑暗融为一体，像一片不被人知的最单薄的影子，贴着地面，缓缓蠕动。

她把钥匙丢失，打不开自己的家门，就像人间的祈祷，打不开耶和华的门。

母亲老了，总是遗忘。晾晒的衣物忘了在下雨前收回，莫名其妙就弄伤了手脚，衣服上的扣子去向不明，做饭煳锅底的次数越来越多……有人说，这是老年痴呆症的前兆，的确，现在的母亲，有时候甚至分不清左手和右手。

唯一忘不掉的，是她自己的孩子。三个儿子，三颗骄傲的星星；三个女儿，三件贴心的棉袄。忘不掉孩子们的生日，大概她也知道自己的记性不佳，便在日历上找到那些日子，然后折叠起来，用以提醒自己。

除了儿女，母亲的口袋空空如也。

如今，儿女们如鸟儿一样飞远，母亲的桌上只有一双孤独的筷子。母亲，被冷落在遥远的炊烟里，一转身又是一年。

看到炊烟，就看到母亲了。我总是这样想，并习惯于这样去看每户人家的炊烟：炊烟袅袅，那一定是孩子们都在母亲的怀里，母亲用母性的光辉笼罩着孩子们的美梦；炊烟凌乱，那一定是孩子们迟迟未归，母亲牵肠挂肚，急得在院子里打转。

那时，我就是个喜欢疯跑的孩子，也是个喜欢哭泣、满脸鼻涕的孩子。可是，母亲依然会毫不犹豫地把我抱起，毫不犹豫地、深深地吻下去。

一丝风也没有的时候，炊烟笔直，很像年轻时候的母亲，身材高挑，相貌出众，被村里无数后生的眼睛偷偷地打量过。

可是一阵风就会将那笔直的身段吹弯，就像现在佝偻着的母亲。原来，炊烟也会老啊。母亲，用脸上深深的褶皱，用后半夜的一盏油灯，用老花镜，用哆哆嗦嗦的手，用手上的针线……爱着我们，却极力不发出声来。哪怕一声轻咳，都埋在一块柔软的巾帕里。

驼背的母亲，离土地越来越近。我担心有一天，她的头会低得触到地面，那是母亲的句号。如果上帝能听见我的祷告，我不祈求风调雨顺，不祈求鸿运当头，只求母亲可以伸直了腰身。

柴米油盐，是母亲这一生最亲密的伙伴。厨房是母亲的舞台，围裙是她的道具，锅碗瓢盆的撞击声是她奏出的乐曲。即便在艰苦的日子里，母亲也总是认认真真地做饭，从不瞎对付。都说巧妇难为无米之炊，母亲却像有魔法似的，没见她用了多少食材，却总能变着花样地做出许多可口的饭菜。母亲在厨房里噼啪作响，把贫苦颠得上下翻飞，把日子炒得有滋有味。灶台底下的火焰，总是忍不住蹿出来为母亲鼓掌。从灶台下欢快地跑向屋顶的炊烟，是缠绕在母亲手上的戒指，一生都未曾褪下。因为，在母亲的指缝间，我总能闻到葱花的味道，家的味道。所以，我家的炊烟是有着葱花味儿的炊烟。我家的炊烟也是最好客的炊烟，总是带着微笑，或是点头，或是招手，欢迎你，挽留你。

纯白的鸽子，大概觉得自己过于清高，总喜欢从那炊烟里穿过去，让翅膀沾染些人间的烟火气息。

炊烟，就这样在我的目光里一茬一茬地熄灭，又一茬一茬地升起。

今夜，我想念母亲，可是我无法回到她的身边，只能希望故乡的风轻一点儿吹，别把我家的炊烟吹得东倒西斜。因为母亲在炊烟里睡着，她累了，让她多睡一会儿吧，借着炊烟的暖。

母亲，今夜我们梦中相见。

母性的光辉

鲁先圣

当一个女人嫁为人妇，当经历了十月怀胎的艰辛成为一个母亲之后，女人身上所有那些博爱、宽厚、仁慈、无私、善良、细腻的优秀品质，才会一个个从她的内心深处走到她的眼神中来，走到她的性格中来，走到她的生活中来，成为她的生活方式和生活准则，成为时时刻刻洋溢在她的眼神和表情中的一种素质、一种本能。

我曾经在一个雨天里目睹过这样一个情景：一个母亲在傍晚到学校门口去接她的孩子。雨下得很大，她只带了一把伞。孩子没有出来的时候，她撑着那把伞遮挡风雨。突然她看到她的孩子出来了，她似乎想都没有想，就快步冲到孩子的跟前，把伞罩到孩子的头上。我在后面看着这个母亲，我看到孩子在伞的中间，而这个母亲的头正好在伞的边沿，急流顺着伞的边沿冲到她的头发上，而她却浑然不觉，只是一味地给孩子撑着伞，一切都是那么自自然然。

在东北的长白山下曾经发生过这样一个动人的故事：一天下午，一个年轻的母亲带着她的孩子去摘豆角。到了接近傍晚的时候，她突然听到了一声凄厉的喊叫。尽管声音很微弱，而且她也没有听清是否是她的孩子发出的声音。她快速地向着自己孩子玩耍的地方冲去。她看到一只狼，正逼近自己的孩子。她大喝一声，赤手空拳地朝着狼奔去。那只狼似乎也蒙了，平时遇到危险就吓得瑟瑟发抖的女人，今天为什么竟有这样的勇气，居然敢与自己搏斗！狼还傻乎乎地愣着，那个母亲已经冲到狼的面前了，一阵疾风暴雨般的猛打，把狼打得七窍流血，一命呜呼。媒体在报道这个事件的时候，说这是有史以来一个女人孤身徒手打死狼的唯一记录。媒体说，这是母性的力量所爆发出的能量。

前两年，山东聊城的一个母亲在济南因为换肾给自己的儿子而轰动泉城，所有的媒体都报道了这个伟大的母亲。事实上一个母亲，为了孩子，她是什么都可能做出来的。有很多时候，我带着自己的孩子上街。孩子在自行车的后座上睡着了，我没有发觉。突然见有一个女人快速地骑到我的一侧告诉我："你的孩子睡着了，注意点。"我笑着向她致意，我知道她一定是一个母亲。作为女人，她的体格是柔弱的，当她成为母亲以后，情形就完全不同了。女子本弱，为母则刚。当她的孩子处在危急关头，她身上所有的能量都会调动起来，爆发出来，成为一个大无畏的人，创造各种不可思议的奇迹。

一个没有孩子的女人，对于他人的孩子可能视而不见，但当她成为一个母亲之后，情形就完全不同了，母性的柔情使她变得慈祥、仁爱。因为她了解自己的孩子有很多缺点，所以对待任何一个不成熟的孩子她都会报以宽容的微笑。因为她深知一个母亲抚育孩子的艰辛，所以对于所有那些不孝之子都会投去鄙夷的目光。

我们时常会惊讶地发现，当一个女人做了母亲以后，身上固有的自私、狭隘、娇气、柔弱，甚至刻薄、冷漠的个性都荡然无存了，整个的身心都闪耀着明媚的光辉。她总是能够想他人所想，总是能够宽以待人，也总是能够慈悲为怀。这就是母性的力量。

写给岳母

尹武平

　　岳母去世整整 21 年了。我一直想用一段文字，记录下我们的母子深情。过去由于军务繁忙耽搁了下来，现在则是因为小孙子绕膝嬉戏，静不下心来。其实，这些都不是理由。

　　在我的潜意识里，我的岳母就没有死，她的音容时常展现在我的面前。目睹家中的每一件物品，处处都能显现出岳母那熟悉的身影，以及万籁俱寂时我们母子在心灵深处的对话。

　　20 世纪 50 年代初，岳母为了生计，随岳父从湖北黄陂来到关中那个小镇栖身度日。不料刚到这人生地不熟的异乡，岳父便得了痨病，卧床不起。在那个缺医少药、生活艰难的年代，邻里乡亲自顾不暇，谁也帮不了她。寒冬腊月，岳母一手牵着刚满周岁的儿子，一手拎着一篮子脏衣服，挺着大肚子，顶着凛冽的寒风到刺骨的河水中帮人浣洗衣服。洗一件衣服挣五分钱。一家三口半人，全靠她每天帮人洗衣服挣来的钱维持生计。

　　翌年初夏，岳母的宝贝女儿来到世上，这个女儿后来成了我的妻子。女儿到来带给这个家庭的一点欢乐迅即被更大的艰难淹没了。岳父依旧卧病在床，岳母却无法再出门挣钱了。她不想失去丈夫，更不愿舍弃宝贝女儿，索性用自己吃糠咽菜生成的一半奶水疗养丈夫，另一半奶水养活女儿。后来妻子常为自己只长了一米五六的个头而戏言岳母当年没给她喂足奶水呢！岳母硬是靠坚强的毅力和清瘦的身体，救活了丈夫，养育着儿女，撑起了家中那片天地。

岳母的前半生是从苦水中趟过来的。这使她对快乐有自己独到的理解。她渴望快乐，但得到快乐时却不吝惜快乐。这是她的品格。她常常把自己得到的一点快乐与大家一同分享。我每年探亲时送给岳母的好酒好茶和南方人喜欢吃的甜点，她会一股脑儿摆到自己庭院的方桌上，请来左邻右舍共同品尝。看似有点张扬，实属真正的善良。而且不止一两次，一直是这样。

岳母在左邻右舍心目中是个善人、好人。熟人从门前经过，她总是热情地打招呼，请人家进屋喝口水；谁遇到不开心的事，总愿意找她倾诉；平日里，谁要遇到难处，她总是热情主动地出手相帮。身处异乡，她却没有异乡感，与邻里相处得很融洽。大家总是把她当作知心人。

我每年探亲都会去看望岳母。岳母见我进门，总是急呼呼地到厨房给我煮碗香喷喷的挂面，细细的面丝下面，总会窝着两三个荷包蛋。道别时，她准会把我看望她花的钱加倍地硬塞进我的衣兜里。我知道这是她疼爱女儿的一片真情，也是她的一种处事方式。

我是在连长的职位上与妻子成婚的。婚后第二年便有了儿子，夫妻一直两地分居，天各一方。岳母是明大理的，尽管她不识字。为了支持我在部队工作，岳母毅然决然地搬到工厂分给妻子的十几平方米的简易楼里来住，帮妻子照看孩子。说是简易楼，其实更像隔成若干个房间的简易工棚，顶上的楼板不足十公分厚，公厕在几百米外，生活很不方便。最熬煎的是冬夏两季，冬天无取暖设施，室内冷若冰窟，夜间大人小孩解的小便，早晨起来一看，早已在盆中冻成冰块，倒都倒不出来。每到夏天，室内又热似火炉，温度比室外还高。有一年夏天，我休假热得中了暑不说，小儿子热得半躺在水盆里，硬是拽不起来。在这样的条件下，岳母一住就是十年，也帮扶了我这个小家十年。这就是我那不识字的岳母，她对生活却是异常地明白。使我能够没有后顾之忧地在部队集中精力干工作，成长进步，从连长干到团长的职位上。

1992年，岳母身体不适，到医院检查确诊为肺癌且病灶位置不好，若要做手术，愈后不好还需数十万元的手术费。我们这些做子女的当时没那么多积蓄，但还是决心借钱为岳母治疗。岳母却断然拒绝了手术，不容商量地采取保守治疗。她不愿因自己治病的高额费用拖垮了儿女两个小家庭啊！她以缩短自己的生命为代价，换取并保全着儿孙辈们的幸福生活！岳母的无私，达到了在死神面前无畏的程度，她的境界超出了我的想象。岳母这样的决定无疑是一个壮举。由此，我联想到战场上那些舍身杀敌护友的英雄。这个壮举真是惊天地、泣鬼神啊！世上还有比母爱更无私更无畏更伟大更高尚的爱吗？这个壮举让我终身抱愧。每每忆起，无不潸然泪下，敬由心生。

我常深思，我的妻子之所以贤惠，是因为我有一位贤明的岳母。因那言传身教、耳濡目染的熏陶作用是其他任何人和任何教育方式都无法企及的。一位贤明的岳母不一定就能教出一位贤惠的妻子，但一位贤惠的妻子身后必定有一位贤明的岳母。这是我一贯的看法。以至于后来，我总是提醒热恋中的小伙子：想找一位贤惠的女朋友吗？那就先下功夫了解了解准岳母吧！

多年以来，每当我从街上买到上好的甜点拿到家中，每当全家人逢年过节围坐在丰盛的餐桌周围，我才意识到岳母确实死了！她再也尝不到我为她买的甜点，女儿为她做的美味了。

岳母是个平凡人。在她平凡的身上却有着许多闪光点，这些闪光点汇集成一道光芒，照亮了我的人生之路，并将一直照耀着。

想起母亲泪花流

孙华伟

　　每每在除夕之夜，听着噼里啪啦的爆竹声，遥望着远处的万家灯火，我都会想起已经去世的母亲——

想起母亲
就想起那间陈旧而温馨的小屋
就想起门前的香椿树和屋后的大槐树
母亲邀来月亮唱着动听的歌谣
母亲那厚重的爱啊
伴随我的成长　穿越万水千山

想起母亲
就想起故乡那片绿油油的麦田
就想起村前那条长长的街巷
从麦田经过街巷的路上把儿子惦念
母亲那无言的爱啊
激励我的人生到达成功的彼岸

想起母亲
就想起暮色中升腾的缕缕炊烟
就想起母亲烤红薯和烤玉米的清香

母亲那绵长的爱啊

温暖了千里边关

也温暖着游子的心田

在儿时的记忆里，母亲身材高挑，美丽端庄。母亲在家排行老大，当生产队长的姥爷对母亲从小就要求很严，母亲小小年纪就下田劳动、割草喂猪，在兄妹中常常挣的工分最多。尽管如此，母亲还是享受不到与她的兄弟我的舅舅们相同的伙食待遇。因为在那时，男人是挣工分的主要劳动力，是家里的顶梁柱，必须吃家里最好的饭，也就是包皮馍馍（馍馍的里面是黄面，只在外面包一层白面）。而女孩子是没有权利和资格吃那层白面的，只能吃黄面馍馍。

挣的工分较多却吃不上白面的母亲，后来多次给我们讲起这件事。看得出来，母亲的目光里既有自豪，也有一丝委屈，但更多的是对我们的教育，引导我和弟弟妹妹珍惜来之不易的幸福生活。在那个年代，重男轻女的思想很普遍，姥爷是不赞成母亲上学的。但在姥姥的极力坚持下，母亲终于迈进了学校的大门，学到了许多同龄人未能学到的知识。

后来，母亲认识了同在一所学校读书的父亲。再后来，母亲与父亲携手走进了婚姻的殿堂。于是，有了他们的儿女——弟弟、妹妹和我。

那时，尽管担任中学校长的爷爷拿的工资还不算低，但因为儿女众多，加之奶奶经常患病吃药，因而在经济方面对子女们也就无法照顾周全。兄妹五人、排行老二的父亲，过早地承担起了家庭与生活的重担。

母亲嫁给父亲后，在我还不到 5 岁的时候，爷爷和奶奶就因身患重病而相继撒手人寰。原本还算牢固的大家庭瞬间支离破碎。

爷爷和奶奶的相继去世，加速了父亲兄妹们走进婚姻及分家的步伐。父亲与母亲只分得三小间土坯结构的堂屋，还有爷爷奶奶留下的棉纺车、煤油灯等几件简单的家产。

母亲就是在这种近似"白手起家"的基础上，开始了艰辛的创业。那时，家乡刚刚实行责任制。我家按人头分得近八亩土地。因父母都担任教师，大部分时间都在课堂里度过，加之我年龄很小，嗷嗷待哺，父母种田、侍弄庄稼的时间不够用。父母教书回来后，就把我往地头上一放，腰身一弯，趁着夜色收割庄稼。面朝黄土背朝天的农忙生活，在母亲的额头刻下一道道皱纹。

农家艰辛的成长环境，磨砺了母亲乐观开朗的性格。在村办小学招选民办教师时，有人嫌工资太低而不愿应聘，也有人半路上就辞了职，母亲却很乐意这个差事。经过岗前考核和培训，母亲成了一名民办教师。她在讲台上一站就是近二十年，风雨无阻，殚精竭虑，先后数十次被评为"先进教师"，获得各类表彰。

那时，母亲每月仅有 200 块钱的工资。尽管收入微薄、生活清贫，母亲却始终肩负着耕田劳作与教书育人两副担子，常常"三更灯火五更鸡""起早贪黑到子夜"，默默坚持着。为了赶时间，既不影响工作又不误农时，母亲常常忙得顾不上做饭，就从缸里捞几根咸菜，啃几口硬馍，喝几口凉水，一顿饭就随便打发了……其中的苦辣辛酸，儿女们哪能体会？

母亲是精打细算过日子的好手。为了增加家庭收入，母亲在教书、耕作之余，每年还坚持喂养好几头猪、好几只羊。这无疑给母亲增加了不小的劳动量，经常累得腰酸背疼，但无论再苦再累，母亲从未埋怨过。尽管母亲的生活质量很低、劳动强度很大，付出的艰辛很多，但我们看到的母亲，脸上始终洋溢着灿烂的笑容。

母亲的节俭是出了名的。对于生活中的各项费用，她总是规划得井井有条。对于各类开支，她总是一笔一笔地记到家庭开支本上，大到生产资料，小到柴米油盐，从不漏记。衣食住行方面的支出总是节约再节约，恨不得一分钱掰成两半花。哪怕经济再窘迫，母亲也总能从牙缝里挤出必要的开支。

母亲在经济上对自己要求很严，近乎苛刻，但对于儿女却从不吝啬。记得我刚上初中那年的寒冬，西风凛冽，滴水成冰，纷纷扬扬的鹅毛大雪把大地变成了冰雪世界。上学时，我怕骑自行车摔伤，只好步行前往，走了20多分钟才到学校。低头一看，厚厚的积雪已经将脚上的棉布靴湿透。两节课下来，我的双脚已冻得近乎麻木了。

回到家里，我将脚上湿透的棉靴脱下来，迫不及待地换上单薄而冰凉的雨靴。细心的母亲发现后，心疼地摸着我的双脚问："伟儿，脚冻坏了吧？妈妈这就给你买一双防水的棉靴去！"

吃过午饭，妈妈把饭碗往锅台上一摆，就拉着我的手，一溜小跑来到七八里外的县城。进了商场，母亲带着我一连看了十几家鞋店，都没有中意的。我都有些着急了，母亲却说："要买就买好一点的，那种穿在脚上既暖和又防水的靴子！"

在一个靠近电影院的鞋摊附近，我突然看到母亲的眼睛一亮。只见母亲从一大堆花花绿绿的靴子里，拿起一双棕色的高腰靴，一会儿捏捏靴面，一会儿摁摁靴底，而后又把高腰靴递给我说："伟儿，穿上试试，看喜不喜欢。"

从母亲拿起这双靴子的那刻起，我一眼就看上了它。那是一双多么好看的高腰靴呀！深棕色的靴面，洁白的鞋带，错落有致的靴扣，厚实的海绵靴底，尺码也合适……真是一双好看的靴子。

"大姐，这双靴子多少钱？"

"40！"

"太贵了，便宜点？"

"这种靴子是刚到的新货，都是这个价！"

最终，鞋摊老板给母亲便宜了 5 块钱，以 35 块钱的价格成交。

我简直不敢相信，在那个一分钱难倒英雄汉的年代，母亲竟然舍得花 35 块钱给我买下那双靴子！

父亲的英年早逝，对母亲打击很大。原本精神饱满、思维敏捷的母亲，突然间就变得精神恍惚、反应迟钝，更年期的急躁、焦虑、健忘、多疑症状过早地缠上了母亲。原本料理得井井有条的生活，却乱成了一团麻。原本一尘不染的厅堂灶房，变得尘土飞扬。母亲原本很好的记忆力严重衰退，常常丢三落四。我和弟弟妹妹与母亲谈话时，母亲经常因一句话而沉默许久，有时还说出一些莫名其妙的话来，让我们面面相觑，不知所措。我成家后，因为母亲的事没少和妻子拌嘴。

按理说，我在部队工作，弟弟妹妹都已经成家，母亲应该没有什么压力了，在家享享清福就行。但年过五旬的母亲却总是闲不下来，忙着侍弄几亩田地，为儿孙们的将来操心费神。哪怕到了冬闲时节，母亲也舍不得闲着，执意到家门口的一家制衣厂打零工，尽管每月挣钱不多，但母亲却乐此不疲。

在我的心目中，母亲总是那样地乐观，总是那样地宽容，总是那样地与人为善！

2011 年 11 月 4 日，于我是一个晴天霹雳般的日子。我接到老家的电话，母亲患了白血病！病痛的折磨，化疗的痛苦，使母亲消瘦了许多，令我这个常年在外的儿子深深自责……在无数个离家的日子，一想起母亲，我就情不自禁地泪流满面。

现在，母亲已经去世一年多了，而我觉得母亲并没有离开。在我的生命中，时常能感受到她那坚定而温暖的目光，听到她乐观而爽朗的笑声。

我以为，我永远不会像她

语不惜

世上每个女人都终难逃脱的宿命，是最终都活成了自己母亲的样子。

我曾以为，我永远不会像她

最近，消失多年的高圆圆，因一段回忆母亲的音频刷爆了朋友圈，引起网友的疯狂点赞。

没有人会想到，这个一直站在舞台中央的女神，也如常人一样：曾是个乖巧的女儿，也曾与母亲争吵，也会在母亲去世后，常陷入深深的怀念。

回忆里，高圆圆说，在她结婚后的一个礼拜，母亲的病情急转直下。

而此前十年时间里，高圆圆几乎寸步不离地照顾着母亲。

她强烈地感到，年迈的母亲随时会离去，她想尽其所能，给母亲更多陪伴。

然而，两个月后，母亲还是走了。

母亲去世后，高圆圆一直陷在回忆里，某天，她蓦然发现：

很多年里，我以为我跟她截然不同，可终于，我慢慢地变得像她了。

我有两道法令纹，这是困扰我的地方，但每次照镜子看到它，我会心里一暖，这让我看起来很像妈妈，真好！

不知怎的，这样的语言，让人心头一酸，眼泪不由得婆娑而下。

活成母亲的样子，和母亲越来越像，也是一种极致的思念吧。

或许，这世上每个女孩都和高圆圆一样，年少时，无法理解母亲，决心一定不要做母亲那样的女人。

可越过时间的长河，当我们由女孩变成了女人，才赫然发现，自己早已变得跟母亲越来越像。

突然，就想起了我的母亲！

小时候，我也是那般不喜欢母亲的生活方式，然而，直到有一天，我也发现自己身上有了母亲的影子。

原来，天下所有的女儿长大后，全都活成了自己母亲的样子。

我曾发誓，我要跟她不一样

小时候，一直觉得母亲是家里最忙碌的人，一辈子都在为家人操劳。

年幼时，身为长姐的她，要照顾弟妹，帮父母赚钱补贴家用；

成年后，还未享受青春，便草草地结婚生子，成了三个孩子的母亲。

记忆中，母亲是个对自己很节俭的人。

一年到头，就那么几身换洗衣服，从没有用过化妆品，买任何东西都精打细算。

然而，她又是一个舍得为别人花钱的人，给爷爷奶奶买东西，从来都是大手大脚。

对待我们兄妹也是一样，虽然家里清苦，但母亲每次都说，砸锅卖铁，也要供我们读书。

看着那样的她，我不止一次在心里发誓，绝不要变成母亲的样子，舍不得吃，舍不得穿，劳碌一辈子，操心一辈子，甚至还委屈了一辈子。

我要自私地活，只为我自己而活。

工作后，我去了离家很远的城市，想着，我终于可以自由地过我自己想要的生活了。

然而，就在工作后第三年，我准备辞掉工作，去另一个城市继续流浪时，弟弟告诉我，母亲生病了，"子宫肌瘤，差点要了命"。

那一刻，我才猛然意识到，我的母亲，并不是钢铁不坏之身，她也需要别人照顾。

变得抠门，是像母亲的第一个开始。

我开始记账，开始看超市海报上促销、打折的信息；

我再也不透支信用卡买贵的衣服、包包以及大牌化妆品；

我拒绝跟朋友一起出去胡吃海喝，晚上也不出门和人 K 歌了；

我开始学习、充电，努力提升自己，为多挣一分钱，开始兼职打工。

慢慢地，我有了存款，我不再是月光族。

我开始关心父母的健康，为父母买养生产品，定期带他们去体检，每年安排他们去旅游。

有了孩子后，我想把最好的都给他们，为他们买进口奶粉，给他们报特长班，购物车里除了孩子的日用品就是为他们选的物品，买给自己的东西寥寥无几。

我变了，变得跟母亲一样，无私地爱着家人，却很少爱自己。

小时候，我以为是母亲不爱自己。

长大后才明白，她不是不爱自己，她只是把对自己的爱，给了她更爱的家人。

为了成全我们的诗和远方，母亲一直都在负重前行，直到青丝变白发，从未停下。

可能我也像母亲一样，理解了在生活中，不光有自由和洒脱，还有对家人的爱和责任。

我发现，我正在活成她的样子。

长大后，我就成了你

高圆圆在回忆母亲时说，对"母亲"这个词的理解，可能是个缓慢的过程，也可能在一瞬间完成。

她说，在妈妈病情出现危险的那一刻，她站在医院长长的走廊里，开始意识到，母亲是真的要离开了。

也就是在那时，她不由得想起姥姥去世的场景。

在姥姥最后的日子里，一向需要别人照顾的母亲，变得坚定又强大，跟平时的她不太一样。

而看着病床上的母亲，高圆圆也第一次清清楚楚地意识到，自己突然也变坚强了，和姥姥去世时，母亲突然变得坚强一样。

她动情地说："母亲塑造了我，送给了我一个礼物，就是让我变成一个不完全是她，又在骨子里与她亲近的人。"

读着这样的文字，我在思考，我是什么时候开始，真正活成了母亲的样子呢？

我想应该是在我有了孩子，初为人母以后吧。

年少时，母亲的很多做法我都不理解，也不认同。

上学时，母亲常对我们说："要做一个顾家的人。"

我问她什么是顾家，她说："顾家就是安安稳稳，一家人在一起。"

毕业后，母亲极力阻止我去大城市："女孩子终归要嫁人的，有个稳定的收入就好。"

结婚前，我有过几任男友，但母亲每个都不满意，偏安排我嫁她属意的那个人，理由竟是他老实安生，不会亏待我。

我暗自嘀咕，父亲就是个老实巴交的人，本本分分，做了一辈子老好人。我才不要像母亲，嫁给父亲那样的人，我要嫁个可以带我闯天涯的人。

结婚后，母亲告诉我说要收敛性子，女人再能干，都不如有个幸福的家。

……

后来，许多年以后，当我有了自己的孩子，我才发现，母亲给我安排的人生，才是我最想要的。

没有大富大贵，却一世安稳。

我的丈夫，虽没有显赫的家世，工作也一般般，却是个知冷知热，顾我惜我，懂得照顾孩子的顾家男人。

生活在十八线的县城里，虽然没有大城市机会多，却可以在工作之余，有更多的时间陪伴家人。

父母康健，孩子懂事，夫妻恩爱，生活稳定，这样的日子让我内心笃定，幸福知足，可这竟和母亲安排的一模一样。

悄然间，我跟母亲越来越像。

你陪我长大，我陪你到老

跟高圆圆一样，在生活琐碎的细节上，我也跟母亲越来越像。

终于有一天，女儿万分嫌弃地对我说："妈妈，你变得跟姥姥一样，每天唠唠叨叨。"

那一刻，我心里一惊。

这话，是多么熟悉，青春年少的日子里，我也曾这般嫌弃过我的母亲。

却不知，那些唠叨里，都是满满的爱。

"不养儿不知父母恩！"

正是因为我做了母亲，我才越来越理解母亲。

越长大，越发现，每位母亲的身体里，都蕴藏着一股强大的力量，在儿女需要的那一刻，随时可以迸射出火花。

罗曼·罗兰说：母爱是一种巨大的火焰。

就像《东京塔》中所说的，食物、衣服、时间都可以计量，唯有母亲绵长的爱，却是用什么都计算不出重量的。

作家宋涵曾说：

> 与儿子不一样，在母亲老去、女儿长大的过程中，女儿会以天然的女性视角，来观察她眼前这个女人的命运。
>
> 母亲是她了解"女人"是怎么一回事最近的模板。

每位母亲都把女儿塑造成了另一个自己，一个跟母亲在骨子里亲近，有着相似的灵魂，看起来很像母亲，却又不完全是她的人。

然而，对于每个女儿来说，"长大后，我就成了你"，何尝不是一种爱的延续与偿还。

岁月真是个神偷，偷走了母亲的芳华，花了她们的眼，驼了她们的背。

原来，我们的母亲，早已经不是那个风韵犹存的中年妇女，她们早已经变成了中年妇女的母亲。

> 家乡的茶园开满花，
> 妈妈的心肝在天涯，
> 夜夜想起妈妈的话，
> 闪闪的泪光鲁冰花。

亲爱的妈妈，这一世我们的母女情缘太短，我还未懂事，您已经老去。

妈妈，如果可能，下辈子请让我继续做您的女儿，我们三生三世做母女，好吗？

海 纳
——致最好的妈妈

任海娜

我说你是海上湛蓝的天空
而我，是你偌大胸怀里的小小飞鸥
我曾经非常渴望飞出你一如既往的庇护
却发现我始终徘徊在你爱的微风里

我说你是那深沉不定的大海
而我是你宽阔心胸的小小游鱼
我曾经试图抵抗你的波涛汹涌
却发现我终究无法离开你的怀抱

你是海风中一朵一朵的白色浪花
唱响了我生命中的第一句歌谣
你是爱，是暖
我要做你永远的星辰

爸爸未缺席

塑造真正的男子汉

崔玉涛

作为一位男孩的父亲，我愿意与大家分享一点育儿方面的经验，只是分享，绝不是什么指导。

当我儿子还小时，我就拜读了珍妮·艾里姆的《养育儿子——父母与健康男性的塑造》这本书。读是读了，但是并没有产生太多共鸣。今天，此书再版，勾起我许多的感触。

儿子出生于1993年，作为北京儿童医院急救中心的医生，我的工作十分忙碌，加上当时没有条件请保姆，对于我们来说，挑战还是存在的。好在我和夫人都是儿科医生，照顾婴儿期的儿子还算自如。

在儿子10个月时，我赴香港大学玛丽医院学习，紧跟着到西藏那曲地区援藏一年，再回到北京时，儿子已近3岁。我突然发现孩子非常有思想、有主见，这应该归功于夫人和家人的辛勤付出。面对孩子每天提出的无穷无尽的为什么，翻遍书本都找不到答案的我，真是手足无措，汗涔涔下矣。只能带着孩子到大自然中寻求答案——爬山、游泳、跑步、旅游……孩子视野宽了、见闻广了、探索多了，不免有点自视甚高。刚上小学时，回家不愿意写作业。他认为老师教的知识已经掌握，没必要写作业！

为此，我们，特别是我的夫人，伤透了脑筋，不知为此发过多少次火，可是，无济于事！与孩子交谈，循循善诱地开导他：写作业是为了巩固所学的知识，连孔子都说，温故而知新。可孩

224

子认为，考试能得 100 分，就不需要写作业。在对峙和僵持了一段时间后，我们与孩子达成默契：等到考试没得 100 分时，就该写作业了。为了这事，多少次被老师叫去谈话。我们为儿子争辩说，他不写作业，是为了专注于他所关注的"重要事情"。在纠结＋理解＋规劝中，终于等到孩子自觉自愿地写作业了，那是小学五年级下半学期，因为他没有像往常一样考满分。从此，一发不可收，初中被评为优秀毕业生，高中毕业考到美国，六年期间获得数学、物理两个学士学位和金融数学硕士学位，以傲人的成绩毕业于美国芝加哥大学。学成回国，进入自己喜爱的金融行业，并已组建幸福的家庭。

回首往事，在儿子跌跌撞撞的成长过程中，我们从不把考试成绩作为衡量他是否优秀的唯一标准，而是把做人作为头等大事，常与孩子聊及如何做正直的人，如何与同学交朋友，如何帮助需要帮助的人；哪些错误绝对不能犯；以及如何识别、购买有营养的食品，如何做简餐，如何照顾自己；如何保护自己，如何注意安全等等。

到了初二，儿子是班里公认的数学助教，每天晚上用煲电话粥的方式帮助同学答疑解惑；初中毕业前帮助体育特长生补习文化课，同时在体育特长生的带动下，中考体育考了满分；大学期间帮助美国同学补习数学；17 岁只身在美国学习，被评为全优生，有些课程获加分后能超过百分……

孩子在学业上如此出色，回想起来，应该与我们从小尊重孩子，与孩子一起探讨，与孩子交朋友，放手让孩子做主，鼓励孩子养成自我管理的习惯有极大关系。其实，孩子的教育，完全没有固定模式，适合自己的就是最好的。家长应该充分了解自己的孩子，因材施教！绝对不能人云亦云，更不能与别人家的孩子比较，记住，孩子不是家长的面子！

儿子来到我们的家庭，我们了解男孩吗？了解他们身心发展的规律吗？了解他们内在的需求吗？我们又该如何引导他们走进属于自己的广阔天空？这是值得很多父母认真思考的事情。作为养过一位男孩的父亲，又是一名儿科医生，我希望更多的父母能够从生理和心理发展的角度对男孩多一些了解，这样我们才能对男孩多一点耐心与理解，帮助并引领他们成为一个健康的、充满活力的、富有责任感和自信心的男子汉。

爱的笔记本

张　旭

那是在女儿 7 岁生日前，学校要求家长给孩子写一段寄语。

那天晚上，女儿完成作业休息后，我和妻子进行了一次深谈。回顾孩子的成长之路，我们希望孩子最终能够拥有的能力就是：创造幸福生活的能力。这种能力不仅能让她幸福一生，还能够为他人、为社会带来更多的幸福……

于是，由我执笔，第一次为女儿写了一段话：

> 亲爱的女儿，你是一个诚实善良、勤快勇敢、乐于助人的孩子，你对生命和艺术的热爱深深地影响着我们。爸爸妈妈希望你学会追求自己的目标，同时享受目标实现以后的满足感。这样，你的未来才会获得真正的幸福和快乐。

从那一刻开始，我和女儿共同拥有了一个笔记本，名为"爸爸和女儿的对话"。我们把各自想说的话，都坦诚地写在本子上。随着时间的推移，点点滴滴的心里话汇聚成幸福的小河，慢慢流淌。

一次，我在笔记本上写下："吃饭时，希望你不要独享美食，要有一颗分享之心，拿出自己最好的、最喜欢的东西与人分享，先舍而后得。"女儿看过以后若有所思地点了点头。再吃饭时，她便有意识地让我们多吃一点"好吃的"。直到现在，一家人吃饭，她都不忘为我们夹菜。

慢慢地，我通过生活中的一些小事，告诉她除了要有分享之心，还要有感恩之心，勇敢之心，善良之心，至诚之心……

翻看笔记本，字里行间，都是一个父亲殷切的叮咛：

"女儿，每天擦干净你的鞋。你的鞋并不是最贵的，但必须是学校最干净的鞋之一。"

"眼泪是表达感情的方式，但绝不是战胜别人的武器。"

"对未来拥有美好期待并不懈地追求，执着，努力，坚定，始终拥有勇气和信心……"

"拥有感恩之心，才能懂得孝敬父母；孝敬父母，才有可能帮助他人。"

"拥有勇敢之心，才能从容应对困难和挫折，不惹事，但遇事一定不怕事。"

"拥有善良之心，才能为他人着想，己所不欲，勿施于人。"

"拥有至诚之心，才能赢得别人的信任。精诚所至，金石为开。有错误不可怕，就怕不承认错误，找理由狡辩。"

"美学家张世英说过，人生有四种境界：欲求境界、求知境界、道德境界、审美境界。审美为最高境界。审美能力的培养，关乎一个人的外在形象、职场表现和生活情趣……艺术修养是人一生不可或缺的内容，我希望音乐和美术能伴随你终生，失败时，艺术能帮你排解内心的忧伤；成功时，艺术能帮你抒发内心的喜悦……"

笔记本越来越厚了，我却惊讶地发现，很多时候，不是我们在教女儿，而是女儿在教我们。她像一面透亮的镜子，照出我们真实的模样。当我告诉她"这样做不对"时，其实是在告诉自己："改变，从我开始！"

陪伴她的成长，让我受益匪浅。是女儿改变了我们，让我们相信最爱的人永远在身边，相信每个人都拥有创造幸福生活的能力。

上苍安排你做我们的儿子，是对我们最大的恩惠

项居平

亲爱的儿子：

再过 6 个月，你就 18 岁了，你就是一个真正意义上的成年人了。

真没法儿想象！怎么一转眼你就成长为一个大人了！在我们的心里，你似乎永远是那个我们牵着你的小手，在游乐园玩的孩子；爸爸把你举起来，扛在肩膀上，就像是昨天的事。

时间过得太快了！我和你的妈妈特别留恋呵护你成长的这 18 年。生活中的每一个细节、每一个片段、每一个故事，都让我们喜悦和感动。

当你成年后，就意味着你要远离爸爸妈妈、远离自己的家独立远行，去追求自己的学业，去完成自己的梦想。今后，爸爸妈妈生活的一个重要内容，就是细细地回忆、温习这些温馨的细节、片段和故事。

"成年人"意味着什么？意味着你的生理和心智都已经足够成熟，能够独立面对生活；意味着你开始具有独立承担民事责任的能力，要对自己的一言一行负责；意味着你可以也必须与所有的成人一起，开始思考、建设、管理、改变我们生存的这个世界。

其实，从你一上中学开始，我们就已经把你看成"大人"了，我们跟你平等地商量、讨论关于你成长的所有事情。你还记得吧，妈妈曾经跟你说过，我们一直都把你当作平等的朋友，包括妈妈

希望你不玩游戏，游戏最是消磨人的意志，妈妈怕你玩物丧志；但妈妈只是建议，只要你愿意玩，妈妈都是和你商量，因为朋友之间首先是尊重。

孩子，再过两个月，你就要考大学了。这是你生命中的一次重要选择，也是我们全家的一次重要选择。整个准备过程，都是我们一家人一起做的；当然你自己的努力是最关键的。妈妈知道你从小就喜欢清华，为此，你从高一开始就努力学习，基础打得很牢固，目前成绩不理想主要是像李老师说的，考试的题你都会做，但由于做题不规范、卷面不整洁，所以存在丢分现象。你的压力很大，爸爸妈妈看在眼里，疼在心里。但要取得好成绩，我们也只能谈过去的经验：1．放平心态。清华可以本科上，也可以研究生上，不必去挤华山一条路。2．跟着老师的步伐走，卷面整洁、做题规范就是进步。3．把考试大纲和课本仔细复习，有时间就复习近几年的高考题。

高考对每个人都一样，未必会一帆风顺，甚至可能有精疲力竭的感觉，这个时候，就看你能不能坚持、坚持、再坚持。爸爸妈妈当年在高考前也一样地紧张，一样地困惑，但不论多艰难，只要自己意志坚定，咬牙坚持，梦想一定会实现。我们能够从小山村来到北京，取得今天的成绩，得益于当年的坚持。儿子，爸爸妈妈相信你能找到好的方法、调整好心态，一定会取得好的成绩。

儿子，你已经快 18 岁了，以后的日子，都是属于你自己的，需要你独立去面对和负责。如果说我们对你还有什么期望或是祝愿，那么，以下几点建议供你参考。

1．做独立的自己。人生最重要的价值，就是要在 60 多亿人群的地球上，在熙熙攘攘、红尘滚滚的天地之间，做一个唯一的、独立的人。人生难得走一遭，要让自己的人生发挥独特的价值。

2．倾听内心的声音。要想成为真正的自己，就要有自己的思想和主见，要善于倾听自己内心的声音。"倾听自己内心的声音"是什么意思呢？我们的理解就是大主意自己要做决断，学会做自己生命的主宰，不要太在乎别人怎么说。不管是别人的话、朋友的话、老师的话，也包括爸爸妈妈的话，都只是一个参考，都不能代替你的意志。在关乎个人命运和前程的问题上，要增加自己的"主气"，少一点"客气"。记得有一个小品说，"爱谁谁""爱咋咋的"，不要听凭任何表面的、虚荣的东西左右你的判断和选择。做给别人看的东西，终究如轻飘飘的云烟。不是自己所喜欢的，不属于自己内心真正想追求的东西，也不会持久和长远。

3．控制好情绪。做具有"独立之精神，自由之思想"的人，走自己的路，会有许多的烦忧，但不管遇到什么样的困难，都要平和、豁达地对待，都要让心情保持一个开放如初、平和如初、喜悦如初的宁静状态。一颗平和、温暖、坚定的心是这个世界上最重要、最宝贵的东西了！如果没有一颗平常心，或者说自己的心因为境遇的变化而变小了，变迟钝了，甚至扭曲了，那么"心"就不会发出属于自己的、有独特意义的声音！自己的情绪也会在世俗的波涛中起起伏伏、随波逐流。

4．做一个沉稳的人。人生不如意事十之八九，切勿对小小的挫折、小小的磨难、小小的恩怨做过激反应。记得有一个寓言故事是这样说的：微风吹过，树叶开始摇摆、凋落、飞舞，但这只是树叶的问题，离树的主干还远，离深深的树根更远，不要把小问题放大，更不要对小人、小事、小问题过于敏感。做一个快乐、随和、宽容、大度、能吃亏的人，幸福就会更长久。

5．做一个有信念的人。世界上什么最有力量？信念！信念能给人内在的尊严，能够帮助人抵抗压力、战胜挫折、克服困难。

6. 学会享受自己的人生。儿子，再过几个月你就要到大学学习和生活了。每当想起这个，我们的心里总有点忐忑，不知你会不会适应未来大学的生活，能不能找准未来的目标和方向。更多的是有许多的不舍，不舍得你离开和爸爸妈妈共同生活了 18 年的家！但我们不得不学会适应你离家求学的日子，因为爸爸妈妈知道：爱你的最好方式就是"放飞"，让自己优秀的儿子翱翔在广阔的社会，去寻找属于自己的定位和归宿。

儿子，爸爸妈妈想对你说，上苍安排你做我们的儿子，是他老人家对我们最大的恩惠，也是我们这辈子最感荣幸的事！你永远是爸爸妈妈的骄傲和自豪！

祝你健康快乐地成长！

祝你一生平安！

爱你的爸爸妈妈

2013 年 4 月 13 日

（这封信是我们在儿子成人礼上写给他的，今年儿子已经从英国帝国理工大学硕士毕业，并将在清华大学读博。）

人生是一次次地出发

王长江

语瑶：

你好！出发那天值班，没去送你，从老师发在微信群中的照片，看到你们意气风发，青春洋溢，真的为你们高兴！羡慕你们迎来最美的年华，羡慕你们赶上了好的时代。

这个年龄，充满对外界的好奇、憧憬，都有一种"花灯花鼓夜，仗剑走天涯"的豪情。一代又一代的人就是在这种豪情的激励下，离开父母，走出家门，用清澈的目光打量这个熟悉而又陌生的世界，用自己的方式和这个社会对话、相处，用稚嫩的肩膀承受外面的风雨。

支撑自己走出家门的那股青春豪情很快就会消退，因为你接触到的社会，跟想象中的并不完全一样，有时甚至是肮脏的、丑陋的，这个时候千万不要退缩，更不要怀疑世界的美好。要有勇气承受种种不如意，要懂得风雨过后见彩虹的道理。美好是通过奋斗和坚强得来的，千万不要因为局部的阴暗、暂时的艰辛就坠了自己的青云志向！

到了外面，自己就是一个独立的主体，要怀着善意、怀着爱心处理好各种人际关系。周边的人是一面很好的镜子，在他人身上，可以看到自己的影子。自己的优点、自己的不足，都可以在他人的映照下显现出来。不要自傲，也不要自卑，唯有不断地自省、不断地自我校正，才会与最好的自己相遇。学农的过程是一个实践的过程，也是重新认识自己的过程，是快速成长的过程，这有利于你更好地再次出发。

这次学农，是一次难得的人生预演和实习，在不久的将来，你将会真正独立地走向社会，面对种种考验和挑战，我想说的是，家永远是你的港湾，你永远是爸爸妈妈的最爱！

你走的时候我没有送你，你回来我一定去接你！

爱你的爸爸

（这封信写在女儿14岁，参加学校组织的学农活动期间。）

愿你足够牛掰，走到哪里都有饭吃

廉永进

蒙子：

你好！时间过得真快。再过两个月，你就将结束你的大一生活了。而一个月之后的今天，你高补的小伙伴们就又要参加高考了。在大学里，你可能正面对高等数学这门课烦躁不已，而补习了一年的小伙伴们在家乡的教室里把高中数学的试卷做了一张又一张，却不敢有丝毫的懈怠和抱怨。你所拥有的理所当然的现在，或许正是别人求之不得的未来。所以，首先还是为他们送上祝福吧，衷心祝他们取得理想的成绩。

回望你渐渐远去的高中生活，我和你老妈经常会想起中午时分开车前往西郭村的情景。我们提着装有净化水的水桶，拿着各种蔬菜、水果和生活用品，坐电梯直奔三楼，急匆匆洗手做饭。12 点 10 分左右，你的脚步声准时在楼道内响起，你直接冲到阳台上，问中午吃什么，边说边用不干不净的手指头，捏一块菠萝或新鲜出炉的猪肉吃。你把书包扔在凌乱的写字台上，再把自己扔在那张总是吱吱呀呀发出声响的床上，说好累好累。

令人欣慰的是，那些飘浮摇晃、上下颠簸的成绩和分数，渐渐趋于稳定，尤其是困扰了你很长时间的数学这只拦路虎，在持续不断的努力和强化下，最终没有影响你的高考成绩。你通过自己坚韧的努力和不懈的奋斗，跨进了大学的校门，这应该是你献给自己 18 岁的最好的礼物。

现在，那部桑塔纳汽车，总是静静地停放在单位的大院内，有时一个星期也难得启动一次，加上懒于清洗，总是一副饱经风吹日晒后灰头土脸的样子。三年来，就是它载着我们在单位、印刷厂和西郭村之间来回奔走。那三年，作为一种相对特别的生活状态，回想起来苦中有甜；但如果真要再来一次，也是件很头疼的事。毕竟，它不像喝了一瓶饮料，瓶盖上写着"再来一瓶"那么令人兴奋。

不管几岁，好奇万岁。说到大学，我总是充满了无穷的好奇和无边的神往。想象中，那里有长发的女生和白发的先生，有宽阔气派的图书馆和足球场，有文化大讲堂和丰富多彩的社团活动，处处洋溢着青春的气息。啊，光是想一想，我的眼睛就会发亮，心跳就会加速。

多少年来，只要在白天谈论起学生时代和学校生活，都会引发夜晚的魂牵梦绕和浮想联翩。无数次梦见又回到了我们那所早已不复存在（被合并）的中专学校，时空颠倒，二十多年前的情景清晰而又模糊。很多时候，也会梦到要高考了，数学根本没有复习，英语也是一塌糊涂，慌乱得手足无措，痛苦得如坠深渊。现在，经常还是会梦到又回到中专学校，高考的阴影渐渐退去，更多的情形，比如在梦中见到毕业后多年未曾谋面的宿舍同学，比如介休的老五和太原的老八，关切地询问这么多年他们都到哪儿去了。比如总是舍不得离开学校，总觉得很多人还没有来得及告别，很多事也没有处理完。午夜梦回，为什么总是要想起？总是不能忘记？我想，这可能是一个未圆的大学梦引发的无尽遗憾和无穷遐想吧。

以前，腰缠大把大把的时间，总觉得未来很遥远。二十年前，我拿到报刊杂志时，会特别关注作者的出生年月。如果作者年龄比我大，就会自欺欺人地自我安慰，啊，他比我大十几岁，我还有机会，还有努力和超越的可能。如果作者年龄比我小，就会很沮丧，有一种为时已晚的自暴自弃。还记得有一次系统内培训，看到一张培训人员花名册，年龄从二十多岁到五十多岁不等，那时，三十刚出头的我觉得五十岁对我而言简直像天边一样遥远。青春转瞬即逝，时光永垂不朽。转瞬之间，我已穿过不惑之年，仓皇之间抵达四十六岁。回想那些流逝的岁月，最大的遗憾就是想得太多，等得太长，做得太少。

和你老妈聊起二十岁的时候，根本就没有什么明确的目标可言，日子往前走，我们也往前走，走到哪里算哪里。人到中年，蓦然一惊：头也不回义无反顾地走了这么多年，几乎拿不出一项特别过硬的看家本领和生存技能。除了上班，还能上谁？所以只好无可奈何地在上班这条狭长逼仄的道路上往前走。任凭工作热情和上进心随着年龄增长而日渐退化。日复一日之中，我们感觉到，在年轻的时候和奋斗的年龄，及时设立目标对人生的发展和结果意义重大。

追求人生宽度的前提是，你要在自己的技能领域达到一定的高度。所谓稳定的工作，不是你在一家单位有饭吃，而是你足够牛掰，不论走到哪里都有饭吃。这也就是罗胖所谓的"U 盘化生存"的思维方式，意思是插到哪儿都可以运作。

在这点上，你四婶是大家学习的榜样。她原本只是一名会计专业的大专生，毕业后没有理想的单位和岗位，便考取了东北大学的研究生，其间拿下了注册会计师资格。在会计师事务所工作时，她的审计水平就很突出，能看到别人看不到的问题，能透过现象看到实质。你奶奶曾说过，你四婶工作多年后，也没有放弃对会计专业的学习和钻研，有时左手拿着饭碗，右手拿着书本。应该说她过硬的专业水平与孜孜不倦的学习提升密切相关。后来，你四婶应聘央企，没有任何背景，几乎是手无寸铁，但经过一轮又一轮的面试，她的专业水平和卓越素质使她脱颖而出，并在短时间内做到财务部长。今年年初，她被原单位的上级主管部门看中并成功上调，也是得益于她在财务投资分析和项目创利方面的不凡能力。

所以我和你老妈的观点是要做好考研准备，在专业上深度耕耘，打造属于你的拳头产品和核心竞争力。至于专业，可以是本专业也可以跨专业。能争取保研当然很好，保不了研就考研。你三叔说过，只要确立了考研的目标并付诸努力，研究生并没有想象得那么难。当然，名校的研究生就没有那么容易了。

世界那么大，时间那么多，随波逐流、慵懒闲散是很容易的事。日复一日的生活里，谁都会有海量的空虚、无聊和乏味存在。有目标的人睡不着，没目标的人睡不醒。不要觉得有的是时间，有的是机会，如果没有对时间的合理把握，四年时光很快就会悄悄溜走。

目标管理与时间管理总是相伴相随。很多情况下，不是不知道要做什么，而是知道了仍没有做。知道自己想要什么，知道自己喜欢什么，就会合理利用和管理时间，向着目标迈进。所以，坐下来，认真思考一番，把你的想法一笔一画，在纸上写下来。

世上无难事，只要肯放弃。总是处在舒适区，走得其实是下坡路。恐惧当下的困难，未来会付出更多的代价迂回到眼前的目标。走出舒适区，也许会有些不适应，但与后期的积重难返相比，慎始的难度其实并不大。逃避是一种习惯，优秀也是一种习惯，将来的你一定会感谢现在努力奔跑的你。而现在所有的勤劳其实都是为了今后自己可以变得懒一些，只是顺序不能搞反了。

大学生活当然应该是丰富多彩的，但要抓住核心和要害，不能偏离重心，优异的成绩和过硬的专业知识应该是最大的竞争力和最硬的说服力。成绩不一定体现能力，分数也不一定代表素质，学什么更不一定代表今后就要做什么，但就大学生活而言，在没有更好的选择和目标之前，还是把专业学好最实在。专业应该就是你的第一形象，你有了可人的外表，别人才会看上你，才会对你产生兴趣，你才有机会展现你可人外表下迷人的气质修养和内涵。谁会有那么多的耐心和好奇心，愿意透过你邋遢的外表去进一步探究你深邃宽广的内在呢？起得早不一定身体好，但起得迟身体一定不好。讨好女人的男人不一定是好男人，但是连女人都不会讨好的男人绝对不是好男人。

看你们学校学生会公众号有同学分享保研心得，提到跨专业考研的问题："如果想跨专业最好现在就努力学习，争取保研，而且要尽量参加与向往专业有关的科研项目及创新创业大赛，这样更有可能成功。"这是一段很有启发性的心得。其实，即使不跨专业，参加与专业有关的科研项目和创新创业大赛等活动，意义也非常大。这封信之后，我会把朋友女儿的一份简历发过去供你参考。她是山西财大的学生，今年夏天才毕业。去年，她参加上海万科地产公司招聘，经过大海捞针式的海选后进入面试阶段，与复旦大学等名校研究生同台竞争都不显弱势并最终脱颖而出，最大的杀手锏就是她的简历。透过她的简历，你可以体会到她简历背后表现出的强大的综合素质与实战能力。

特别建议你去图书馆学习。宿舍是休息的地方，图书馆才是学习的地方。脸到用时方恨丑，人帅也要多读书。此外还要适量运动。世界是你的，也是我的，但归根结底属于那些身体好的。拥有健康的身体不一定会拥有一切，但没有健康的身体，一切都不会拥有。这是一个流氓逻辑，但你必须认可。营养加运动，有健康才有将来，这句话，你懂得。也不要忘记品尝美妙的爱情。男人的一半是女人，心动的年龄，心跳的感觉，所有的美好都是恰逢其时。既要书约黄昏后，也要人约黄昏后。

用写信的方式来进行交流，好处是可以静下心来认真思考、梳理和总结，坏处是不免深陷严肃和拘谨，且一不留神就滑入了"心灵鸡汤"的模式和频道。所以提醒你，如果觉得"鸡汤"有毒，不妨把"鸡汤"倒掉，但拜托把"心灵"留下。

父母和子女是彼此间赠予的最佳礼物，很多情况下，父母的叮嘱，像海浪一样，总是无休无止，甚至一浪高过一浪，这确实是件烦心事。两个没有上过大学的家长给一个大学生提建议，就像坐在赛场看台上的观众对运动员指手画脚，不免有些滑稽。更为尴尬和不能免俗的是最终又谈到了"同事家的女儿"和太多的功利性，最终陷入"中国式家长"的套路和泥潭。的确，我们并不切实了解你的大学生活，在专业和规划方面，也并不比你懂得更多。之所以提出合理规划和利用时间的话题，恰恰是因为我们做得不够好，心存很多遗憾，进而想与你共勉。你是你自己的主人，我们尊重你的独立意志，我们真的不希望由此给你带来不必要的压力。

祝学习生活愉快，尽享大学美好时光！

你的老爸和老妈

所有被称作母亲的女子

吴鹏程

八年的恋爱，亦步亦趋，如影随形。当青涩走向成熟，爱就有了本质的升华。

瓜熟蒂落，自然洞房花烛。当喧闹的仪式结束，当最后一拨闹洞房的亲朋好友离去，彼时，烛光摇曳，灯下的女人，明眸皓齿，熠熠生辉。

望着眼前人，恍如画中人，男人忍不住吐出一句：书中自有颜如玉。

女人莞尔一笑，娇嗔一句：傻样。顿时，满室生香。那一对龙凤呈祥的红烛静默着，将烛光倒映在墙上，火苗跳跃着拉长，再拉长。

睡吧，男人深情地看了女人一眼，女人点之以首，笑之以目。一夜之间，重叠的世界，感受着宇宙洪荒。

一觉醒来，虽已是初冬季节，幸福的暖意，犹荡漾在脸上。

两人都注视着彼此，如同注视着爱情本来的模样。

船到桥头自然直，婚姻如港，摆渡人不舍昼夜。

相亲相爱的力量，是一种被加持的力量。日子，在女人那双轻盈的手中，被打理得丰润而殷实，温暖而甜美。少女时关于诗和远方的梦想，被柴米油盐酱醋茶替代。那些唯美浪漫的追求，已转化成真真切切的酸甜苦辣。

女人性格沉稳、内敛，很少撒娇发嗲，有的只是一味地贤惠与善良。每日工作之余，恬静怡然，相夫教子，勤俭持家。女人要强却不好胜，贤良淑德，知性优雅，把生活过得充实、惬意。男人的一个拥抱，足以令她欣慰，足以荡涤婚姻中所有的劳累。

是的，女人最好的嫁妆就是一颗体贴温暖的心，男人最好的聘礼就是一生的迁就与疼爱。

光阴似箭，日月如梭，女人在岁月中记录着点点滴滴的成长；透过满满的幸福，男人也看到了女人的操心费神，任劳任怨。

都说，女人是为爱而生的。初为人母的女人，节奏感瞬间从低频转化为高频。

每一个妈妈都会成为美厨娘、保健师、教育家。男人们无法理解母亲们十秒内必谈孩子的惯性交流，殊不知，每一位做了母亲的女子，都是为爱守护的天使。作为男人，一个局外人，我们不在其位，很难理解这种母爱的力量，以及由爱而生的"痴狂"。

对于人类而言，如果没有这种痴狂，哺育孩子可能是一件无法完成的事情。在这个过程中，人类所有的激励机制、奖惩制度都无法保证一个不是妈妈的人达到妈妈的境界。

妈妈是一个神，子女心中的神。

妈妈的爱，是人类存在的最高旗帜。

女人如花，男人是叶，有了叶的陪衬，花朵才更明艳。女人如花，男人是护花人，许之春风，温柔亲切；许之夏雨，甘甜清澈；许之秋韵，成熟丰满；许之冬阳，和煦温暖。

元宵佳节过后，迎来了女性的节日——三八妇女节。一场小雨，随风潜入夜，润物细无声。春天的踪迹，已藏于枝头那悄然而生的绿意之中，恰似女人那触手可及的柔情。南雁北归，杨柳依依，春光之美，娉娉婷婷，呼之欲出。

惊蛰那天，送孩子去学校。得闲之时，男人邀女人逛街，心心念念地想买一款心仪的礼品，作为节日的礼物，犒劳一年到头辛勤操劳的女人。女人摆摆手，拒绝了男人那份浪漫的殷勤。

"老夫老妻了，形式主义的东西就免了。"女人笑起来，笑里有痕，那是岁月的馈赠。

男人心头疼了一下，吻了上去。他想用这份恒久的炽热，熨平女人眼角的沧桑。

女人笑着，亦如当年恋爱时的情景。

爱妻子，一个理由足够

李丹崖

　　5月21日夜，风雨大作，积累了多日的雨，如大兵压境，随着隆隆的雷声倾盆而下。这天晚上，母亲和怀孕已然39周的妻子在客厅里看《裸婚时代》，我困意深浓，倒头睡下，迅速进入梦乡。

　　凌晨两点许，妻的叫声把我惊醒，可能是羊水破了，隔壁的母亲也应声醒来，母亲一看，赶紧催我打医院的电话，让他们派车来接，我知道，妻子快要生了。我一边打最近的妇幼保健医院的电话，一边提着事先准备好的东西往楼下走，每一步，我都是两股战战。

　　一分钟后，医院的救护车和我们几乎同时到达楼下，我搀着妻上车，不到5分钟，到达医院，值班医生为妻做了全面检查，说，宫口就要开了。

　　岳母闻讯赶到，妻顿时多了几许安慰。接下来是病房里漫长的等待，等待宫口再开一点。我丝毫没敢眨眼，陪着等。妻子的额头渗出了豆大的汗珠，我知道，那是疼痛所致。

　　5月22日9点，妻被推进待产区，我一边鼓励妻，一边焦灼无比，我被医护人员挡在了产房外，岳母陪着她进了待产区。

　　11时，和母亲换班出来的岳母说，妻的疼痛加剧了，估计是快生了，然而，一个小时后，还是没有动静，宫口才开3指。我心如刀绞，万般怜惜涌上心头。所有歌颂女人伟大的词汇纷纷跃入脑海，我开始为妻做好剖宫产的打算。亲戚挨个劝我，说还是顺产好。顺产的话，妻生产后就能下床走动。他们哪里知道，我是在心疼妻。

近13时，妻难挨疼痛的折磨，打了麻醉。当医生要我在同意麻醉的协议书上签字的瞬间，我再次双手颤抖，问清所有可能出现的危险后，我才颤颤巍巍地签下我的名字。我感觉，那是我今生签的最没底气的名字。

麻药需要背部穿刺，异常吓人。我看到岳母红着眼睛从产房出来，我的心中瞬间满溢酸楚。母亲轮班进去看妻，我继续焦灼地等待。有生以来，我第一次感觉时间过得这么慢。医院有七层，我一会儿上，一会儿下，不敢坐电梯，总怕耽误时间。

16时许，妻子被正式推进产房，1小时后，我的女儿芊墨出生。看着她粉白的皮肤和小小的嘴唇，我百感交集，一种无法言说的感觉在心头摇荡。

父母和亲戚抱着孩子向病房走去，我待在楼道里，开始等妻。医生说，产妇需要观察两小时才能出产房，我守在外面，丝毫不敢远离。大约两小时后，妻子被推出产房，那一刻，我有万般的爱怜想对妻说，一切都在我们四目相对的瞬间明了。

人人都说，儿女的生日是母亲的苦难日。女儿芊墨睡在洁白的床单上，还不懂得这个道理。等她懂事的时候，我一定把该讲的一切，讲给芊墨听。每年芊墨生日的时候，我会让孩子起个大早，洗漱完毕，给她的母亲磕头，要带响的那种，因为，这是感恩的声音……

爱妻子有千万个理由，一个理由已足够，那就是，她冒着生命危险为你生了一个孩子；

爱母亲有千万个理由，一个理由已足够，那就是，她忍着十月怀胎之苦，孕育了你！

妻子的男人情怀

孙道荣

　　我和妻子婚后很长一段时间，都是两地分居。两地分居的结果是，她不得不独自承担起家庭全部的责任，既是妻子，也是丈夫；既当妈妈，又当爸爸。因而，在她的身上，除了女性固有的温柔，还多了一份男人的担当，男人的情怀。

　　刚结婚时，婚房安置在老家的县城，而我在另一个城市工作，只有周末才有可能回去。房子在哪儿，家就在哪儿，我们这个小家庭的全部重担，都落在了她一个人肩上。20世纪90年代初，生活还比较艰苦，即使在县城，烧的也还是煤炉，条件好一点的人家，才能用上罐装液化气。虽然周末我回去后，会尽量将家里需要做的重活，提前做好，但是，仍难免有突然断了煤球的时候，这时候，她就会自己去买煤球。搬动几十个煤球，对一个男人来说，或许不算什么难事，但对于一个一直读书的女孩子来说，就不大容易了。煤球一步一挪地搬回家，常常累到虚脱，她年轻俊俏的脸蛋上，会被黑色的煤灰和汗水，画成大花脸。

　　除了体力活外，几乎所有原本属于男人的活，妻子也不得不自己去做。比如换灯泡。灯泡忽然坏了，怎么办？等我回去，还得三五天，妻子又一向不愿意麻烦别人，便自己换。我们住的是平房，白炽灯往往吊得很高，家里又没有梯子，妻子便吃力地先将餐桌挪到灯口下面，站到桌子上，高度还是不够，再在桌上加个方凳子，这样才能勉强够着。有一次，妻子已经怀孕几个月，灯泡又坏了，她又一次爬上了餐桌，摇摇晃晃地站在方凳子上，更换灯泡。谢天谢地，她没有摔下来，但从餐桌下来时，还是不小心崴了脚。我周末回家看到她依然肿胀的脚背，才获知此事，除了心疼，除了后怕，就是深深的自责。但妻子却一脸平静，没有责怪，没有抱怨。这件事情，促使我加快了办理妻子工作调动的节奏，不能再让她一个人独自承担这一切了。

妻子十月怀胎，我没能尽一个丈夫的职责，没能好好地照顾她。在我们的孩子出生后，总算好事成双，她也顺利地调到了我所在的城市。那是一段忙碌而快乐的时光，我们一起养育孩子，也一起分担琐碎的家务。可是，好日子没过几天，我又调到了离家更远的浙江工作。我原本是想放弃这次机会的，长辈们也不愿意我到外地去工作，妻子是家里唯一的支持者，好男儿志在四方，她不希望我因为家庭的拖累，而放弃自己的追求。

我们再一次两地分居了。这一次，留给她的担子更重了，不但要照顾好我们的小家庭，养育好年幼的孩子，还要照顾我们两家的长辈。那时候，岳母不幸得了白血病，她作为家里的长女，最为辛苦。为岳母找医生，陪着岳母到苏州治疗，回到家，还要一个人照顾孩子。纵使再忙再苦再累，她也丝毫没有松懈给牙牙学语的孩子以良好的启蒙教育。我们的孩子后来学有所成，与从小养成的学习习惯和态度有着不可分割的关系，这都是他妈妈的功劳。

最让我对妻子刮目相看的是，她为了不让我再次为她的工作调动费力劳神，竟毅然决定以考学的方式，来实现全家团圆的梦想。那时候，她走出校门已经 13 年，自己也已 34 岁"高龄"，却准备报考浙江大学的研究生。所有人都认为，这绝对是不可能完成的任务。自从决定报考研究生后，她一边工作，一边养育孩子，一边照顾母亲，一边自学，用了一年时间，在 300 多名报考浙江大学法学院的考生中，以前 10 名的傲人成绩被录取。接到她的录取通知书那天，我流泪了，感谢她所有的艰辛付出，也感恩我们一家人来之不易的再次团聚。

我第一次在大学校园见到她时，她是一个漂亮、温柔、聪慧，还有点孱弱的女孩子，生活一次次改变她，她也一次次以坚强的身影，去勇敢地迎接并改变生活。她并不是女汉子，但她的身上，确有一股男人的情怀，有不被困难压倒、敢于直面和独自挑起重担的意志。我一直错误地以为，只有坚强的男人才有这样的品质，然而在我妻子身上，在其他很多女性身上，我也看到了这个闪光的亮点。所以，当妻子后来义无反顾地辞去一家公司总经理的职务，从头开始去做律师的时候，我像以往一样坚定地支持并相信她，我知道，这是她又一次以勇敢的姿态，向人生，也向自己，发起挑战。

2018 中国妈妈现状调研报告

内容提要

儿童时期是人的身体机能快速变化。心理和行为发生发展以及健全人格初步形成的重要时期，从行为生物学的角度看，这一期间儿童的生理机能不断发展，身高和体重增加较快，神经系统、大脑皮质的结构和功能也正逐步成熟和完善，这个时期的孩子处于发展潜力和可塑性引导的重要时期。新近的研究表明，人类的另一个大脑——肠脑，在这一时期也迅速发展，其带来的头脑神经系统发育对孩子一生身心的发展至关重要。

与此同时，父母的教育在孩子的成长过程中也起着颇为重要的作用。国内外调研都表明：父母教育缺失的孩子多表现出孤僻、多疑、敏感、自卑等性格倾向，有些地方青少年犯罪率甚至高达40%。留守儿童和单亲孩子的逐渐增多已经凸显为社会问题，关注和帮助这部分弱势人群，已经成为当前的一个重要课题。

流行病学调查表明，越来越多的孩子容易出现各种心理问题，尤其是自闭症（或称自闭症谱系障碍、ASD、孤独症、艾斯伯格综合征等等）。最令人担忧的是，这种大脑发育障碍类疾病呈现逐年迅猛增高态势。

孩子们的身心健康问题不仅关乎孩子本身，还关乎整个家庭，不只父母这一代，还有他们的祖辈一代，甚至还关乎全社会的安全和利益。

行为生物学研究表明，男性在人类本能分工当中，具有女性不可替代的作用，诸如培养孩子的野外活动能力，带领孩子接触大自然，教给孩子们解决困难的方法等等。父母积极参与孩子的成长，特别是父亲用心呵护孩子，对于孩子的健康成长有十分积极的作用。

2014年6月，《中国爸爸蓝皮书》"中国好爸爸"课题组在全国5个省市幼儿园进行了问卷调研，对中国爸爸群体第一次用大数据给予完整呈现：中国的爸爸到底是什么样子的？他们称职吗？他们在做父亲的过程中遇到了哪些困惑和问题？提供怎样的帮助能让他们成为一个受孩子和妈妈们欢迎的爸爸呢？他们在家庭生活中的哪些付出被家人低估了呢？

在进行"中国好爸爸"课题研究时，研究组发现了一个有趣的现象，中国爸爸们对妻子的评价和孩子对妈妈的评价有许多重叠的评语，比如都认为中国妈妈们在家庭中的付出和奉献最多，是"超人妈妈""超人妻子"。那么中国妈妈是不是超人呢？她们有什么困惑和烦恼？她们的真实想法是什么？她们最需要什么帮助呢？我们的社会应该从哪些方面关爱妈妈这个群体呢？

作为2018健康中国行科学健身主题宣传活动——"守护童年健康同行·家庭环境健康公益行"项目的重要工作之一，由中国妇女发展基金会、幸福家庭公益中心主办，中国科学院心理研究所专业支持，青岛海尔空调器有限公司、好空气宝贝学院支持，成立了由中国心理学领域、教育研究领域、营养研究领域、运动研究领域、医疗应用领域、媒介领域的专家学者组成的"中国好妈妈"课题研究团队，开展针对中国妈妈现状的课题研究。

课题组围绕妈妈在家庭生活中的作用、如何养育子女、如何调动丈夫参与家庭生活、对生育二孩的看法、对育儿平台的需求、对居室健康的需求等内容进行深入研究。我们认为，关注妈妈的心理动态，让爸爸了解妈妈的内心世界，让爸爸更加了解妈妈对家庭的付出和爱，对家庭教育的发展具有重要意义。

课题组从妈妈和爸爸两个方面来了解，既关注妈妈对自己角色的定位和期许，也了解爸爸眼中妈妈的形象和爸爸对妈妈的期望，从而为妈妈更好地完善自己的角色提供一些启示和帮助，让全社会能够更加关注母亲和父亲两种不同的角色，共同守护好孩子的童年！让家庭更幸福，让孩子更优秀！

课题研究从 2018 年 4 月开始到 9 月结束，历时半年多，在北京、上海、广州、深圳、武汉、青岛、郑州等重点城市，采取问卷调研、小组座谈、深度访谈等形式在幼儿园、社区、妇幼保健院等地共针对 3000 人进行了调研。截至 2018 年 8 月底，共回收有效问卷 2100 份。

经过认真调研，主要研究结论如下：

一、父母共同养育，孩子心灵更健康。

二、父母高质量陪伴，孩子更聪颖。

三、父母分工合作，孩子更出色。

四、妈妈追求自我发展，家庭事业更平衡。

五、妈妈在职场工作，育儿生活更愉快。

六、二胎宝宝计划，考量更理智。

七、利用现代育儿平台，养育更轻松。

八、居室环境改善，孩子成长更健康。

一、父母共同养育，孩子心灵更健康

全世界的所有家庭都一样，在养育孩子的过程中妈妈是主角，她们身兼多职，保姆、司机、厨师、医生，最重要的是，她们还要负责孩子的教育，正所谓"好妈妈胜过好老师"。

社会和家庭给了妈妈们很大的压力，如果孩子在成长过程中有任何差池，首先被问责的，就是妈妈。爸爸在哪里呢？现在的社会状态决定了多数爸爸主要负责提供经济保障。参与孩子养育过程的爸爸相对来说并不多。

孩子们能否身心健康地成长，不仅取决于孩子本身，还取决于他的整个家庭氛围，以及社会整体氛围。从男女性别和社会角色的差异角度看，父亲在带领孩子接触大自然、培养孩子的野外活动能力、教给孩子们解决困难的方法上的优势是显而易见的。

相当多的父亲不了解父亲角色对孩子的影响，不知道自己应该怎样做才能成为一个合格的爸爸。

世间诸多岗位、角色的胜任，均离不开一场场培训与考核，然而在成为父母的重要角色中，我们全然"自动上岗"，在实践中摸索前行。

这一次的课题调研，我们希望能够勾勒出中国爸爸、中国妈妈的真实形象，通过对爸爸妈妈角色中共性特征的提炼，帮助爸爸妈妈们对自身和孩子有更多的了解和认识，为他们成为一个好爸爸、好妈妈提供行之有效的帮助，为孩子的健康成长创造良好的环境。

1. 父母晚育、高学历呈上升趋势

不同时代的父母，有不同的特点，21世纪的父母是什么样子？他们到底是在多大年纪生育孩子的？

根据调查，大部分的中国父母属于晚育，有超过84%的父母生育孩子的年龄在30—40岁之间。另外还有11.5%的爸爸年龄偏大，是在40岁后生育的孩子。与爸爸的年龄相比，妈妈的年龄相对较年轻，高龄妈妈比例很少。

父母高学历呈上升趋势，根据调查，超过45%的中国父母的学历为大学本科，硕士及硕士以上学历的父亲占24.1%，母亲占19.5%。

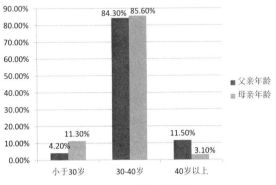

图1-1　父母年龄分布

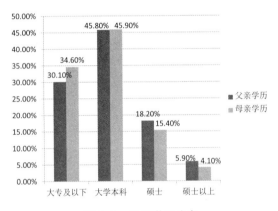

图1-2　父母学历分布

2.有时间陪孩子，才是对孩子真上心

我们平时经常会接受很多妈妈的咨询，这些妈妈总是抱怨爸爸对做家务和教育孩子不上心，说爸爸是家庭的隐形人，不关心孩子。爸爸通常会辩解：我已经做得很好了，不出轨，收入上缴，相比于同事，更少加班，更少应酬，也没少干家务，你还希望我怎样？

尽管爸爸们嘴上不承认，但是调查数据却表明，爸爸在家庭中的作用并不大。

我们从爸爸妈妈对孩子的态度和关注度两个方面进行对比，看看爸爸妈妈对孩子的爱是什么样的。

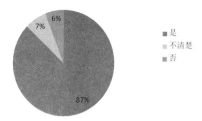

图 1-3　我认为自己已经为孩子的成长创造了良好的家庭氛围
（爸爸的情况）

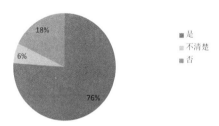

图 1-4　因为没有足够的时间陪伴孩子而感到内疚
（爸爸的情况）

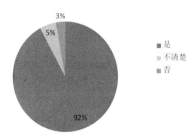

图 1-5　我认为自己已经为孩子的成长创造了良好的家庭氛围
（妈妈的情况）

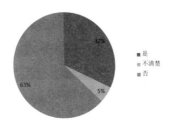

图1-6　因为没有足够的时间陪伴孩子而感到内疚
（妈妈的情况）

结果表明：有87%的爸爸认为自己已经为孩子的成长创造了良好的家庭氛围，但是有76%的爸爸会因为没有足够的时间陪伴孩子感到内疚。

有92%的妈妈认为自己已经为孩子的成长创造了良好的家庭氛围，只有32%的妈妈会因为没有足够的时间陪伴孩子感到内疚。

没有足够的时间陪伴孩子，就会游离在孩子的成长之外。从生理上讲，爸爸和妈妈进入角色的途径很不一样。妈妈们十月怀胎，很早就和孩子建立起心理和生理的链接，每一次胎儿的变化，妈妈都有直接感受。而这一切，都是爸爸望尘莫及的，爸爸只能通过妈妈来感受孩子的成长和存在。换言之，爸爸的存在和角色定位，也需要妈妈来确立。如果妈妈否定爸爸，爸爸和孩子的链接就不会稳定、亲密。所以，爸爸的地位是妈妈确立的。我们发现，孩子和爸爸不亲密，甚至关系紧张、敌对，除了爸爸的主动性不足，为孩子做得少，背后还有一个否定爸爸的妈妈。甚至爸爸自己也没有主动想要确立自己的地位。

妈妈在养育子女过程中对父亲角色的需求，主要基于三个维度：

1. 分工与承担　一个会调动父亲能动性的妈妈，显然比一个"包打天下"的妈妈更轻松一些。她们明确自我的优势与劣势，让父亲参与孩子的养育过程成为必然结果。

2．权威的建立与性别意识 父亲在养育孩子的过程中不仅仅是一个"工种"的承担者，更是孩子性别意识的最初导师和权威崇拜的启蒙者。古往今来"母强子弱"的故事不仅仅源于母亲的全部包办，更是因为男性角色模仿机会的缺失。

3．链接与稳定的需求 试想一个家庭中，父亲角色可有可无，整个家庭在这个角色若隐若现的状态下依然运行顺畅，孩子对父亲的依恋，甚至父亲对家庭的依恋自然不会多。爸爸辛苦出差归来，发现孩子对自己没有思念、渴望、亲热等情感反应，长此以往，谁还能念念不忘，心有牵挂呢？

母亲的适度示弱，寻求协助，做一个家庭情感的联络官，或许才是真正的超人能力的体现。

研究发现，童年时期爸爸陪伴少的孩子，成年后，面对金钱、婚姻以及人际关系时，往往缺少安全感，难以从容应对。

站在孩子成长的角度看，爸爸的陪伴至关重要。爸爸的陪伴会让孩子更有安全感，而这种安全感，会陪伴孩子一生，决定他未来的生活状态，未来的婚姻生活，甚至会一代代延续下去。

婚姻的幸福和金钱、物质不成正比，而是和爸爸是否细心体贴、妈妈的情绪是否稳定更有关系。一个甩手掌柜似的爸爸，挣再多的钱给家里，都不如一个体贴、暖心、能替妈妈分担家庭事务的爸爸，更让妈妈和孩子感觉到家庭的温暖、幸福。

既然两人是因为爱而进入婚姻，因为爱而携手相伴，那么就应该为了爱，各自多分担生活的责任、更积极地参与家庭建设。爸爸妈妈共同携手，一起面对生活中的种种喜怒哀乐，是幸福家庭的重要特征。

二、父母高质量陪伴，孩子更聪颖

研究发现，陪伴孩子时间较少的父母，一方面对孩子关注度不够、耐心度不够，孩子不服从的时候容易打骂孩子；另一方面由于对孩子照顾不够，又容易因内疚心理而对孩子放任溺爱，对孩子没有惩罚或奖励。

大量的教育心理学、社会学等研究结果表明，父母陪伴多的孩子在智商和学习成绩方面有更大的优势。

心理学家麦克闵尼的研究结果表明：一周内与父亲接触不少于12小时的孩子，比那些一星期之内接触不到6小时的孩子智商更高一些。亨德森等研究者指出：父亲投入孩子的养育过程与孩子注意力的增强、违纪问题的减少和洞察力的增强有密切联系。美国耶鲁大学连续12年的研究结果也证实，从小爸爸参与更多养育过程的孩子智商更高，更聪明，在学校易取得好成绩，在社会上更容易成功。

（一）父母陪伴意味着什么

每天陪伴孩子多于一小时的父母，对待孩子的态度（参与、陪伴、关注、管教和照顾）都要明显好于陪伴时间少于一小时的父母。

每天父母陪伴多于一小时的孩子，对父母的依恋程度以及父亲与母亲的协同方面也明显好于陪伴时间少于一小时的父母。

相关分析表明，父母每天陪伴孩子的时间与对待孩子的态度（参与、陪伴、关注、管教、规范、依恋、照顾）存在显著的正相关，而与专制、放任、溺爱等不良的教养方式存在显著的负相关。

这些都会导致家庭成员的幸福指数产生明显差异。

陪伴孩子时间的长短，和以下几个指标密切相关：家庭幸福度，亲子了解度，孩子亲密度，教育有效度，孩子健康度。

1. 陪伴时间长，家庭幸福度高

女人往往比男人更感性，丈夫亲密的陪伴和分担，往往让她们感觉更幸福。在访谈中，我们看到很多丈夫事业有成、收入高、工作强度大、在家时间短，这样的家庭和丈夫收入中等、工作强度轻、陪伴家人时间多的家庭相比，前一类家庭中妈妈的幸福指数，没有后一类家庭中的妈妈高。说明丈夫的陪伴和分担，让女人更幸福。

对每天陪伴孩子少于一小时的父母与多于一小时的父母进行对比，可以发现：

每天陪伴孩子的时间	多于一小时的父母	少于一小时的父母
创造良好的家庭氛围	高	低
为孩子树立榜样	高	低
是否因陪伴时间少而感到更多的内疚	少	多
陪孩子外出游玩	多	少
陪孩子吃饭	多	少
照顾孩子的日常生活	多	少
早早回家陪孩子	多	少

图 2-1

父母多陪伴一小时，就能多参与家庭生活，家庭幸福指数随之提高。

2. 陪伴时间长，亲子了解度高

每天陪伴孩子多于一小时的父母更了解孩子的喜好，他们更了解：

- 孩子喜欢和谁在一起玩。
- 孩子最喜欢玩的地方。
- 孩子最喜欢的游戏。
- 孩子最喜欢的食物。

3. 陪伴时间长，孩子亲密度高

每天陪伴孩子多于一小时的父母更容易和孩子建立亲密关系。他们：

- 晚上带孩子出去散步更多，经常为孩子做好吃的、讲故事，陪孩子做游戏、聊天，带孩子到自己或孩子的朋友家玩。
- 每周户外活动次数、每次户外活动时间和出去旅游的次数都要明显多于陪伴时间少于一小时的爸爸妈妈。

只有多陪伴孩子，爸爸妈妈才能更了解孩子，才能跟孩子建立亲密的关系，才能有更多的时间参与各种活动，才能见证孩子的成长过程。

4. 陪伴时间长，教育有效度高

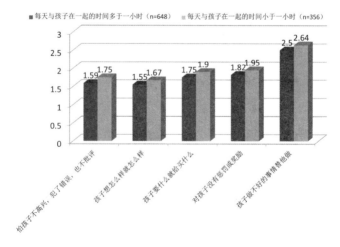

图2-2

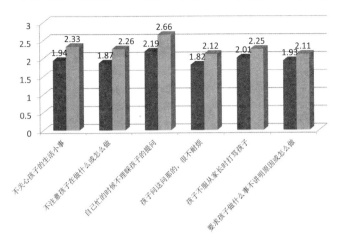

■ 每天与孩子在一起的时间多于一小时（n=648）　■ 每天与孩子在一起的时间小于一小时（n=356）

图 2-3

统计数据表明，每天陪伴孩子少于一小时的爸爸妈妈可能出于内疚，他们在日常生活中更多地希望给孩子做出一些补偿，与陪伴孩子时间较多的父母相比，陪伴时间少的父母在行为模式上存在显著不同。

- 他们会更溺爱、纵容孩子，即使孩子犯了错，他们也较少批评，孩子想怎么样就怎么样，想买什么就买什么，对孩子也没有惩罚或奖励，孩子做不好的事情还会替孩子去做。
- 他们对孩子关注不够，没时间关注孩子的生活，忙的时候不理睬孩子，孩子不服从的时候还容易打骂孩子。

5. 陪伴时间长，孩子健康度高

统计发现，每天陪伴孩子少于一小时的爸爸妈妈，在教养方式方面表现出异常，与之相对应的孩子在某些健康状况和生理指标中也表现出异常。

- 陪伴时间少于一小时的爸爸妈妈们在教养方式中明显偏向

于放任、专制和不一致。而陪伴孩子较长时间的爸爸妈妈们则明显地采取了开放、包容、民主的教养方式。

- 调研结果表明，每天陪伴孩子少于一小时的爸爸妈妈培养出的孩子，其健康状况明显比父母陪伴时间长的孩子要差很多。这些孩子更多地出现腹胀、腹泻状况，服用抗生素的次数也明显增多。

通过以上对比发现，父母陪伴孩子时间较少并不仅仅是与孩子在一起的时间少，更重要的影响是由此引起了父母和孩子心理和行为的变化，导致了一系列的不良后果。父母在对待孩子方面表现出了明显的错误引导，在教养方式上也出现了明显的异常，在父母这种错误观念和行为的影响下，很难想象他们的孩子会被培养成为一个心理和生理健康的孩子。

爸爸妈妈更多的陪伴对孩子的身心健康和智力发育都有明显的影响。爱的程度与投入的时间成正比。

（二）怎样的陪伴质量更高

陪伴的时间很重要，陪伴的质量也非常重要。通过分析父母与孩子的亲子活动内容发现，高质量的亲子活动是以孩子的需求为主，和孩子一起做孩子想做的事情，包括运动、四处走走、教孩子认识看到的事物、和孩子聊当天的事情、给孩子讲故事、教孩子一些人生道理等。这些事情，爸爸们选择的比例明显高于妈妈。这些活动既是对孩子有意义的，也是孩子有需求的。

1. 户外运动有利于身体健康

在我们得到的数据中，通过比较，发现经常参加户外活动的孩子身体更健康，孩子腹胀的比例明显减少，孩子生病的次数也明显减少。

可能是由于户外活动多了，孩子的运动多，身体得到锻炼的机会多，并且孩子接触土壤和各种环境微生物的机会也多，依据"卫生假说"和达尔文医学的理论，这种孩子的免疫系统会更强，抵抗力也更强，更不容易得各种疾病，身体当然更健康。

2. 越多地带孩子参加户外活动的爸爸越民主

日常亲子活动的地点不同，对孩子的影响也不一样。通过调查发现，亲子活动多发生在家里的父亲，他们对待孩子的方式明显地表现为漠视、专制，或者随意、没有规则。

主要的表现是：

- 自己忙的时候不理睬孩子的提问。
- 不向孩子做任何许诺。
- 孩子做不好的事情替他做。
- 培养孩子哪方面特长由家长决定。
- 要求孩子做什么事情都必须报告家长。
- 要求孩子做什么事，不讲明原因或告诉孩子怎么做。
- 孩子做了错事，有时批评有时无所谓。
- 对孩子的学习、生活，有时关心有时不关心。
- 有时说服孩子，有时强制孩子。
- 对孩子的无理要求，有时满足有时拒绝。
- 同样一件事，有时允许有时拒绝。

相比于经常带孩子参加户外活动的父亲，亲子活动发生在家里的父亲更多的教育方式是放任、专制和不一致。

而经常带孩子到户外活动的父亲的确表现出更多的好爸爸特点，他们在对待孩子的态度（参与、关注和支持方面）都要明显好于经常陪孩子在家活动的父亲。

除此之外，通过进一步对比不同户外活动次数发现，结果与上述结果比较一致，每周带孩子参加户外活动次数越多的父亲越表现出好爸爸的特点。

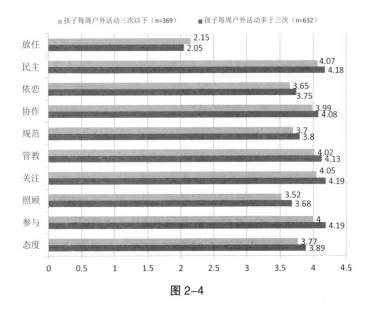

图 2-4

- 他们在对待孩子的态度（参与、照顾、关注、管教、规范、协作和依恋等方面）都要明显好于带孩子参加户外活动次数少的父亲。

- 在教养方式方面，带孩子参加户外活动次数多的父亲表现得更加民主，而带孩子参加户外活动次数少的父亲表现得更加放任。

- 调查结果显示，每次户外活动时间之间并没有太大差异，说明只要到户外去了，活动时间长短可能对孩子的影响并不明显，关键还是去不去户外。

- 此外，每年外出旅游次数也会影响父亲与孩子之间的亲子关系、父亲的教养方式和孩子的健康状况。旅游次数越多，父亲表现出的好爸爸特点越多越明显，教养方式也越科学。

- 相关分析的结果同样表明，父亲带孩子参加户外活动的次数与对待孩子的态度（参与、陪伴、关注、管教、规范、依恋和照顾等方面）存在显著的正相关，而与专制、放任和溺爱等不良的教养方式存在显著的负相关。

通过上述结果发现，带孩子到户外活动的父亲具有更好的教养方式，具有更多的好爸爸的特点。所以，要做一个好爸爸就需要每天多陪孩子一小时，多带孩子出去玩，多带孩子到户外、到大自然中去，多让孩子接触接触土壤。一方面孩子通过与自然万物的接触，可以观察到更多的自然现象，学习到更多的自然知识；另一方面孩子在到户外的过程中能够接触到更多的环境微生物，这些微生物与孩子的生长发育密切相关，能够影响孩子的身心健康甚至智力发育；更重要的是爸爸带孩子到户外去的意识能够显著影响到爸爸的日常行为，有助于形成良好的教养方式和亲子关系。

此外，户外或者体育活动较多，对孩子的健康也大有好处。爸爸带宝贝去打球、爬山、捉虫子等等，往往和孩子一起疯得不亦乐乎。孩子的衣服脏了破了，爸爸们也会一笑置之。这样乐此不疲的"脏"和"累"，正是妈妈们不擅长，甚至不能接受的。男性不像女性那样爱干净，对在户外摸爬滚打、玩泥土、挖沙子这样的游戏，爸爸往往抱支持态度。那么，"脏"一点对孩子的健康有害还是有益呢？

行为生物学研究结果表明，"脏"孩子似乎更健康。因为健康人体所携带的微生物有 1.4 公斤—2.3 公斤，数量是自身固有细胞的 10 倍以上，只有数量庞大的微生物与人共生，才能形成人体的免疫防线。如果孩子的生长环境和生活方式太过干净，很少接触细菌，体内产生的抗体就会减少，造成免疫力水平较低。这时，一旦有大量有害微生物侵入，孩子很容易感染发病。

流行病学调查表明，大多数生活在农村的孩子比城市里的孩子身体更健康，他们中极少有人为过敏体质，反而是生活在过于洁净的空间里的儿童更容易过敏，抵抗力更弱。从养育孩子的角度来看，爸爸们对孩子的卫生问题大多是"任其自然"。

大自然中有人体需要的大量共生菌，尤其是与土壤的亲密接触，更是补充共生微生物的最佳方式。自然界中的这种天然屏障会保护孩子，所以爸爸对孩子的宽松态度有助于孩子的健康成长。

此外，参加户外体育活动也是孩子锻炼身体、磨练意志的过程。与妈妈的细心呵护不同，爸爸更愿意带着孩子"闯世界"。妈妈精心呵护的"小苗苗"若想身心健康地成长，一定要让爸爸参与进来，多带孩子们出去经历风雨，多磨砺才有灿烂的未来。

3. 高质量陪伴，亲子拥抱更有效

对孩子而言，拥抱是最安全、最温暖，也最直接的情感交流，是父母与孩子彼此之间最愉悦的互动——你的眼里只有他，他的眼里也只有你，彼此都很享受这个"身心在一起"的过程。

对于孩子来说，拥抱更多的是一种心理感受。婴儿时期，孩子在妈妈的臂弯里很舒服，很享受，妈妈也很享受。趴在爸爸宽阔的胸前，倾听爸爸的心跳，爸爸抱着孩子散步，或者抱着孩子讲故事，孩子在感受着一个坚实的胸膛，这是孩子和大人心贴心的一种姿势。

等孩子长大一些，他的脊柱已经发育得好一些了，可以用一个小袋子把孩子兜起来，孩子可以转过身来，不一定是胸脯贴着爸爸或妈妈，可以是后背靠着的。在爸爸妈妈的支持下，他有了更开阔的视野，获得了更多的外界信息的刺激，在这个时候，爸爸妈妈再给他讲："你看，小鸟飞起来了，大象在走路呢……"孩子对世界的感知就会特别丰富、具体。

父母与孩子之间有一种天然的情感链接，不用强调太专业的手法，他们自然会找到一种很舒服的姿势。孩子依偎在父母身上，彼此享受着这种信任与依赖。爸爸一手抱着孩子，一手牵着妈妈，这种一家三口的亲密关系，也会影响到孩子。

一些关键时刻的拥抱也值得关注，比如每天早晨孩子刚刚起来，给他一个拥抱；在短时间离开时，给孩子一个拥抱，告诉他爸爸妈妈要出去了；等回来时再给孩子一个拥抱；睡觉之前是一个增进亲子感情特别好的时机，睡前的陪伴，睡前的皮肤接触是特别重要的。

孩子害怕的时候，比如去到一个陌生的环境，我们一定要搂着他，抱着他，让他放松，让他不要过于害怕；孩子做得好，父母要发自内心地鼓励他、表扬他，给他一个大大的拥抱；当孩子做错事的时候，一方面我们不包庇，要指出孩子的错误，给予他一些惩罚，但另一方面，我们也要告诉孩子，无论你是美的、丑的、好的、坏的，爸爸妈妈的怀抱永远是向你敞开的，爸爸妈妈永远爱你，愿意和你一起面对错误。当我们成为孩子坚强的后盾时，孩子做错事了，孩子遇到挫折了，他才会投入爸爸妈妈的怀抱，寻求爸爸妈妈的帮助。

4. 拒绝隐性失陪

父母对孩子高质量的陪伴是宝宝成长发育的必需品，我们知道，脑细胞的生长在 6 岁时完成 90%，10 岁时完成 95%，20 岁时全部完成。宝宝在出生后的前 3 年里，脑细胞会急速地生长到 60%，所以前 3 年高质量的陪伴对孩子的一生具有非常重要的影响。

调研报告显示，与普通意义上的"失陪"相比，隐性失陪更容易被忽视。虽然父母有足够多的时间陪伴婴幼儿，但因为缺乏有效的沟通，从而给孩子造成精神失陪。

超过 40% 的父母每天陪伴婴幼儿的时间超过 2 小时，但 45% 的父母在陪伴时玩手机或打游戏。

从陪伴时间看，婴幼儿的父母在显性陪伴方面表现不错，有固定的亲子相处时间。但依然存在隐性失陪现象，即父母虽然拿出时间陪伴孩子，但与孩子缺乏有效的互动，且陪伴质量普遍偏低。

5. 高质量陪伴有妙招

基于 0-3 岁的孩子年纪尚幼，关注力和理解能力有限的生理特点，如果仅是父母单向引领，很有可能是父母辛辛苦苦，孩子未能配合。其实在陪伴的过程中，父母要注意陪伴方式的改进、创新。

（1）提高孩子的参与度，是提高陪伴质量的一个妙招。例如绘本阅读，怎样才能不变成父母的一言堂呢？建议父母看过绘本后，征询孩子的意见，画一个孩子心中喜爱的形象，让孩子说出这个形象的特点，提升孩子的想象力、创造力；在绘画的过程中故意画错，借此提升孩子的观察能力；通过与孩子一起修正来提高孩子的纠错能力。如此一来，一次简单的陪伴便可三合一，家长也在无形中获得更多来自孩子的反馈。

（2）DIY 更能提高孩子举一反三的能力。在诸如对已有绘本、游戏进行体验后，父母如果能和孩子一起制定新的规则，创造一个属于自己的小游戏，则是深层次的规则运用与推演。相信几个自制的小游戏完成后，孩子在今后的学习生活中遇到举例子、做设计等问题便会迎刃而解，跨学科之间的融合也会自然而然。

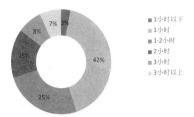

图 2-5　爸爸每天陪伴 0-3 岁孩子的时间

（平均每天陪伴时间）

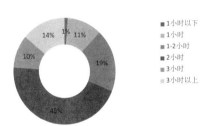

图 2-6　妈妈每天陪伴 0-3 岁孩子的时间

（平均每天陪伴时间）

图 2-7　父母陪伴 0-3 岁孩子时的状态

三、父母分工合作，孩子更出色

1. 丈夫参与度越高，妻子孕期、产后心理状态越好

影响因素	焦虑	抑郁	生活满意度	社会支持度
主要因素	1. 职业 2. 与家人在养育孩子方面观点差异性 3. 是否经常和丈夫讨论孩子的养育问题 4. 受教育水平 5. 年龄 6. 家庭目前共居人口数	1. 家庭目前共居人口数 2. 与家人在养育孩子方面观点差异性 3. 年龄 4. 职业 5. 对于孕产期及婴幼儿保健知识的了解程度	1. 家庭目前共居人口数 2. 受教育水平 3. 地域分类 4. 是否有过怀孕时合并重症疾病或生育过有先天性疾病的孩子	1. 是否经常和丈夫讨论孩子的养育问题 2. 家人在养育孩子方面观点一致性 3. 家庭目前共居人口数 4. 职业
一般因素	1. 此次怀孕是第几胎 2. 此次怀孕是否计划内 3. 丈夫是否能陪伴您产检或一起听孕妇课 4. 对于孕产期及婴幼儿保健知识的了解程度	1. 以前是否有过怀孕时合并重症疾病或生育过有先天性疾病的孩子 2. 此次怀孕是第几胎 3. 是否经常和丈夫讨论孩子的养育问题 4. 此次怀孕是否计划内	1. 职业 2. 产后您将和谁一起生活 3. 是否和丈夫经常讨论孩子的养育问题 4. 您每次产检是否有家人陪伴 5. 城市等级	1. 受教育水平 2. 每次产检是否有家人陪伴 3. 丈夫是否能陪伴您产检或一起听孕妇课 4. 丈夫是否独生子女

图 3-1　孕妇及产妇心理状态的影响因素

影响因素	焦虑	抑郁	生活满意度	社会支持度
基本无影响	1. 丈夫在兄弟姐妹中的排行 2. 孕前或目前是否养有宠物 3. 地域分类 4. 产后将和谁一起生活 5. 从怀孕到目前为止是否有合并症发生	1. 每次产检是否有家人陪伴 2. 孕前或目前是否养有宠物 3. 孕周 4. 丈夫是否独生子女	1. 您是不是独生子女 2. 丈夫是不是独生子女 3. 孕前或目前是否养有宠物 4. 丈夫是否能陪伴您产检或一起听孕妇课 5. 此次怀孕是第几胎	1. 孕前或目前是否养有宠物 2. 丈夫在兄弟姐妹中的排行 3. 产后和谁一起生活 4. 从怀孕到目前为止是否有合并症发生 5. 此次怀孕是第几胎

图 3-1　孕妇及产妇心理状态的影响因素（续表）

计划内怀孕，孕妇及产妇的焦虑、抑郁水平低，生活满意度和社会支持度高。

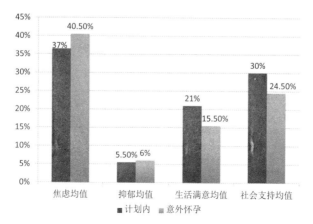

图 3-2　是否为计划内怀孕

与家人养育观点越一致，孕妇、产妇的焦虑、抑郁水平越低，生活满意度和社会支持度越高。

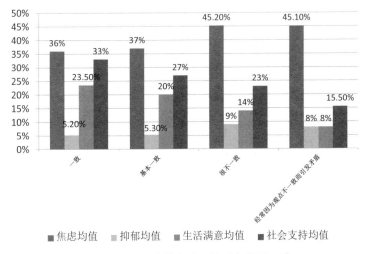

图 3-3　与家人养育孩子的观点是否一致

经常与丈夫讨论孩子的养育问题的孕妈妈、新妈妈的焦虑、抑郁水平较低，生活满意度和社会支持度较高。

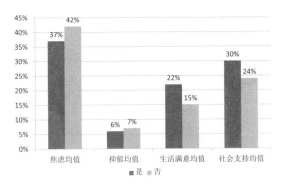

图 3-4　是否经常与丈夫讨论孩子的养育问题

2. 在吃喝玩乐中陪伴孩子

调研结果显示，爸爸妈妈们都表示自己了解孩子喜欢去哪里玩、玩什么、吃什么，而且了解程度相当高。妈妈对孩子喜好的了解程度要略高于爸爸。

但是，爸爸们很自信，他们笃定自己了解孩子的需求。

这组数据没有明确区分爸爸照顾的是男孩还是女孩。事实上，如果按照孩子的性别分别统计父母养育孩子的感受，我们会看到，在孩子的养育过程中，爸爸妈妈对不同性别的孩子，感受非常不同。

这是因为妈妈们通常照顾孩子比较精细、讲究营养、讲究科学，精耕细作，把不健康的、有危险的饮食和游戏排除在孩子的生活之外；而爸爸则更放手，胆子更大些，更在意孩子的个人体验，常带孩子玩一些平时被妈妈禁止的游戏，吃一些被禁止的食物，而这些游戏和食物往往更被孩子喜欢。

越来越多的妈妈和爸爸开始关注科学喂养，健康、无添加、纯天然的食物被现代父母前所未有地关注。

研究表明，抗生素导致的肠道菌群多样性的丧失可能是永久性的。当肠道菌群被破坏时，其他致病性细菌和微生物就可能侵入人体并迅速繁殖，产生不良后果。

抗生素并不是肠道细菌的唯一敌人。现在市场上许多加工类食品中都含有乳化剂——一种防止混合液中的油水分离的化合物。聚山梨酯－80是常见的乳化剂之一，经常被添加到冰淇淋中。现在市场上几乎所有沙拉酱中都含有某种类型的乳化剂，因为它们都含有油性和水性成分，需要使用乳化剂将两者混合在一起。很多其他的产品也是如此。尽管乳化剂很有用，但是它们可能对人类尤其是孩子的肠胃并不那么友好。当研究人员给小鼠饲喂在许多加工类食品和包装类食品中发现的乳化剂，比如聚山梨酯－80和羧甲基纤维素后，它们肠道中的细菌组成也发生了变化。更糟糕的是，这些小鼠开始出现肠道炎症和代谢综合征的迹象。中科院心理所行为生物学研究室的人员经过研究发现，肥胖和代谢综合征的发病率增加与加工类食品的摄入成正相关。至少，食用含有添加剂的食品对人类尤其是孩子的身体没有任何好处，更加糟糕的是，它可能正在以一种不利的方式改变我们的肠道菌群。

人工甜味剂作为另一种食品添加剂，也被发现可以改变肠道细菌的构成。研究发现，人工甜味剂，比如阿斯巴甜和三氯蔗糖，会促进肠道中某些细菌的生长，这些细菌可以从食物中摄取更多的卡路里并将能量以脂肪的形式储存。这可能导致食用者体重增长和肥胖风险增加。小鼠实验也表现出胰岛素抵抗和血糖控制不良的迹象。人造甜味剂听起来可能是"零卡路里"，但代价则是让那些更有效地吸收热量的细菌茁壮成长，这对于孩子来说绝对不是好事情。

调查发现，爸爸对孩子更宽松，他们不会在细节上对孩子多加约束，而是给孩子更多尝试的机会。

以男孩为例，男孩单独和父母在一起相处同样的时间，做同样的动作，被妈妈批评的次数，是被爸爸批评次数的十倍。妈妈会一直要求孩子慢一点、小心点、安全点、干净点、听话点、有计划点……别把衣服脏了、要多喝水、多穿衣服、别冻着、少吃垃圾食品，等等。对妈妈来说，弄脏衣服、吃垃圾食品等行为是无法认同的，在给自己带来麻烦。

爸爸则不会因为这些事情批评儿子，因为这对爸爸来说，根本不算什么，他甚至乐在其中，愿意陪着孩子一起做这些事情。

这是性别的差异造成的，作为女性，妈妈更认同干净、整洁、有计划、有条理、安静、小心、稳重等行为和个性，而爸爸则更能接受冒险、尝试、大胆等举动。

从孩子的角度来说，这个世界对他们是很有诱惑力的，让他们充满好奇，他们需要通过更多的体验和尝试，来慢慢了解这个世界，慢慢了解自己，这是孩子成长必须经历的一个过程。

所以说，爸爸和妈妈是没办法互相取代的，孩子既需要温柔细心的妈妈给予他们无微不至的关怀，也需要粗犷勇敢的爸爸带他们去做更多尝试，去体验更丰富多彩的生活。

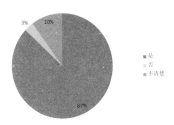

图 3-5　爸爸知道孩子最喜欢去哪里玩

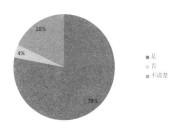

图 3-6　爸爸十分清楚孩子喜欢玩哪些游戏

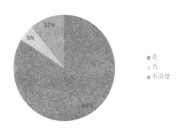

图 3-7　爸爸知道孩子喜欢吃哪些食物

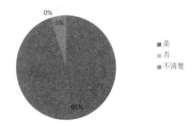

图 3-8　妈妈知道孩子最喜欢去哪里玩

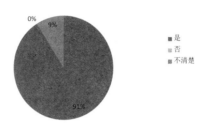

图 3-9　妈妈清楚孩子喜欢玩哪些游戏

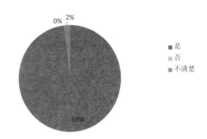

图 3-10　妈妈知道孩子喜欢吃哪些食物

3. 爸爸注重立规矩，妈妈注重守规矩

下面这组数据表明了爸爸妈妈对孩子有一个理想化的要求，要求孩子成绩好，行为好，守规则，听话。真正没有要求的爸爸妈妈并不多。这符合中国父母的形象：望子成龙，望女成凤。

多数爸爸妈妈能明确给孩子树立规则，而树立规则后，孩子能明确遵守的，妈妈的情况是 68%，爸爸的情况是 53%。这说明多数的爸爸和妈妈相比，在规则的执行方面需要加强。

通常认为，爸爸在孩子的成长过程中，主要有几个重要功能：保证孩子成长的物质需求；保护孩子免于外界伤害；促进孩子社会性的发展；为孩子树立规则意识；向孩子传递正确的价值观；促进孩子性别意识的发展；使孩子更有创造性；让孩子更勇敢；增强孩子的自信心。

但是，理想很丰满，现实很骨感。统计数据表明，更多的爸爸，只满足第一个功能，而其他功能还有待加强。

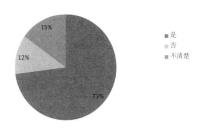

图 3-11　十分重视孩子在学习上的表现

（爸爸的情况）

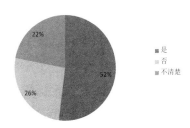

图 3-12　要求孩子不跟好斗的小朋友一起玩耍

（爸爸的情况）

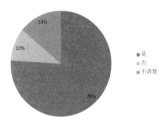

图 3-13 　在家里给孩子制定一些明确的行为规则

（爸爸的情况）

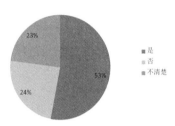

图 3-14 　在家里给孩子制定的规则，孩子都能遵守

（爸爸的情况）

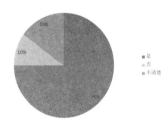

图 3-15 　十分重视孩子在学习上的表现

（妈妈的情况）

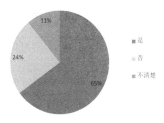

图 3-16　要求孩子不跟好斗的小朋友一起玩耍

（妈妈的情况）

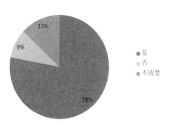

图 3-17　在家里给孩子制定一些明确的行为规则

（妈妈的情况）

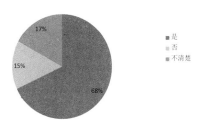

图 3-18　在家里给孩子制定的规则，孩子都能遵守

（妈妈的情况）

怎样为孩子建立规则?

我们的建议是:规则不是惩罚,而是家长和孩子都要遵守的一些原则。

规则不应该烦琐,应该简单,一个一个确立,不要急于求成。规则需要适应,要给孩子一定的接受时间,多提醒孩子,不要指望说一次孩子就记住了。

孩子能否遵守规则,不取决于孩子,而取决于家长的坚定程度。规则要有一致性,不能一人一个要求,一人一个标准,那样会给孩子造成混乱。

4. 妈妈讲卫生,爸爸讲共生

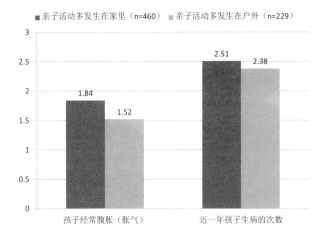

图 3-19　多参加户外活动,孩子身体更健康

爸爸们带孩子玩时,户外活动较多,体育活动较多。对在户外摸爬滚打、玩泥土、挖沙子这样的游戏,爸爸往往抱支持态度。

行为生物学研究结果表明,"脏"孩子似乎更健康。健康人体所携带的微生物约有 1.4—2.3 公斤,数量是自身固有细胞的 10

倍以上。只有数量庞大的微生物与人共生，才能形成人体的免疫防线。

流行病学调查表明，大多数生活在农村的孩子比城市里的孩子身体更健康，反而是生活在过于洁净的空间里的儿童更容易过敏，抵抗力更弱。

这几点前文已经说过，再次强调一下。

5. 预防近视从婴幼儿时期开始

调研发现，近视在孩子中越来越多见，现在父母对孩子的视力非常关注，有81%的受访者认为对孩子的视觉保护应从婴幼儿时期开始。因为年龄越小，视觉发育越敏感，可塑性也越强。

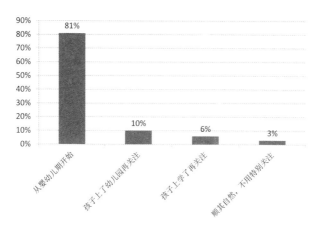

图 3-20　孩子的视力保护应该从什么时候开始

关于儿童的视力保护，需要给父母以下提示：

（1）注意光线

不要让孩子在强烈的日照和光照下学习。强光会刺激眼睛，对眼睛造成一定的伤害，尽量在柔和的光线下看书、写字，保护眼睛。

（2）缩短用眼时间

每用眼50分钟休息一次，可闭目也可远眺。闭目可使眼球得到充分放松，远眺则会调节晶状体，让眼睛很快恢复，消除疲惫感。

（3）注意正确的坐姿

眼睛与书本的最佳距离约为30厘米，睡觉、走路、乘车不宜看书报。

（4）不可长时间看手机、看电视、玩游戏

现在有些家长在孩子一两岁时就让其玩手机及Ipad等电子设备，这是非常错误的。长时间盯着屏幕看电视、玩游戏等，会让眼睛始终保持紧张感。这种做法对眼睛危害较大，家长应控制儿童玩游戏的时间和频次。

（5）坚持每天做眼保健操

经常做眼保健操，按摩眼部周围的几个重要穴位，在刺激穴位的同时达到放松眼球的目的，预防近视。

（6）多吃能保护视力、促进视力的食物

胡萝卜、动物肝脏均含有丰富的促进视力的维生素A，家长应对儿童的饮食合理搭配，确保营养均衡，让眼部摄取充足营养，维持良好视力。

（7）注意休息

在睡眠过程中眼睛处于休息状态，因此睡眠可帮助眼球放松，有利于视力的恢复。在儿童眼部发育期，家长要培养孩子良好的作息习惯，保证睡眠，预防近视。家长一旦发现孩子视力减退或眼部异常，应及时就医，针对病因进行矫正，及早预防眼部疾病。

四、妈妈追求自我发展，家庭事业更平衡

对已经做了妈妈的女性来说，"事业与家庭的平衡"已经成为一个备受关注的话题。如何扮演好职场女性和孩子母亲这两种角色，使二者并驾齐驱，相得益彰，日渐成为新的课题。

研究结果表明，57%的妈妈认为个人价值体现在事业和家庭可以兼顾，之后依次是：有自己的事业，赚钱能力强，照顾好家庭，教育好孩子，在家里说了算。

一个优秀的妈妈首先要有自己的事业，事业对女性的意义，不仅在于由此带来的成就感和自信心，最重要的是经济的独立和财务自由。

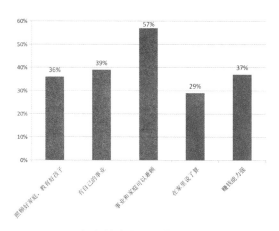

图4-1　妈妈的个人价值体现在哪些方面

在访谈中，很多妈妈表示，自己追求人生价值，对孩子和家庭都有好处。孩子长大的过程就是一个不断学习、不断成长的过程。父母的一举一动、一言一行都对孩子起着潜移默化、润物细无声的作用，对孩子未来的发展产生着深远的影响。父母若想成功地教育自己的子女，必须以身垂范，做好孩子的榜样。凡是要

求孩子做到的事情，父母必须首先做到，比如要孩子爱学习，志存高远，父母必须爱学习，志存高远。

妈妈追求自我发展会影响照顾家庭、养育孩子吗？46%的妈妈认为没有影响，只有14%的妈妈认为有很大影响。

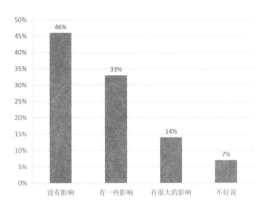

图4-2 妈妈追求自我发展是否会影响照顾家庭、养育孩子

研究发现，现代中国女性的主体意识已经逐步从唤醒期到达成长期，能够比较清醒地认识到自己作为女性的特点与社会定位，能积极追求自己作为"人"的独立发展。她们在事业、学业上努力拼搏的同时，还成功地担负起母亲、妻子的角色。日趋成熟的主体意识使她们具备一种平衡的心理素质，从而能够客观、冷静、理性地对待双重角色的冲突与困惑，卸下现实社会和文化传统带给她们心灵的重负，充满爱心和责任感，活得潇洒、自信。

没有人天生就想做女强人，职场上的女性也不例外。问题是只有参与到社会的生产中去，成为资源的拥有者，才能获得物质和精神的自由，才能掌控自己的人生。为了更好地了解职场女性这一群体的现状，我们又特别选取了有代表性的各行各业的在职女性，进行女性职场状况的深度调研。

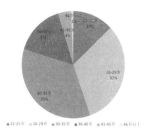

■22-25岁 ■26-29岁 ■30-35岁 ■36-40岁 ■41-45岁 ■46岁以上

图 4-3　受访职场女性的年龄状况

■小于2年 ■2-5年 ■5-10年 ■10年以上

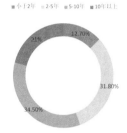

图 4-4　受访职场女性岗位年限占比情况

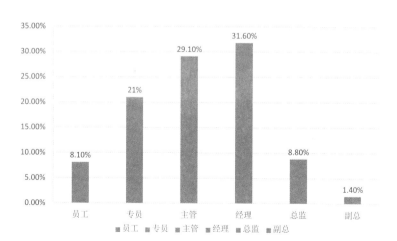

■员工 ■专员 ■主管 ■经理 ■总监 ■副总

图 4-5　受访职场女性职级占比情况

调研中，有近 40% 的女性认为自己可以平衡工作与生活，有 40% 的女性以工作为中心。

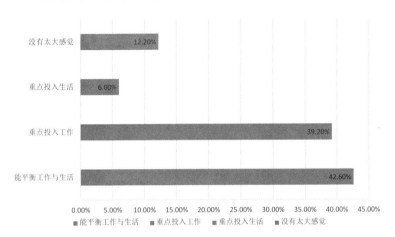

图 4-6 作为职场女性，能否平衡工作和生活

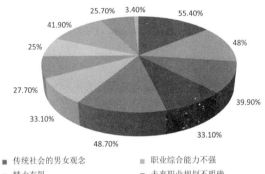

图 4-7 女性职场晋升受阻的原因

通过调研，我们发现女性在职场主要面临以下挑战：

- 孩子、家庭和工作的平衡；身体和工作的平衡；梦想和现实的平衡。

- 面临生育导致的职业生涯中断；由于上级领导对男性管理者的明显偏好及女性的不自信，使职业发展受阻。
- 看发展平台与公司提供的机会，准备再多，能力再强，公司不给机会，社会对女性的偏见依然存在，升职通道便不会畅通。
- 和男性相比，女性在职业发展中要考虑更多的方面，比如生育期和职务晋升的冲突，照顾家庭和投入事业的精力分配等，因此，女性职业发展速度相对较慢，晋升到高级管理岗位的机会不多。
- 自我格局的变革、综合素质的提升和逆境中成长的高度不够。
- 机会对于每个人都是平等的，女性身份只是个冠冕堂皇的借口而已。一部分人事业受阻是由于个人原因造成的，比如追求稳定安逸的生活，业务能力不强，职业规划不明确，受不了委屈，总是想着生了孩子有老公养着自己，肯定没有发展了。
- 公司的薪酬制度和内部晋升制度不完善。

应该看到，女性主体意识成长的过程是一个由感性的觉醒到觉醒后的困惑和迷失，再到理智和意志的觉醒，最终走向成熟的螺旋式上升过程。主体意识觉醒过程中的困惑和迷失是女性成长过程中必经的阶段，这既有社会大环境的原因，也有女性自身的原因。

主体意识趋于成熟的女性，其出色的表现可以给我们很多启示：首先，女性要想生得好，就必须集多重角色于一身，学会在事业和家庭之间求得平衡。其次，女性必须认识到，人的潜力是巨大的，被开发的只是很小的一部分，女性的潜力更是被深深淹没了，因此女性的发展既要靠社会的进步，更要靠自身的努力。

五、妈妈在职场工作，育儿生活更愉快

职业女性经济独立、积极自信，能够引领都市潮流，令人羡慕，但是她们在职场上要承受和男同事同等的压力，回家后又要扮演好贤妻良母的角色。社会既要求她们像男人一样果断坚强，又希望她们不失女人特有的温柔细致。过多的压力令她们身心俱疲，使她们在美丽的外表背后显得又有些脆弱。

有一些女性在生完宝宝后，加入了全职妈妈的行列。有的妈妈是为了给孩子更好的教育和陪伴，有的妈妈则是因为家里没有人手帮忙，所以选择了当全职妈妈。全职妈妈都非常地不容易，甚至比保姆还累。这类女性基本已经脱离了职业女性的队伍，和外界脱节得比较厉害。

有超过 50% 的妈妈由于工作不好找，工作不喜欢、没前途，收入少，孩子没人带，选择做全职妈妈。也有一部分妈妈因为家庭经济条件好，衣食无忧，自己喜欢相夫教子的生活，选择做全职妈妈。

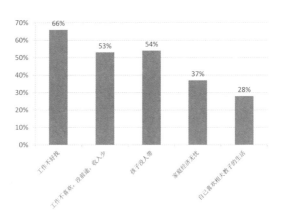

图 5-1　选择做全职妈妈的原因

从下面的表格可以看到，和职场妈妈相比，全职妈妈的焦虑程度、抑郁水平较高，全职妈妈的生活满意度和社会支持度明显偏低。

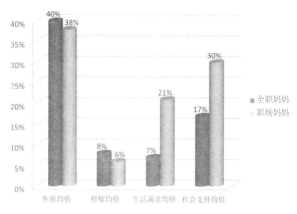

图 5-2　全职妈妈和职场妈妈焦虑水平、抑郁水平、
生活满意度、社会支持度比较

对于自己当前符合的状态，全职妈妈和职场妈妈差异明显。全职妈妈的状态集中表现为：照顾孩子很劳累；有孩子之后朋友越来越少；很茫然，不知道孩子长大后，自己该怎样发展。职场妈妈的状态集中表现为：享受当前的生活，事业有成，生活美满。

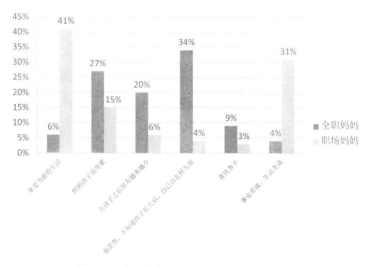

图 5-3　全职妈妈和职场妈妈当前状态比较

在对家庭与事业的看法方面，超过六成的女性认为家庭和事业一样重要，会选择能兼顾家庭的工作；25%的女性不会因为家庭放弃事业，会尽量平衡家庭与事业；只有11%的女性希望事业有成，为此愿意牺牲一些家庭生活。

由此可以看到，职业女性更希望在家庭幸福的同时，拥有自己的事业，做到经济独立。以前常说女人干得好不如嫁得好，现在的女性则更相信，事业能带来的安全感，是嫁给任何一个人都无法比拟的。

如果说要在一定时间内完全做到事业与家庭平衡或许有一些困难，那么妈妈们可以采取"阶段性优先，螺旋式平衡"的战略，分阶段制定目标，诸如孩子出生的3年之内，工作上的目标是平稳、沉淀，从心态和行动上做好"向内"的能量储藏；而在生活步入正轨、孩子也进入教育机构后，基于之前的储备再做更多的拓展性工作。人生没有白走的路，每一步，都算数。当我们有舍有得，内心从容坚定时，相信生活会给我们以惊喜。

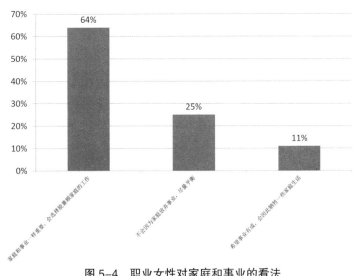

图 5-4 职业女性对家庭和事业的看法

在现实生活中，有很多的职场妈妈是我们所说的"背奶妈妈"，为了工作不能与孩子共享欢乐。在职场和家庭当中，最为困难的就是这些妈妈们，那么，职场妈妈应该怎么带宝宝呢?

简化家务程序，合理利用时间

1．职场妈妈对家务无须太过苛求，学习一些小窍门，让做家务变得更轻松。

2．有效利用工具，如方便快捷的家用小电器——榨汁机、食物研磨器、烤面包机等，既能为宝宝快速地准备辅食，家常使用也很方便。

3．学习一些简单但营养丰富的食物的烹饪方法，既能节省时间，也不会让家人缺乏营养。

4．多发动爸爸参与家务劳动，这样可以激发爸爸对家庭的责任感，也能部分地解放职场妈妈。

5．善用日历安排有序生活，避免混乱。

6．不管有多少家务和工作，不忽略宝宝，每天做到至少相处时对宝宝满怀温存和关爱，这样做，宝宝将来的性格会更开朗，更自信。

利用一切机会与宝宝在一起

1．在宝宝情绪最好时，比如晨起时，和宝宝咿呀对话沟通。

2．周末和假期带宝宝出门郊游、晒太阳、增广见闻，外界的刺激对宝宝都是必要的。

3．亲自给宝宝喂辅食，和宝宝共同进餐。

4．让宝宝和妈妈一起做简单的家务，共同对话，增加孩子的认知能力和理解能力。

职场妈妈对于母乳重要性的理解日益增强

在婴儿时期，肠道菌群还未建立完善，免疫系统也不成熟，肠道、呼吸道等部位都极易被感染。生命之源——母乳，为婴儿提供必不可少的营养，还含有多种抗感染的生物活性成分。不仅有利于宝宝智力的发育，还可以帮助宝宝抵抗传染病和慢性疾病，进而降低婴儿因腹泻或肺炎等常见婴儿时期疾病导致的死亡风险。世界卫生组织也提出，母乳喂养是为婴儿提供健康成长和发育所需营养的理想方式，对于母亲的健康同样有好处。他们还建议，在条件允许的情况下，婴儿出生后的前 6 个月，应该坚持纯母乳喂养。在 20世纪 60 年代时，研究人员才确定母乳中存在免疫细胞。有研究证明，新鲜且未经高温消毒的母乳中存在中性粒细胞、巨噬细胞、淋巴细胞、干细胞和上皮细胞。新生儿通过口服母乳每天摄入多达108 个母体细胞，其中 80% 是巨噬细胞。这些成分的存在，不仅保护母亲乳房免受感染，同时还调节发育中婴儿的免疫系统。所以说，妈妈们在条件允许的情况下，新鲜母乳喂养是最佳选择。

夫妻间融洽沟通，教育观点达成一致

爸爸妈妈在孩子的教育问题上意见须达成一致；即使非常生气，在孩子面前，也不相互争吵。新时代的爸爸妈妈在这两方面的表现还是非常可喜的。夫妻间融洽沟通，通过协商，教育观点达成一致，孩子是最大的受益者。

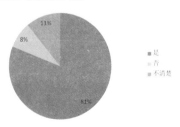

图 5-5　爸爸的教育理念与妈妈保持一致

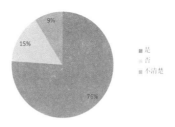

图 5-6　妈妈的教育理念与爸爸保持一致

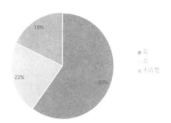

图 5-7　即使非常生气，在孩子面前也不与家人争吵
（爸爸的情况）

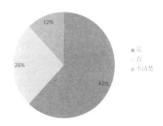

图 5-8　即使非常生气，在孩子面前也不与家人争吵
（妈妈的情况）

妈妈需要爸爸的支持和参与

　　当妈妈在养育孩子的过程中遇到困难，寻求帮助的对象中，排在第一位的是丈夫，其他依次为闺蜜、朋友、专业人士、父母、其他妈妈、公婆。

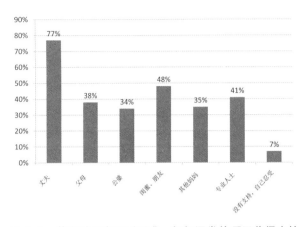

图 5-9 养育过程中遇到困难，妈妈通常从哪里获得支持

根据我们的调查数据发现：

- 82.4% 的爸爸会跟孩子讲赞扬孩子母亲的话。
- 81.8% 的爸爸经常肯定或赞扬孩子的母亲所付出的辛劳。
- 76.4% 的爸爸会协助孩子的母亲做家务。
- 60.4% 的爸爸即使非常生气，在孩子面前也不与家人争吵。
- 21.6% 的爸爸会与家人争吵。

爸爸在孩子面前对妈妈的肯定和支持，能够让孩子体会到家庭的温暖、家庭关系的和谐和稳定，有助于孩子建立安全感。多数爸爸都知道在孩子面前要尽量保持夫妻和谐。80% 多的爸爸会在孩子面前肯定和赞许妈妈，说明随着社会的进步，爸爸的素质越来越高。

夫妻正确的相处之道

1．学会交流

要知道争吵不是为了发泄情绪，而是为了理性地解决问题。所以在争执的过程中，要尽可能地倾听对方的需求是什么，同时表达自己的想法，这样才能找到解决方案。

２．传递给孩子一个信息

不要害怕争执，每个人的想法都不同，会有各种各样的矛盾，这很正常。但是，只要愿意，总会有解决的方法。争吵只是其中一种方法，是大家都在说明自己的主张。除此之外还有别的方法。夫妻双方要争取找到更好的表达方式。

３．给孩子树立一个榜样

让孩子看到大人争执后，怎样处理后续的情绪问题。冷战只是情绪的发泄，表明夫妻之间权利的斗争依然在继续。更好的方式是：我明白你的意思了，我需要想一想再决定。

可能平时妈妈一直照顾孩子和家庭，当孩子有困难和烦恼的时候，是妈妈出面解决、处理。不过，爸爸才是家庭坚强的后盾和保护伞，调研数据显示：

- 孩子紧张、害怕的时候，77.4%的孩子会到爸爸那里寻求安慰和鼓励。
- 有77.7%的孩子主动要求爸爸抱一抱——尽管在孩子情绪不安或哭闹时，只有70.2%的爸爸能把孩子哄好，使孩子情绪安定下来。
- 当孩子受点轻伤而感到疼痛时，74.7%的孩子会向爸爸主动寻求帮助和安慰。

这是否和我们平时的感觉完全不同？我们总以为爸爸没有妈妈温柔，但是调查数据告诉我们，绝大多数的爸爸，其实一样是对孩子充满柔情的。而孩子也很喜欢爸爸，乐于向爸爸求助。

当孩子在陌生的环境感到不安的时候，孩子们会怎样呢？

- 84.7%的孩子会主动到爸爸面前寻求帮助和安慰。孩子在遇到未知的、陌生的事物时，还是更多地倾向于寻求爸爸的帮助。
- 虽然孩子乐意寻求爸爸的帮助，但是孩子们似乎并不像黏着妈妈一样地黏着爸爸，只有 56.9% 的父亲在离开孩子时，孩子会要求跟随。

- 31% 的爸爸在离开孩子时，孩子会很不安；0.8% 的爸爸离开孩子时，孩子不会很不安。

这反映了什么呢？反映了爸爸和妈妈的爱是截然不同的。妈妈的爱更细腻，更注重细节，更无微不至；爸爸的爱则是有力量的，让孩子感觉更安稳。这又一次让我们看到，爸爸妈妈的爱是不能互相取代的，妈妈再尽职尽责，也不能给予孩子爸爸所能给予的感受。

- 有 88% 的爸爸认为自己和孩子之间的关系很亲密。爸爸们有可能只是一厢情愿，虽然他们认为自己和孩子关系很亲密，但只有 52.1% 的孩子外出玩耍、参加活动或上兴趣班时，更愿意和爸爸一起去。

这个我们都可以理解，很多孩子在参加活动和兴趣班的时候，更喜欢让妈妈陪伴，因为爸爸不太在意细节，会给孩子带来一些麻烦。

六、二胎宝宝计划，考量更理智

《中国人力资源社会保障》杂志日前刊发了中央党校国际战略研究所副所长周天勇的署名文章，文章称，目前我国人口形成了少子化加快、老龄化加剧、经济主力人口收缩的格局；原因"主要是二胎和多胎育龄妇女资源急剧萎缩。那些愿意生育二胎的育龄妇女在 2016 年和 2017 年上半年集中生育，而 2017 年下半年，二胎生育率就开始下降了"。

据国家统计局数据，2017 年我国全年出生人口 1723 万，比 2016 年公布的 1786 万少了 63 万，下降了 3.5%。与此同时，国家卫生计生委也公布了 2017 年全年住院分娩数为 1758 万，比 2016

年的 1864 万少了 106 万，下降了 5.7%。究其原因，就业难、教育、医疗、住房等费用高昂，以及托儿所和幼儿园供给少，都是育龄夫妇不愿意生育二胎的重要原因。

1. 育龄妇女逐年下降

近年来，随着我国人口年龄结构的变化，育龄妇女人数呈现逐年减少趋势。同时，随着社会的发展，我国妇女初婚和初育年龄呈现不断推迟的趋势，而且女性在职场的地位越来越高，更多的现代女性开始注重职业发展，同时考虑到养育成本过高，妇女生育意愿开始逐渐下降。2017 年，20—29 岁生育旺盛期育龄妇女人数比 2016 年减少 600 万。

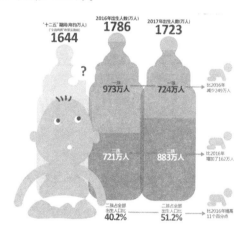

图 6-1　2016 和 2017 年出生人数及二孩占比情况

2. 养育成本无力承担

全国妇联曾做过调查，超过一半的一孩家庭没有生育二孩的意愿。在发达省份、城市、地区及高学历的受访者中比例更高。现在养育孩子除了生活成本以外，上学、上辅导班都需要不小的开销。目前在大城市，一个孩子从出生到上大学，平均每年要花两万到三万元的费用，这还不包括父母的机会成本以及时间和精力的投入。愿意生育的父母们早已经习惯了给孩子最好的尿布、奶粉、玩具、教育资源……在我国大部分地区能够以这样的成本养育起两个以上孩子的家庭实属凤毛麟角。

3. 生育率过低直接影响社会经济的发展

人口生育率过低就意味着将来的劳动总量会下降，而劳动力不足则会对社会经济的发展带来诸多负面影响。孩子数量的减少也会对当前的部分行业产生冲击，以前小学一个班有六七十人，现在大部分小学一个班只有 30 名左右的学生，教育成本大大增加。此外像儿童食品生产、玩具生产、妇幼、医疗等行业都会受到影响。生育率过低还会使未来的人才数量减少，人才数量的减少意味着人才总体素质的降低，人才素质的降低将直接影响社会进步。

二孩政策全面放开以来，生二孩? 不生二孩? 这是一个问题。对于这个问题，育龄父母们有不同的想法。其中，选择生二孩的原因主要在于自己喜欢孩子、想给大宝添个伴; 不考虑生二孩的原因主要集中在年龄原因、抚养孩子费用太高、时间精力不够、担心影响职业发展。

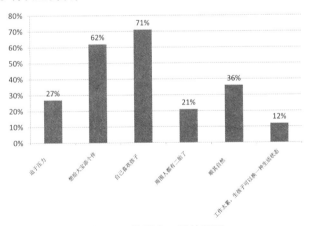

图 6-2 选择生二孩的原因

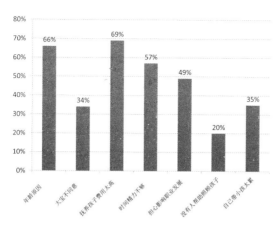

图6-3 不考虑生二孩的原因

孕妇生育一胎与生育第二胎，孕期生活状态会有一定的差异。生育第一胎宝宝的孕妇焦虑、抑郁水平最低，生活满意度最高；生育第二胎宝宝的孕妇社会支持度最高。

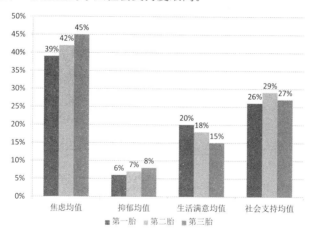

图6-4 生育第一胎、第二胎、第三胎宝宝的孕妇生活状态比较

受访者表示，二孩出生后，首要压力是养孩子带来的精神焦虑、经济压力。尽管"压力山大"，但还是有63%的人表示，二孩让家庭的幸福感显著增加！

78.9%的人表示，看到两个孩子相互陪伴，内心十分高兴。58.3%的受访者表示，孩子与父母的共同成长，使自己的人生更圆满。

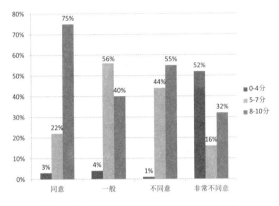

图6-5　生育二孩让家庭的幸福感增加

七、利用现代育儿平台，养育更轻松

调研发现，现代妈妈学习育儿知识的渠道和方式，发生了很大变化。与传统的从有经验的家长、朋友、父母、公婆及其他长辈那里获取知识不同，89%的受访者选择通过育儿平台、育儿APP（智能手机的第三方应用程序）、网络获得育儿、家庭护理和家庭教育方面的知识和经验。对于很多两个孩子的妈妈来说，养育老大和老二的学习渠道、学习方式也有不同。养育老大的时候，从怀孕开始一直是借助各种各样的育儿书籍来学习育儿知识，都说"老大照书养"，确实是没错。养育老大时遇到所有问题，都会去翻相应的育儿书籍和文章寻找答案，后来随着孩子长大也会借助网络，查阅相关资料，百度各种问题。后来老二出生，学习育儿知识的途径越来越多，关注各种微信公众号，加入各种育儿交流群，收听、收看各种网络公开课，受益良多。

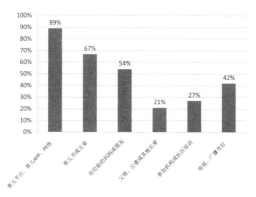

图7-1 通过哪些途径获得育儿、家庭护理和
家庭教育方面的知识和经验

谈到对育儿平台的哪些内容感兴趣，受访者根据感兴趣程度，按照从高到低的顺序，依次选择：育儿、家庭护理和家庭教育方面的经验分享，知识性文章，健康信息，公开课，母婴用品推荐，育儿活动。

可以看到，现在时尚妈妈们更加喜欢选择可以随时随地进行分享、交流、学习的社交平台，平台上包括备孕、怀孕、育儿、健康、情感、美食、购物等多方面的话题和内容。一方面可以学到专业科学的育儿知识，另一方面可以根据孩子的年龄及个人的兴趣，分享相关的育儿内容和经验，还有机会结识更多的妈妈和宝宝。

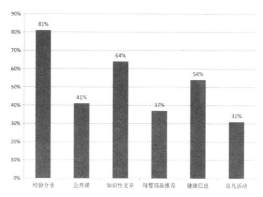

图7-2 对平台上的哪些内容感兴趣

提到所关注平台或 APP 的使用频率，因为关注的平台是自己比较感兴趣的平台，所以对关注平台的使用频率也比较高，使用频率主要集中在平均每周 4—5 次和平均每周 2—3 次。如果平台有新消息发布，一般都会看一下。对于所关注平台或 APP 推送的内容，只看自己感兴趣的比例最高，占到 62%，也有一部分人每条都看，或者只看标题。

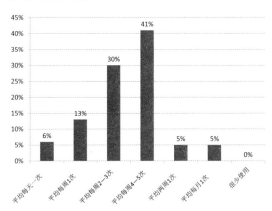

图 7-3　对所关注平台或 APP 的使用频率

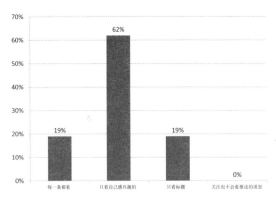

图 7-4　是否会点开自己所关注的平台或者 APP 推送的信息

为什么选择和相信此平台或 APP？关注的人多、品牌声望佳、口碑推荐、专家资源成为很重要的原因，其他依次为互动活动多、内容更新快、平台运行速度快、讨论话题多、服务内容丰富。超过六成的妈妈愿意在平台上和其他人进行互动，超过五成的妈妈愿意参与此平台发起的线下同城活动。

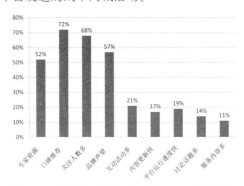

图 7-5　选择相信此平台或者 APP 的原因

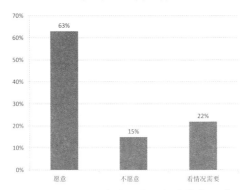

图 7-6　是否愿意在平台上与其他人互动

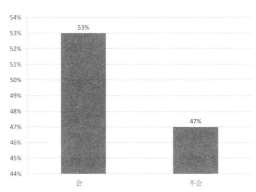

图 7-7　是否会参与此平台发起的线下同城活动

八、居室环境改善，孩子成长更健康

　　家居环境是家人团聚、休息、学习和进行家务劳动的人为小环境。室内环境与人体健康有着密切的关系。现在越来越多的人开始关注居室环境是否健康，尤其是爸爸，对居室环境是否健康的非常关注度比例，比妈妈的非常关注度比例高 19%。很多爸爸都分享了保护家庭健康环境的经验，例如妻子怀孕了，不能入住刚装修好的新房子，以免吸入有害物质，影响胎儿发育；选择绿色环保的装修材料；装修后要晾一段时间才能居住。爸爸们认为自己非常有责任保护好家人的健康，除了让家人住得更加舒适，还要注意居室空气质量，远离电器污染，不在家中吸烟，保持室内空气清新怡人，竭尽全力为家人打造一个健康、舒适、环保的居住环境。

　　世界卫生组织公布的健康居室的量化标准：

- 会引起过敏症的化学物质的浓度很低，没有使用含有易挥发化学物质的胶合板、墙体装修材料等。
- 安装有换气性能良好的换气设备，能将室内污染物质排至室外，特别是对高气密性、高隔热性的居室来说，必须采用具有风管的中央换气系统，进行定时换气。
- 厨房灶具或吸烟处设有局部排气设备。
- 起居室、卧室、厨房、厕所、走廊、浴室等处的温度全年保持在 17℃－27℃ 之间。
- 室内的湿度全年保持在 40%—70% 之间。
- 二氧化碳浓度低于 1000ppm。
- 悬浮粉尘浓度低于 0.15mg/ 平方米。
- 居室噪声小于 50 分贝。

- 一天的日照时间确保在 3 小时以上；安装有足够亮度的照明设备。

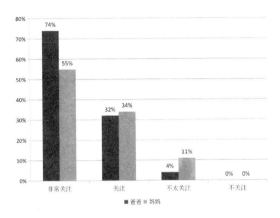

图8-1　是否关注自己家的居室环境

专家指出，可以让科技为健康微环境服务。流感病毒在干燥的环境中繁殖速度会加快，并且由于它是附着在浮尘上存活的，因此干燥的空气会加速流感的传播，并引发过敏性皮炎、皮肤瘙痒等过敏性疾病。干燥的冬春季节，不妨置办加湿器，放在经常活动的区域，例如电脑旁边和卧室。除了增加湿度，很多加湿器还能制造负离子，对人体健康有益。另外，如果你所处的环境经常有人吸烟，可考虑购买空气净化器，尽量减少微环境污染对健康的损害。

电视机、电脑、音响设备、电冰箱、扫描仪、打印机等设备对人体有危害吗？虽然现在还没有人知道电脑辐射对人体健康到底有多大影响，但其存在电磁污染已是不争的事实。电脑机箱中的各种配件以及外部设备，如 UPS、打印机、扫描仪等在工作时都在向外界发射无线电波。为减少辐射，应使居室保持通风干爽，这样能使那些有害物质尽快排出。同时在电脑桌下放一盆水或放一盆花草。另外勤洗脸也能防止辐射波对皮肤的刺激。

谈到通常是通过哪些设备来达到健康洁净的家居环境，人们的选择主要集中在具有清洁功能的空调、空气净化器、加湿器、除螨仪等电器设备。

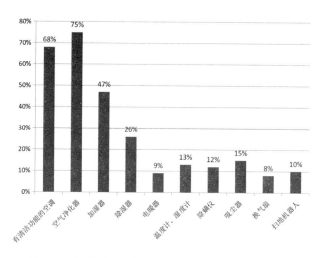

图 8-2　通常使用哪些设备使家居环境保持健康洁净

调研显示，现在爸爸妈妈所关注的空气指标，按照关注程度，依次排序为：

1．室内温度

2．室内湿度

3．室外温度

4．室外湿度

5．室内 PM2.5

6．室外 PM2.5

7．甲醛

8．可吸入颗粒物

9．一氧化碳

10．二氧化碳

用手机 APP 控制家电成为年轻的爸爸妈妈愿意尝试的事情，不管你在上班还是在出差，只要轻轻地点击软件，家中的一切尽在掌控之中，用一句不太贴切的古话来形容就是"玩于股掌之间"！远程操控的乐趣还在于享受的过程。你可以在归途中设置好家中的一切，你可以让空调提前制冷或制热，你可以让智能扫地机打扫房间，你可以让热水器提前烧好热水，回家后你就可以享受一切。已经有相当一部分受访者在尝试用手机 APP 操控空调、热水器等电器。

谈到如果对家电进行升级，希望升级哪些功能，受访者表示，和其他家电智能联动，具备净化空气的功能，具备自清洁的功能，这些都是大家非常关注的问题。

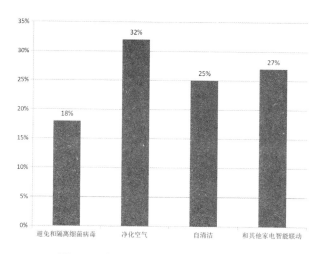

图 8-3　想给自家的家电升级哪个功能

鸣谢单位

北京市妇女联合会

上海市妇女联合会

广州市妇女联合会

重庆市妇女联合会

青岛市妇女联合会

郑州市妇女联合会

济南市妇女联合会

杭州市妇女联合会

大连市妇女联合会

上海市健康产业发展促进协会

北京市东城区妇女联合会

首都医科大学附属北京妇产医院　北京妇幼保健院

中国福利会国际和平妇幼保健院

重庆市妇幼保健院

重庆西南医院

广州市妇女儿童医疗中心

深圳市妇幼保健院

河南省妇幼保健院

北京市东城区妇幼保健院

北京市海淀区妇幼保健院

北京市通州区妇幼保健院

北京市石景山区妇幼保健院

海军子女教育办公室

石家庄市妇幼保健院

济南市妇幼保健院

厦门市妇幼保健院　林巧稚妇儿医院

西安市妇幼保健院

成都市妇女儿童中心医院

武汉市妇女儿童医疗保健中心

广州市白云区妇幼保健院

广州市海珠区妇幼保健院

山东省护理学会

青岛市护理学会

北京市东城区恒爱家庭教育服务公益中心

参与调研单位

北京市府大楼幼儿园

中国人民解放军海军航空兵部幼儿园

北京市大兴区众禾幼儿园

北京市朝阳区为明实验幼儿园

北京市东城区大方家回民幼儿园

北京航空航天大学幼儿园

北京市海淀区富力桃园幼儿园

北京市东城区崇文第三幼儿园

中国科学院第三幼儿园

北京市通州区快乐时光幼儿园

北京市通州区梨园镇新城嘉园中心幼儿园

北京市通州区人大附中北大附小联合实验学校玉桥幼儿园

北京市通州区芬芳幼儿园

北京市通州区贝贝优佳幼儿园

北京市通州区祥和幼儿园

北京市通州区台湖镇台湖中心幼儿园

北京市金色摇篮印象台湖幼儿园

北京市通州区幼师实验幼儿园

北京市通州区新通幼儿园

北京市通州区台湖镇次渠家园幼儿园

北京市通州区张家湾镇牛堡屯中心幼儿园

北京东方尚德幼儿园

首钢幼教金顶街幼儿园

北京市第五幼儿园附属实验园

上海市闵行区七宝中心幼儿园

上海市闵行区七宝中心幼儿园佳宝分园

上海市闵行区七宝中心幼儿园叠彩分园

上海市闵行区七宝中心幼儿园莱茵分园

上海市闵行区虹鹿幼儿园

上海市闵行区景谷第二幼儿园

上海市天恒名都幼儿园

上海市鑫都幼儿园

上海市闵行区闵行第一幼儿园

上海市闵行区马桥实验幼儿园

上海市闵行区马桥元祥幼儿园

上海市闵行区马桥富杰幼儿园

海军广州海韵幼儿园

广州市白云区金沙第二幼儿园

广州市白云区人和幼儿园

广州市海珠区江南中街江南幼儿园

广州市海珠区瑞宝街怡童幼儿园

广州市海珠区英语中心第二中英文幼儿园

广州市海珠区江南中街嘉丽苑幼儿园

广州市白云区广中医幼儿园

广州市白云区龙归城幼儿园

广州市白云区汇侨中心幼儿园

青岛市南区皮卡丘高山幼儿园

青岛市市北区海贝儿幼儿园

海军北海舰队后勤部幼儿园

青岛卓越蔚蓝幼儿园

青岛幸福之家融合幼儿园

青岛市市南区橄榄树幼儿园

青岛市市北区嘉乐幼儿园

青岛市崂山区佳佳幼儿园

青岛市崂山区红黄蓝山水名园幼儿园

深圳市彩田幼儿园

深圳市盐田区实验幼儿园

深圳市坪山区坪山中心幼儿园

深圳市南山区桑泰丹华幼儿园

深圳市罗湖区昊德宸金翠园幼儿园

深圳市光明新区公明第二幼儿园

深圳市大鹏新区大鹏中心幼儿园

深圳市广业幼儿园

深圳市龙华区第一幼儿园

深圳市龙岗区机关幼儿园龙城分园

深圳市宝安区新安街道小博士幼儿园

西安莲湖爱丁宝公园天下幼儿园

西安市碑林区南院门幼儿园

西安工程大学后勤管理处（集团）幼儿园

西安市莲湖区第六幼儿园

西安莲湖西城摩尔幼儿园

西安莲湖庆安民航幼儿园

西安高新文理幼儿园

长安大学翠华幼儿园

电信科学技术第十研究所有限公司幼儿园

武汉市直机关常青育才幼儿园

海军工程大学幼儿园

武汉市实验幼儿园

武汉市东湖新技术开发区光谷永红实验幼儿园

武汉市直属机关育才幼儿园

武汉市常青童梦幼儿园

武汉丽水育才幼儿园

武汉市百步亭市直机关曙光幼儿园

武汉市直属机关曙光幼儿园

武汉市常青童馨幼儿园

成都市龙泉航天幼儿园

成都市龙泉街道航天幼儿园

成都市双流区胜利幼儿园

成都市龙泉驿区智晨幼儿园

成都市龙泉驿区大面街道新奇幼儿园

成都市第二十六幼儿园

郑州市颖河路幼儿园

郑州高新区科学幼儿园

郑州市管城回族区启元特色实验幼稚园

郑州三棉有限责任公司幼儿园

郑州市二七区升龙世纪幼儿园

郑州市管城区方圆贝尔幼儿园

厦门市第三幼儿园

厦门市翔安区新店第二中心幼儿园

厦门市翔安区新店第三中心幼儿园

厦门市松柏第二幼儿园

厦门市思明区思明幼儿园

厦门市英才学校幼儿园

厦门市翔安区实验幼儿园（南街园）

厦门市翔安区实验幼儿园（祥吴园）

厦门市翔安区马巷第二中心幼儿园

92674 部队海燕幼儿园

大连舰艇学院幼儿园

大连市妇女联合会六一幼儿园

大连市甘井子区教育局枫丹丽城幼儿园

大连市人民政府机关幼儿园

大连市金州区第一幼儿园

大连金州新区岭湾峰尚幼儿园

大连开发区锦绣幼儿园

大连沙河口区红月亮婴幼园

大连甘井子区朗润幼儿园

大连高新区嘉汇橡树外国语幼儿园

杭州市实验幼儿园

石家庄外国语小学附属双语幼儿园

石家庄市长安区第二幼儿园

晋州市第二幼儿园

晋州市第三幼儿园

济南市普利街街道办事处

济南市大观园街道办事处

济南市特殊教育中心